所有難題，都有破局點

利用創新思維、掌握處世哲學，從此告別瞎忙！

# 思路決定出路！

李元秀、江昊然 編著

換位思考、逆向推理、拆解難題……
困難不是問題，找到方法才是關鍵！

跳脫常規，培養高效思維
擁有行動力，讓難題在執行中迎刃而解

# 目 錄

前言　　005

**第一章**
進退有度，掌握權衡之道　　007

**第二章**
突破自我，培養迎難而上的勇氣　　063

**第三章**
提升自我，掌握化解難題的智慧　　133

**第四章**
人脈廣結、自信提升，以方法戰勝困難　　213

目錄

**第五章**
心態決定成敗，成就好運勢　　　255

**第六章**
事半功倍的五大高效實踐技巧　　　293

# 前言

人們常說：態度決定一切。

正面樂觀的態度，就像火紅的太陽，讓人神采奕奕，讓生活溫暖如春。

人生燦爛的太陽是什麼？是理想，是追求，是熱愛生活，擁有正面的人生態度。

要鑄就輝煌的人生，必須去除悲觀的心態，砸碎精神枷鎖，丟掉思想包袱，尋找最佳的問題解決方法，走出陰影。

生活中不乏有些悲觀主義者，整天或為得失所憂，或被得失所累，生活鬱鬱寡歡。在這個世界上，有許多事情是我們難以預料的。我們不能控制際遇，卻可以掌握自己，掌握解決困難的方法；我們無法預知未來，卻可以安排當下生活，可以找到 N 種讓生活更快樂的方法。只要活著，就有希望，只要我們有一種正面的人生態度，我們的人生就不會失色。

成功與成功的方法不是將來才有的，而是在你決定去做的那一刻開始累積而成的：

從現在開始吧，親愛的朋友。

# 前言

# 第一章
## 進退有度，掌握權衡之道

## 第一章　進退有度，掌握權衡之道

# 了解對方才能好辦事

　　與人辦事，一定要弄清這個人的性格，依據他的性格，投其所好，或投其所惡才會對辦事有好處。

　　射箭要看靶，彈琴要看聽眾，寫文章、做學問要了解聽眾的需求。辦事也是如此。至少得分析對方的性格。如果不看對象，不分青紅皂白，就難免會冒犯人家，從而把事情搞砸。

　　人各有其情，各有其性。有的人喜歡聽奉承的話，替他戴上幾頂「高帽」，他就會使出渾身力氣幫你辦事；有的人則不然，你一幫他戴「高帽」，反而引起了他敏感性的警惕，以為你是不懷好意；有的人剛愎自用，你用激將法，才能使他把事辦好；有的人脾氣暴躁，討厭喋喋不休的長篇說理，跟他說話辦事就不宜拐彎抹角。

　　春秋時候，齊國有田開疆、古冶子、公孫捷三勇士，很得國王齊景寵愛。三人結義為兄弟，自稱「齊國三傑」，他們挾功恃寵，橫行霸道，目中無人，甚至在齊王面前也「你我」相稱。亂臣陳無宇、梁邱據等趁機收買了他們，陰謀奪取政權。

　　相國晏嬰眼見這股惡勢力逐漸擴大，危害國政，暗暗擔憂。他明白奸黨的主力在於武力，三勇士就是王牌，屢次想把三人殺掉，但他們正得寵，如果直接行動，齊王肯定不依從，反而會弄巧成拙。

　　有一在，鄰邦的國王魯昭公帶了司禮的臣子叔孫來訪問，謁見齊景公。景公立即設宴款待，也叫相國晏嬰司禮；文武官員全體列席，以壯威儀；三勇士也奉陪，威武十足，擺出不可一世的驕態。

　　酒過三巡，晏嬰上前奏請，說：「眼下御園裡的金桃熟了，難得有此盛會，可否摘來宴客？」

景公即派掌園去摘取，晏嬰卻說：「金桃是難得的仙果，必須我親自去監摘，這才顯得莊重。」

金桃摘回，裝在盤子裡，每個有碗口般大，香濃紅豔，清芳可人。景公問：「只有這麼幾個嗎？」

晏嬰答：「樹上還有三、四個未成熟，只可摘6個！」

兩位大王各拿一個吃，佳美可口，互相讚賞。景公乘興對叔孫說：「這仙桃是難得之物，叔孫大夫賢名遠播，有功於邦交，賞你一個吧！」

叔孫跪下答：「我哪裡及得上貴國晏相國呢，仙桃應該給他才對！」

景公便說：「既然你們相讓，就各賞一個！」

盤裡只剩下兩個金桃，晏嬰復請示景公，傳諭兩旁文武官員，讓各人自報功績，功高者得食此桃。

勇士公孫捷挺身而出說：「從前我跟主公在桐山打獵，親手打死一隻吊睛白額虎。解主公之圍，這功勞大不大呢？」

晏嬰說：「擎天保駕之功，應該受賜！」

公孫捷很快把金桃嚥下肚裡去，傲眼橫掃左右。古冶子不服，站起來說：「虎有什麼了不起，我在黃河的驚濤駭浪中，浮沉九里，斬驕黿之頭，救主公性命，你看這功勞怎樣？」

景公說：「真是難得，若非將軍，一般人都要溺死！」把金桃和酒賜給他。可是，另一位勇士田開疆卻說：「本人曾奉命去攻打徐國，俘虜500多人，逼徐國投降，威震鄰邦，使他們上表朝貢，為國家奠定盟主地位。這算不算功勞？該不該賞賜？」

晏嬰立刻回奏景公說：「田將軍的功勞，確比公孫捷和古冶子兩位將軍大10倍，但可惜金桃已賜完，可否先賜一杯酒，待金桃熟時再補？」

## 第一章　進退有度，掌握權衡之道

景公安慰田開疆說：「田將軍！你的功勞最大，可惜你說得太遲。」

田開疆再也聽不下去，按劍大嚷：「斬龜打虎，有什麼了不起？我為國家跋涉千里，血戰功成，反受冷落，在兩國君臣面前受辱，為人恥笑。還有什麼顏面立於朝廷上？」拔劍自刎而死。

公孫捷大吃一驚，亦拔劍而出，說：「我們功小而得到賞賜，田將軍功大，反而吃不著金桃，於情於理，絕對說不過去！」手起劍落，也自殺了。古冶子跳出來，激動得幾乎發狂地說：「我們3人是結拜兄弟，誓同生死，今兩人已亡，我又豈可獨生？」

話剛說完，人頭已經落地，景公想制止也來不及了。齊國三位武士，無論打虎斬龜，還是攻城掠地，確實稱得上勇敢，但只是匹夫之勇。兩個桃子殺了3個勇士。晏嬰就是抓住了他們不能忍耐自己驕悍之勇的性格，而達到自己的目的。

對方的性格，是我們與其辦事的最佳突破口。投其所好，便可與其產生共鳴，拉近距離；投其所惡，便可激怒他，使其行為按自己的意願進行。無論跟什麼樣的人辦事，我們都應先摸透他的性格，依據其性格「對症下藥」，就很容易「藥到病除」，辦事成功。

與不同性格的人辦事有不同的技巧：

## 1，與清高傲慢的人辦事

有些人往往自視清高，目中無人，表現出一副「唯我獨尊」的樣子。與這種舉止無禮、態度傲慢的人打交道，實在是一件令人難受的事情。最好的辦法就是：盡可能地減少與其來往的時間，在能夠充分表達自己的意見和態度的情況下，減少他能夠表現自己傲慢無禮的機會；語言簡

潔明瞭，盡可能用最少的話清楚地表達你的要求與問題；你可以邀請這種人從事一些無法擺架子的活動，例如，請他去跳跳舞、唱歌等。

## 2，與私心較重的人辦事

所有的人都討厭那種自私自利、只顧自己的人，因為這種人心目中只有自己，凡事都將自己的利益擺在前頭，從不肯有所犧牲。我們對他們不必有太高的期望，也沒有必要希望他們能夠像朋友那樣以義為重，以情為重。與這類人的來往關係可以僅僅是一種交換關係，做多少事，給多少利。

## 3，與性情暴躁的人辦事

性情暴躁的人容易傷害人，並且常常表現為蠻橫無理。這種人常常比較直率，肚子裡有什麼，也就表現出來，不會搞陰謀詭計，也不會前後算計人。所以，與其和那些城府很深的人共事，還不如與這種人打交道。這種人一般比較重義氣，重感情。只要你平時對他好，尊敬他，視之為朋友，他會加倍報答你。所以，和這種人辦事，不一定非要那麼客套，或講什麼道理。你只要以誠相待，他必定以心相對。另外，這種人還有一個特點，喜歡聽奉承話、好話，所以，在與他辦事的過程中，宜多採用正面的方式，而謹慎運用反面的方式。

## 4，與性格冷淡的人辦事

與這種人打交道時，不僅不能冷淡，反而應該多花些功夫，仔細觀察，注意他的一舉一動，從他的言行中，尋找出他真正關心的事來。

第一章　進退有度，掌握權衡之道

## 5，與工於心計的人辦事。

　　這類人物，有著兩張臉皮，有著雙重人格。對於這樣的人，我們在與之辦事的過程中，盡量不要去傷害他的自尊心，不去得罪他，也不可簡單地拒絕其肉麻的奉承。要謹防被他的別有用心所利用。在正當的利益上滿足他，使他的自尊心、榮譽感也有所體現，並促使其良知自現。

## 按對方的身分地位辦事

　　無論在哪個國家、哪個年代,地位等級觀念都是很強的。對方的身分、地位不同,你說話的語氣、方式以及辦事的方法也應有異。

　　與不同身分、地位的人打交道要用不同的方式,如果不明白這一點,對什麼人都是一視同仁,則可能會被對方視為沒大沒小、無尊無賤。對方身分地位比自己高的人,會認為你這樣做沒有教養,不懂規矩,因而他不喜歡聽你的話,不願幫你的忙,或者有意為難你,這樣就可能阻礙了你辦事,使所辦之事一波三折。

　　宋朝知益州的張詠,聽說寇準當了宰相,對其部下說:「寇準奇才,惜學術不足爾。」張詠與寇準是多年的至交,他很想找個機會勸勸老朋友多讀些書。因為他身為宰相,關係到天下的興衰,理應學問更多些。

　　恰巧時隔不久,寇準因事來到陝西,剛剛卸任的張詠也從成都來到這裡。老友相會,格外高興,寇準設宴款待。在效外的送別時,寇準問張詠:「何以教準?」張詠對此早有所慮,正想趁機勸說寇準多讀書。可是又一思索,寇準已是堂堂的宰相,居一人之下,萬人之上,怎麼好直截了當地說他沒學問呢?張詠略微沉吟了一下,慢條斯理地說了一句:「《漢書‧霍光傳》不可不讀。」當時寇準沒有明白張詠的話是什麼意思,可是老友不願就此多說一句,言訖而別。回到相府,寇準趕緊找出《漢書‧霍光傳》,他從頭仔細閱讀,當他讀到「光不學無術,諫於大理」時,恍然大悟,自言自語地說:「此張公謂我矣!」(這大概就是張詠想要對我說的話啊!)書中記載,當年霍光任過大司馬和大將軍要職,地位相當於宋朝的宰相,他輔佐漢朝立下大功,但是居功自傲,不好學習,不明事理。這與寇準有某些相似之處。寇準讀了《漢書‧霍光傳》之後很快明

## 第一章　進退有度，掌握權衡之道

白了張詠的用意，感到從中受益匪淺。

寇準是北宋著名的政治家，為人剛毅正直，思維敏捷，張詠讚許他為當世的「奇才」。所謂「學術不足」，是說寇準平時不注意學習，知識面不寬，這就會極大地限制寇準的才能的發揮，因此，張詠要勸寇準多讀書加深學問的意思既客觀又中肯。然而，說得太直，對於剛剛當上宰相的寇準來說，面子上不好看，而且傳出去還會影響其形象。張詠知道寇準是個聰明人，給了一句「《漢書·霍光傳》不可不讀」的贈言讓其自悟，何等婉轉曲折，而「不學無術」這個連常人都難以接受的批評，透過教讀《漢書·霍光傳》這個委婉方式，使當朝宰相也愉快地接受了。「借他書上言，傳我心中事」，張詠考慮到了寇準的身分與地位，勸告的建議讓寇準更容易接受。

聰明人都是懂得看對方的身分、地位來辦事的，這也是自己辦事能力與個人修養的體現，平常我們所說的「某某人會處事」，相當程度上就體現在「見什麼人說什麼話」的才智上。這樣的人不只是當主管的器重他，做同事的也不討厭他，這樣的人辦事的成功率當然高。

## 會使用祕密武器

　　要相信每個人都是具有同情心、仁慈心的，利用對方人性中善良的光輝可以照亮自己的世界。

　　用自己坎坷遭遇的愁容和淒涼悲愴的眼淚，可以使對方的感情之水為之蕩漾，即使鐵石心腸，也會網開一面，答應或者幫助你把事情辦成。

　　拿破崙的妻子約瑟芬是前博阿爾內子爵夫人，一向水性楊花，生活放蕩。當拿破崙在義大利和埃及戰場浴血搏鬥時，新婚不久的她卻與一個叫夏爾的中尉偷情私通。她以為拿破崙會戰死沙場，不再等待他歸來。

　　西元1799年10月，拿破崙從埃及回到法國受到人們熱烈歡迎的消息傳到巴黎，約瑟芬驚呆了。拿破崙成了歐洲最知名的人物，法國的救星，前程無量。她欺騙了拿破崙，想拋棄他，這時又後悔了，於是她不辭辛苦，坐著馬車，長途跋涉，去法國南部的里昂迎接拿破崙。她想在拿破崙與家人見面前見到他，並趁著他興奮之時矇騙住他，不使自己的醜事暴露。

　　她好不容易到達里昂，可是拿破崙已從另一條路走了，並與家人會合了。拿破崙對妻子的不貞早有所聞，只是不怎麼相信，當他確信約瑟芬對他不忠時，他暴跳如雷，下定決心與其離婚。

　　約瑟芬知道大事不好，日夜兼程趕回巴黎。拿破崙吩咐僕人不讓她走進家門。她勉強進了門，只覺心跳氣急，不知怎麼來應付與丈夫相見的場面。片刻之後，她靜下神來，決定壯著膽子去見丈夫。

## 第一章　進退有度，掌握權衡之道

約瑟芬來到拿破崙的臥室門前，輕輕敲門，沒有回答。輕動門柄，無濟於事。

她再次敲門，並溫柔而哀婉地呼喚，拿破崙沒有理睬。

她失聲大哭，短促呻吟，拿破崙無動於衷。

她哭著，用雙手捶著門。請求他原諒，承認自己一時輕率、幼稚而犯錯，並提起他們以前的海誓山盟……說如果他不能寬恕，她就只有一死。仍然不能打動拿破崙。

約瑟芬哭到深夜，不再哭了，她忽然想起孩子們，眼睛一亮，燃起了希望之光。

她知道，拿破崙愛她的孩子奧坦絲和歐仁，尤其喜歡歐仁，這是打動拿破崙心腸的好辦法。倘若孩子們求他，他可能會改變主意。

孩子們來了，天真而笨拙地哀求著說：「不要拋棄我們的母親，她會死的！……還有我們，我們怎麼辦呢？……」

人心都是肉做的，約瑟芬這一招終於成功了。拿破崙雖然懷疑約瑟芬背叛了他，然而她的哭聲在他的腦海裡泛起他們相愛時的美好回憶。奧坦絲和歐仁的哀求聲衝破他心中設下的防線，他已熱淚盈眶。

於是，房門打開了，拿破崙與約瑟芬重歸於好了。後來拿破崙登基時，約瑟芬成了皇后，榮耀之至。

你有沒有在與人談到某問題時，對方突然哭起來的經驗？這或許是你的不幸。想想以前，否有過類似的事？當你和先生、太太和子女為某件事爭論不休時，你占據了情、理和法，各項事實完全偏向於你，而讓對方毫無辯解餘地，對方突然淚流滿面求你饒恕時，你怎麼辦？

大多數人會說：「噢，對不起，別哭嘛，我不是故意的，或許我火氣大了些。」甚至更進一步道：「別哭了，我答應你就是了，你要怎麼做

就怎麼做好了。錢在桌子上自己拿去買點東西吧！」卻很少有人說：「好啊，你無話可說，任憑我發落了吧！」

眼淚往往是打動人心的利害武器。

有些政治家也常常用眼淚來收買人心。

宋太宗年間，曹翰因罪被罰到汝州。曹翰苦思返京之策。一天，宮裡派了個使者到汝州辦事，曹翰哪裡肯放過這個機會。他想辦法見到了使者，流著淚對他說：「我的罪惡深重，就連死也贖不清，真不知如何才能報答皇上的不殺之恩，現在只能在這裡認真悔過，來日有機會一定誓死報效朝廷。只是我在這裡伏罪，家裡人口太多，缺少食物，生活不下去了，我這裡有幾件衣服，請你幫我抵押一萬文錢，交給我家裡換點糧食，好使家裡大小暫且餬口。」

說到傷心之處越發淚流不止。

使者回宮後如實向宋太宗彙報這件事。太宗拿過包袱打開一看，原來裡面是一幅畫，畫題為〈下江南圖〉，畫的是當年曹翰奉宋太祖旨意，任先鋒攻打南唐的情景。

太宗看到此圖想起曹翰當年功勳，心裡很難過，憐憫之情油然而生，決定把曹翰召回京城。曹翰打動人心的手法奏效了。

# 第一章　進退有度，掌握權衡之道

## 以吃虧來求人

以吃虧來求人，以吃虧來得到，是一種比較高明和有遠見的辦事技巧。

想請人辦事，就要自己先吃點小虧，讓對方覺得欠了你一份情，這樣，在求他辦事的時候，他會更盡力。以吃小虧來換得大利益是有效辦事的一個很管用的方法。

不管是大虧還是小虧，對打好人際關係有幫助，你要盡可能地吃下去，不能皺眉。尤其是大虧，有時更是一本萬利的事情。沒有幾人不知道「紅頂商人」胡雪巖。他的發跡實際上就是一個善於吃虧的典型。

胡雪巖本是小商人，他不但善經營，也會做人，頗通曉人情，懂得「惠出實及」的道理，常給周圍的人一些小恩惠。但小打小鬧不能使他滿意，他一直想成就大事業。他想，在中國，一貫重農抑商，單靠純粹經商是不太可能出人頭地的。大商人呂不韋另闢蹊徑，從商改為從政，名利雙收，所以，胡雪巖也想走這條路。

王有齡是杭州一介小官，想往上爬，又苦於沒有錢作敲門磚。胡雪巖與他也稍有來往。隨著來往加深，兩人發現他們有共同的目的，殊途同歸。王有齡對胡雪巖說：「雪巖兄，我並非無門路，只是手頭無錢，十謁朱門九不開。」胡雪巖說：「我願傾家蕩產，助你一臂之力。」王有齡說：「我富貴了，絕不會忘記胡兄。」

胡雪巖變賣了家產，籌積了幾千兩銀子，送給王有齡。王有齡去京師求官後，胡雪巖仍舊操其舊業，對別人的譏笑並不放在心上。

幾年後，王有齡身著巡撫的官服登門拜訪胡雪巖，問胡有何要求，胡說：「祝賀你福星高照，我並無困難。」

王有齡是個講交情的人，他利用職務之便，令軍需官到胡雪巖的店中購物，胡雪巖的生意越來越好、越做越大。他與王有齡的關係也更加密切。

正是憑著這種功夫，胡雪巖使自己吉星高照，後來被左宗棠舉薦為二品官，成為大清朝唯一的「紅頂商人」。

要想辦成大事，就要勇於吃小虧，善於吃小虧，吃小虧方能占大便宜。一個人只要願意吃小虧、勇於吃小虧，不去事事占便宜、討好處，日後必有大「便宜」可得。相反，要想「占大便宜」，則必須能夠吃小虧。如果你在求別人辦事、與別人共同辦事的過程中斤斤計較，捨不得吃一點虧，那麼對方為你辦事就不會盡心盡力。

所以，要想辦好事，就要時刻有吃小虧的準備：

## 1，要做好在適當的時候吃虧的心理準備

人們總是需要面臨種種選擇，而且在選擇過程中我們總是面對自己有可能損失的利益。如果我們懂得「吃虧是福」的道理，我們就不會因為個人得益的得失而心存煩惱和猶豫。我們不可能事事爭、處處上，而不得不放棄一些無關宏旨的東西，也必須要對一些自己頗為喜歡，但出於某些原因而不能為之的機會忍痛割愛。特別是在一些唾手可得的東西上，以及在一些自己本身完全具有競爭力和理由的機會中，我們也可能會由於某些因素而主動地讓予他人。

在適當的時候我們要讓出自己的一部分權利和利益。這種放棄、給予、「吃小虧」，往往並不一定是為了達到某一個更高的目標，而常常是出於另一種原因，一種預測到、也了解到自己不可能獲得自己所有應該獲得的機會和利益的明智。

第一章　進退有度，掌握權衡之道

不懂得這樣做的人，表面上看，可能爭上了他可能碰到的各種機會，但實際上他由於完全陷於已有的機會中，則不得不失去後來的各種機會的選擇。相反，能吃小虧的人則始終把這種主動權操在自己手中，儘管失去了一些機會，但也無妨大事。

## 2，要充分分析自己的具體情況，做到有理性地吃虧

現實生活中，能夠主動吃虧的人實在太少，這並不僅僅因為人性的弱點，很難拒絕擺在面前本來就該你拿的那一份，也不僅僅因為大多數人缺乏高瞻遠矚的策略眼光，不能捨眼前小利，去爭取長遠大利。能不能主動吃虧，實在還和實力有關，因為吃虧以後利潤畢竟少了，而開支依然存在，就很可能出現虧空，如果你吃虧後很快就能獲得報答，那麼還挺得住，反之，吃虧就等於放血，對體弱多病的人來說，可能致命。

所以，我們要做的並不是一味地去白白吃虧，而是有理性地吃虧，從吃虧中獲得長遠利益。我們說：「好漢要吃眼前虧」，因為眼前虧不吃，可能要吃更大的虧。「好漢要吃眼前虧」的目的是以吃「眼前虧」來換取其他的利益，是為了自己更長遠的打算，如果因為不吃眼前虧而蒙受更大的損失或災難，甚至把命都弄丟了，哪能說未來和理想？

吃虧必須講究方式和技巧。虧，不能亂吃，有的人為了息事寧人，去吃虧，吃暗虧，結果只是「啞巴吃黃連，有苦難言」。孫權就是這樣，為了得回荊州，假意讓自己的妹妹嫁給劉備，結果在諸葛亮的巧妙安排下，孫權不僅賠了妹妹，又折了兵，荊州還是在人家手中，這個虧未免吃得太不值得。虧，要吃在明處，至少，你該讓對方意識到。

智者說：「吃虧是福。」因為吃虧，你就成了施者，朋友才成了受者，看上去，是你吃了虧，他得了益，然而，朋友卻欠了你一個人情，在友

> 以吃虧來求人

誼、情感的天平上，你已加了一個籌碼，這是比金錢、比財富更值得你珍視的東西。吃虧，會讓你在朋友眼裡變得豁達、寬厚，讓你獲得更深的友情。這當然會使朋友更心甘情願幫助你，為你辦事。

第一章　進退有度，掌握權衡之道

## 必須學會欲擒故縱

「欲想取之，必先予之」。要想辦好事，必須學會欲擒故縱，收發自如。

欲擒故縱就是收放結合，或者採取釣魚的戰術，釣到自己想要釣的大魚。

諸葛亮就是一個欲擒故縱的釣魚高手，他的目的性很強，因此，總是能釣到自己想要釣的東西。

三國時期，諸葛亮為解決蜀國後顧之憂，決心收伏雲南昆明一帶的蠻族反叛軍。

諸葛亮由宜賓渡過長江，戰勝商定後，揮師渡過瀘水（金沙江），追擊孟獲的軍隊。獲知諸葛亮主力部隊已進入瀘水南岸，孟獲立刻率軍南撤。諸葛亮軍隊順利地在滇池附近，和馬忠與李恢的東、中路軍團會師。向南撤退的孟獲軍，遭到李恢軍反擊，只好再掉過頭來面對諸葛亮的主力部隊。雙方大軍展開決戰，孟獲不是諸葛亮的對手，在第一次決戰中，兵敗被生擒。

而此時的諸葛亮卻認為「軍事」雖勝利，但「政治」卻不見得已取得優勢，贏了力，不見得贏了心。他想起馬謖「攻心為上」的建議，決定贏得更深、更遠，以徹底解決「南人叛亂」問題的根本。因此，第一次生擒孟獲後，為了讓孟獲心悅誠服，諸葛亮決定無條件釋放他。

諸葛亮布列營陣，引著孟獲參觀，然後問他：「你認為我軍隊的陣容如何？」孟獲答道：「原先不知道你們軍隊的虛實，所以才會被打敗。今日看到了，也不過如此而已，相信讓我回去整兵再來，要打敗你們不難。」

「既然這樣，就把他釋放了吧！」諸葛亮若無其事地笑著說，孟獲和蜀漢諸將領都嚇了一跳，大惑不解。

其實，依諸葛亮的軍力，要擊敗缺乏組織的孟獲並不難，困難的是對地理環境的適應。從瀘水以南的地區，約在現今北緯27度一帶，接近熱帶山區，充滿瘴煙之氣，一般漢人在此非常容易中毒，加上地理環境不熟，在這個地方打仗，是相當辛苦而危險的。尤其諸葛亮在三月中旬才渡過瀘水，天氣已接近夏天，不但遠征軍隊可能大量水土不服，造成作戰力喪失，且受到瘴煙之氣毒害者，應該不在少數。南征軍團所面臨的威脅，諸葛亮心中知之甚詳，但他似乎為了更高的目標，有意去忍受這份代價。

據說在很短的期間內，數度生擒孟獲，卻依約將他放了。直到第七次，諸葛亮又下令釋放孟獲，以讓他捲土重來。但孟獲當場跪下，表示道：「公，天威也，南人不復反矣！」

善於放長線、釣大魚的人，看到大魚上鉤之後，總是不急著收線揚竿，把魚甩到岸上。他會按捺住心頭的喜悅，不慌不忙地收幾下線，慢慢把魚拉近岸邊；一旦大魚掙扎，便又放鬆釣線，讓魚游竄幾下，再慢慢收釣。如此一收一放，待到大魚筋疲力盡，無力掙扎，才將牠拉近岸邊，用提網捕上岸。求人辦事也是一樣，如果追得太緊，別人反而會一口回絕你的請求，只有耐心等待，才會有成功的喜訊來臨。

第一章　進退有度，掌握權衡之道

## 辦事需要創新思路

　　一個人缺乏創新思路，辦事就容易流於重複和尋常；如果缺乏聰明的選擇，辦事就容易笨拙和呆板。假如能在創新和選擇兩項上下功夫，你就會把難以辦成的事辦成。

　　在辦事的過程中，如果一味恪守前人的經驗，形成固定的思維方式，就會在思維定式中失去了創新的機會。每個人都有一個固定的思維定式，只不過思維的方法不同而已。固定的思維方式容易產生偏見，這種偏見帶有強烈的個人色彩。它容易把人的思維引入歧途，也會替生活與事業帶來負面影響。固定的思維方式多源於人格的缺陷、思維的僵化。

　　山姆是個德國農民，他因愛動腦筋，常常花費比別人更少的力氣，而獲得更大的收益，當地人都說他是個聰明人。到了馬鈴薯收穫季節，德國農民就進入了最繁忙的工作時期。他們不僅要把馬鈴薯從地裡收回來，而且還要把它運送到附近的城裡去賣。為了賣個好價錢，大家都要先把馬鈴薯分成大、中、小三類。這樣做，勞動量實在太大了，每人都拚命地做，希望能快點把馬鈴薯運到城裡趕快上市。山姆一家與眾不同，他們根本不做分檢馬鈴薯的工作，而是直接把馬鈴薯裝進麻布袋裡運走。這樣，山姆家的馬鈴薯總是最早上市，每次他賺的錢都比別家的多。

　　一個鄰居發現了山姆一家賺的錢比自己多，但是不知道他們是怎麼做到的。於是就悄悄地跟蹤，終於發現了其中的奧祕。

　　原來，山姆每次向城裡送馬鈴薯時，沒有開車走一般人都經過的平坦大路。而是載著裝馬鈴薯的麻袋跑一條顛簸不平的山路。一路下來，

因車子的不斷顛簸，小的馬鈴薯就落到麻袋的最底部，而大的自然留在了上面。販賣時仍然是能夠分開大小的。由於節省了分撿馬鈴薯的時間，山姆的馬鈴薯上市最早，價錢自然就能賣得更理想了。

農民山姆這種巧妙利用自然條件進行邏輯想像的方法進行創新，看起來並不驚天動地，但卻能開發我們的大腦。如果你能夠激發出自己這樣的邏輯想像能力，就可以在自己的成功過程中做得更好了。

成大事者常常能突破人們的思維常規，反常用計，在「奇」字上下功夫，拿出出奇的經營招數，贏得出奇的效果。

有位年輕人搭火車去某地。火車行駛在荒無人煙的山野之中，人們一個個百無聊賴地望著窗外。

前面有一個轉彎處，火車減速，一座簡陋的平房緩緩地進入他的視野。也就在這時，幾乎所有乘客都睜大眼睛「欣賞」起寂寞旅途中這特別的風景。有的乘客開始竊竊議論起這座房子。年輕人的心為之一動。返回時，他中途下了車，不辭辛勞地找到了那座房子。主人告訴他，每天火車都要從門前「隆隆」駛過，噪音實在使他們受不了，房主很想以低價賣掉房屋，但多年來一直沒有人問津。

不久，年輕人用 150 萬元買下了那座平房，他覺得這座房子正好處在轉彎處，火車一經過這裡時都會減速，疲憊的乘客一看到這座房子，精神就會為之一振，用來做廣告是再好不過的了。很快，他開始和一些大公司聯絡，推薦房屋正面是一面極好的「廣告牆」。後來，有公司看中了這個廣告媒體，在 3 年租期內，支付年輕人 500 萬元租金……

辦事的過程，就是一個不斷解決難題、鍛鍊自己的過程。要想提高自己的辦事能力，就要不斷地提高自己的創新思路，可以從以下幾個方面著手：

第一章　進退有度，掌握權衡之道

## 1，挖掘自身的想像力，勇於大膽提出設想

　　想像是人類所特有的心理活動形式，是大腦突破固有知識束縛的非邏輯性重組。當年英國科學家赫胥黎（Aldous Leonard Huxley）面對新發現的巨蜥龍化石，大膽地提出了鳥的起源可能與恐龍有關的想像，這在當時的確與一個笑話差不多。但如今，鳥是由小型獸腳類恐龍演化而來，這一學說經反覆研究已得到世界科學界的普遍認可。愛因斯坦想像自己以光速運動，韋格納（Alfred Lothar Wegener）在地圖面前想像幾個大陸板塊分裂後慢慢地漂移……這些都非常大膽，但他們的理論最終開創了新時代。這說明，人類的進步與發展，往往伴隨著豐富的想像力。人們只有藉助豐富的想像力，才可能提出新的設想，從而實現新的發現與創造。

## 2，要勤於思考，
## 　　面對司空見慣的不起眼的事物也要深入思索

　　蜘蛛吐絲結網的現象太正常了，沒有人在意。法國人卜翁卻由此開始思考人類造絲的可能，經深入研究，人造纖維走入人們的生活。落地電風扇的立柱可以伸縮升降高低，這好像很簡單。一位小學女生卻很用心地思考這一結構還可以有什麼用途。結果，結合上體育課的需求發明了升降式籃球架，產品很暢銷。這些發明創造說明，看似尋常的事物充分思索就可以產生新的創意。

## 3，要努力打破固定的思維方式，採取逆向思維、橫向思維，擴散性思考等多種方式思考問題

　　有這樣一個故事：某製鞋廠先後派兩名業務員去某小島推銷產品。前者認為島上的居民都不穿鞋，根本沒有市場；後者從另外一個角度思考問題，認為島上的居民都沒鞋穿，市場大得很，獲得了推銷成功。德國一家造紙廠出了一批廢品，筆尖一接觸墨水就化開，根本無法使用。一名職工經過逆向思維反其道而行之，利用其易滲水的特點來做吸墨水紙，申請了專利，取得良好效益。可見打破常規的方式思考往往可以產生新的發現與創造。

第一章 進退有度，掌握權衡之道

## 從反面考慮問題

換一種思考方式，把問題倒過來看，能使你在辦事時找到峰迴路轉的契機。

「橫看成嶺側成峰，遠近高低各不同。」辦事的方式方法是很多的。由於事物總是在正與反之間轉換，所以，有時候你需要改變自己的行事方式，從相反的方面考慮問題。

一個猶太人走進紐約的一家銀行，來到貸款部，大搖大擺地坐下來。「請問先生有什麼事情嗎？」貸款部經理一邊問，一邊打量著來人的穿著：豪華的西服、高級皮鞋、昂貴的手錶，還有領帶夾子。

「我想借些錢。」

「好啊，你要借多少？」

「1 美元。」

「只需要 1 美元？」

「沒錯，只借 1 美元。可以嗎？」

猶太人說著，從豪華的皮包裡取出一堆股票、國債等等，放在經理的寫字檯上。

「總共 50 萬美元，夠了吧？」

「當然，當然！不過，你真的只要借 1 美元嗎？」

「是的。」當然，猶太人接過了 1 美元。

「年息為 6%。只要您付出 6% 的利息，一年後歸還，我們就可以把這些股票還給你。」

「謝謝。」猶太人說完，就準備離開銀行。

一直在旁邊冷眼觀看的分行長，怎麼也弄不明白，擁有50萬美元的人，怎麼會來銀行借1美元？他慌慌張張地追上前去，對猶太人說：「啊，這位先生……」

「有什麼事情嗎？」

「我實在弄不清楚，你擁有50萬美元，為什麼只借1美元呢？要是你想借30、40萬美元的話，我們也會很樂意的……」

「請不必為我操心。只是我來貴行之前，問過了幾家金庫，他們保險箱的租金都很昂貴。所以嘛，我就準備在貴行寄存這些股票。租金實在太便宜了，一年只須花6美分。」

貴重物品的寄存按常理應放在金庫的保險箱裡，對許多人來說，這是唯一的選擇。但猶太商人沒有囿於常理，而是另闢蹊徑，找到讓證券鎖進銀行保險箱的辦法。從可靠、保險的角度來看，兩者確實是沒有多大區別的，除了收費不同。一般情況下，人們是為借款而抵押，總是希望以盡可能少的抵押爭取盡可能多的借款。而銀行為了保證貸款的安全或有利，不讓借款額接近抵押物的實際價值，所以，一般只有關於借款額上限的規定，其下限根本不用規定，因為這是借款者自己就會管好的問題。能夠鑽這個「漏洞」，轉換思路思考問題，這就是猶太商人在思維方式上的「精明」。

中世紀時代，詩人吉羅姆爵士遇見了美麗的吉耶瑪夫人，對她一見鍾情，立刻墜入了情網。他的朋友皮耶爵士，愛上另外一位貴婦維妮塔。

相處一段時間後，愛人之間產生了一些分歧。有一天，皮耶與維妮塔為了一件小事發生了激烈的爭吵，維妮塔一怒之下離開了皮耶，於是皮耶想向吉羅姆求援，希望能夠彌補裂痕，當時吉羅姆已經離開城堡外

## 第一章 進退有度，掌握權衡之道

出度假了，等他回來的時候，皮耶和維妮塔已和好如初，而和解後的愛更強烈了。

吉羅姆對此很是不解，皮耶告訴他：「愛情是一種奇怪的東西，爭執越激烈，持續得越長久，和好之後的感覺越甜。」

吉羅姆也想感受一下這種滋味。於是，假裝對吉耶瑪夫人大發脾氣，不再寫動人的情詩給她，並且不辭而歸，在外面遊蕩。

不明原因的吉耶瑪派人去找吉羅姆，吉羅姆毫不客氣地把使者趕走了。這樣一來，吉耶瑪反而更加熱烈地追求他，不斷地派遣使者送去自己親筆寫的求愛信，還親自來看望他，但是吉羅姆都以粗暴的言辭和威脅的手段趕走了吉耶瑪。最後，絕望的吉耶瑪決定與他分手，發誓再也不和他見面了。

分別之後，吉羅姆才領略到相思之苦，正如皮耶所言，不能見面只會讓愛情更熾熱。他發瘋般地寫溫情的詩歌乞求和好，為自己的所作所為解釋，希望能夠得到吉耶瑪的寬恕。

經過百般懇求之後，吉耶瑪終於原諒了他。但為了懲罰他的過錯和對自己造成的傷害，她命令吉羅姆寫一篇描述他悲慘境況的詩篇給他，不僅如此，還必須剝下右手小指的指甲送給她以示懲罰。

吉羅姆滿足了她的要求，他終於領略到了愛情終極的感受。

在感情生活中，運用謀略可以取得意想不到的效果。戀情開始時，經常出現在對方眼前會引發對方的真情，濃情蜜意之際，避而不見會讓情感越發熾烈激昂，沒有理由的離去尤其撩動人心。對方會以為自己犯了錯而更加強烈地追求你。當你不在時，愛人的想像飛馳，激動的想像只會讓愛越來越強烈。吉耶瑪越追求吉羅姆，他就越不愛她，因為她太輕率，太容易得到了，沒有留給他幻想的空間，窒息了他的情感。直

到她終於停止派遣使者追逐他，吉羅姆才開始思念，才意識到對方的重要。

在辦事的過程中，有時候改變自己的行事方式，從相反的方面考慮問題，你的難題也許能轉入一種新的境界。

頻繁的露面或是主動出擊，會使你變得越來越平凡。駐留得太久或是習以為常的事物或現象，則往往遭受忽略。相反，短暫的隱退會讓你變得神祕，在別人的想像中富有魅力。

第一章　進退有度，掌握權衡之道

## 換一種方式

　　學會變化角度，從最有利於自己的方位開始突破，這樣就有助於把事情辦好。兵法有一條：堡壘最容易從內部攻破。明裡強攻不成，就暗中智取。

　　在人生路上，難免有崎嶇小道，應該學會改變自己，適當變通，才能確保取勝。

　　鍾隱是五代十國時南唐的一位著名畫家，家道殷富，倦於俗事，便學習前輩陶淵明做起隱士來。

　　鍾隱隱居山林修身養性，他最愛做的一樁事就是畫畫，畫花竹禽鳥、山林人物，倒也自娛自樂。

　　畫了一段時間後，鍾隱發現自己有「眼高手低」的毛病。他經過冷靜反思了解到，毛病就在於自己畫技貧乏。於是決定下山求師學藝。下山後一打聽才知道，當時畫花鳥的畫手叫郭乾暉，此公筆墨天成，尤其擅長畫鷙鶘。鍾隱大喜，立即前往郭府拜師。

　　不料，郭乾暉並非世俗中人，雖然身懷絕技，卻不肯輕易授人，老先生作畫時總吩咐下人把門關上，唯恐路上過往行人或是私闖進來的賓客，窺見一招一武。因此，鍾隱興沖沖來到郭府，連大門也沒跨進，就被門房轟了出來。

　　鍾隱倒是很知趣，一拍頭把自己大罵一通：真是該死呀，該死！上山隱居後竟然把世俗的規矩都忘光啦，想當年孔夫子收學生，還要拎臘肉來，我怎麼空著手就跑來了呢？於是，鍾隱回家，叫人準備一車銀子，風風光光地再次登門求見。誰知門房仍擋住不讓進，還冷嘲熱諷道：「你認為我們家老爺缺銀子花嗎？告訴你吧，我們家老爺用筆畫個

圈，就夠你小子吃個一年半載的。還想到這裡擺架子了，」沒辦法，鍾隱只好拉著一車銀子灰溜溜打道回府。

投師不成，鍾隱茶飯不香，夜不能寐。老話說：「天無絕人之路。」終於，鍾隱想出一條妙計，既然正道走不通，那為何不走旁門左道呢？於是，他喬裝打扮成一個小廝，毛遂自薦地跑到郭府要當奴僕，且一再強調只是混口飯吃，不要工錢。由於他要求不高，郭府又正缺人手，於是就被收留。

鍾隱一進郭府，就把上上下下哄得團團轉，把那位郭老先生都唬住了，老先生撤除了對他的所有防線，作畫時竟然點名要他站在一旁研墨，根本沒料到他是個「間諜」。

鍾隱趁機觀看郭老先生作畫時的筆法用彩，沒過多久，就把老先生那套密不示人的技藝爛熟於心。

誰知，畫技學得越多，越是技癢難熬。有一天，鍾隱實在忍耐不住，乘興在牆上偷偷畫一隻鴿子，神形俱佳。有人將此事向郭老先生報告，老先生聞訊去觀看，一看就嚇了一大跳，知道這絕非外行所能畫出來的。於是，召來鍾隱盤問。

鍾隱見紙包不住火，只好和盤托出，郭老先生聽罷並沒有生氣，反而大受感動：「相公為了學畫，竟然不惜為奴，這叫老夫如何敢當？如此求學，真乃天下少見，老夫就破例把你收在門下吧。」

從此，郭乾暉老先生與鍾隱以師徒相稱，一個密授絕技，一個潛心苦學，仔細揣摩。果然，鍾隱深得其旨，技藝猛進，畫有〈鷹鴿雜禽圖〉、〈周處斬蛟圖〉等傳於後世。

當一種動機經一再嘗試仍不能成功，達不到預定目標時，應該變換方式，透過別的方法和途徑實現目標，或者把原本制定的太高而不切實

## 第一章　進退有度，掌握權衡之道

際的目標往下調整，改變行為方向，則有可能增加成功的機率。

　　生活中，有很多的人，寧可在一棵樹上吊死，也不肯退而求其次，這樣的人，從不顧及客觀情況，只是單純的墨守陳規，那也只能自設苑囿，作繭自縛。

# 權衡分析利弊得失

權衡利弊辦事，不單是針對自己，有時還要善於幫助他人分析利弊得失說服他人，進而實現既有利於自己，又有利於他人的雙重效益。

不論求人辦事，還是幫人辦事，人們都需要選擇辦還是不辦。選擇的目的就是為了權衡利弊得失。在權衡過程中，有的人考慮得比較全面，有的可能就只考慮某一方面而忽略了另一方面。這時就需要分析擺出利弊得失，供人選擇。

著名人際關係交往家卡內基（Dale Carnegie）租用紐約某家飯店的大舞廳，用來每季度舉辦一系列的講課。

有一次有一個季度開始的時候，他突然接到通知，說他必須付出比以前高出三倍的租金。卡內基拿到這個通知的時候，入場券已經印好並發出去了，而且所有的廣告都已經公布了。

卡內基不想付這筆增加的租金，可是跟飯店的普通員工談論是沒有用的。因此，幾天之後，他去見飯店經理。

「收到你的信，我有點吃驚，」卡內基說，「但是我根本不怪你。如果我是你，我也可能發出一封類似的信。你身為飯店的經理，有責任盡可能地使收入增加。如果你不這樣做，你將會丟掉現在的職位。現在，我們拿出一張紙來，把你因此可能得到的利弊列出來。」

然後，卡內基取出一張紙，在中間劃了一條線，一邊寫著「利」，另一邊寫「弊」。他在「利」這邊的下面寫下這些字：「舞廳空下來。」接著說：「你把舞廳租給別人開舞會或開大會是最划算的，因為像這類的活動，比租給人家當講課場能增加不少的收入。如果我把你的舞廳占用二十個晚上來講課，你的收入當然就要少一些。」

## 第一章　進退有度，掌握權衡之道

「現在，我們來考慮壞的方面。第一，如果你堅持增加租金，你不但不能從我這裡增加收入，反而會減少自己的收入。事實上，你將一點收入也沒有，因為我無法支付你所要求的租金，我只好被逼到另外的地方去開這些課。」

「你還有一個損失。這些課程吸引了不少受過教育、修養高的群眾到你的飯店來。這對你是一個很好的宣傳，不是嗎？事實上，如果你花費五千美元在報上登廣告的話，也無法像我的這些課程能吸引這麼多的人來你的飯店。這對一家飯店來講，不是價值很高嗎？」

卡內基一面說，一面把這兩項壞處寫在「弊」的下面，然後把紙遞給飯店的經理說：「我希望你好好考慮你可能得到的利弊，然後告訴我你的最後決定。」

第二天卡內基收到一封信，通知他租金只漲百分之五十，而不是百分之三百。

卡內基沒有提自己的要求，只是為飯店經理分析了利弊，就得到了減租。卡內基一直都是談論對方的要求，以及他如何能得到他所要的。

要讓別人按你想要的方法辦事，就得從他們的需求入手。你必須確定，要任何一個人做任何事情，唯一的方法就是使他自己情願。最好的方法是透過對各方利弊的分析，找到既有利於他，又對你有利的解決方法。同時，還必須記得，人的需求各不相同，各人有各自的嗜好偏愛。只要你認真探索對方的真正意向是什麼，特別是與你的計畫有關的，你就可以依照他的偏好去對付他。你首先應當讓自己的計畫去適應別人的需求，然後你的計畫才有實現的可能。

# 辦事要掌握進退的分寸

　　看清周圍的環境，然後靈活應對，在辦事的過程中掌握分寸，只有這樣才能明辨是非、趨吉避凶。

　　看清自己所處的環境，明白自己的位置、清楚活動的空間、辨別生活的利害、採取適當的手段，這樣才能在辦事的過程中掌握好分寸，不至於太過頭。

　　在歷史上，分清自身的大小氣候與否，所帶來許多不同結果，張良和韓信就是很鮮明的例子。

　　韓信，淮陰人，少時「貧無行」，不會謀生，「常寄食於人，人多厭之者」。曾有一惡少年侮辱他，讓他鑽褲襠，「市人皆笑（韓）信，以為怯（懦）」。但「其志與眾異」。他母親死，雖無錢財行殯，卻找一處旁邊「可置萬家」的寬敞地方做墳。他是位「忍小忿而就大謀」的「蓋世之才」。他先從項羽，不受重用，又歸劉邦，但犯罪當斬。臨刑前他大喊：「漢王不想統一天下嗎，為何要殺壯士？」執事的滕公「釋而不斬」。經蕭何數次推薦，被封為淮軍後，破三秦、占關中、拔魏趙、下三齊，為漢的統一大業立下汗馬功勞，不愧是卓越的軍事家。

　　韓信既有雄才大略，又有實際能力。也就是說，他制定宏大策略，更能把宏大策略變成現實。因此，韓信應該是帝王之才，這就是劉邦對韓信不放心的原因，劉邦對韓信是利用的同時，又嚴加防範，恐其不利於己。

　　韓信在拜將之前，就向劉邦提出「以天下城邑封功臣，何所不服」的建議，表明他胸懷大志，意在封王，他不懂得分封制度在當時已不合歷史潮流。在這方面他就遠遠不如張良有見識，張良本出身貴族，卻看出

## 第一章　進退有度，掌握權衡之道

分封制度已不可行；而韓信出身貧民，卻滿腦子分封思想。劉邦雖然曾「自以為得（韓）信晚」而任他為大將，但劉邦始終沒有像依靠蕭何、張良那樣把韓信作為心腹對待，因為韓信總熱衷占據一方，封王封土，怎麼能讓劉邦放心呢？

劉邦坐穩了江山之後，看到韓信握有重權，並且深得軍心，不由得十分擔憂。他宴請群臣，面對臣下的恭賀，也憂心忡忡。張良察言觀色，明白了劉邦是害怕功高之人今後難以控制。就私下對韓信說：「你是否記得勾踐殺文種的故事？自古認為，只可與君主共患難，而不可與其同享福。前車之鑑，後世之師啊！我們要好自為之。」於是張良急流勇退，見好就收，他請求回鄉養老。劉邦故作戀戀不捨狀，再三挽留，最後封其為留侯。張良功成身退，終於保身全名，足見其先見之明。

韓信儘管認為張良的話有道理，但是對劉邦還是抱有幻想：自己對劉邦有過救命之恩。可是不久，便有奸佞之臣誣告韓信恃功自傲，不把君主放在眼裡。劉邦更是不滿於韓信的所作所為，不久，就設計解除了韓信的兵權。

至此，韓信終於心灰意冷。他後悔當初不聽張良之勸告而遭此大難，不禁仰天長嘆道：「飛鳥盡，良弓藏；狡兔死，走狗烹；敵國滅，謀臣亡。現在天下大局已定，我也該遭殃了。」不久，有人趁火打劫，誣告他要謀反，於是劉邦終於對他下了毒手，了卻了一大心事。

在這個世界上，我們畢竟不能獨來獨往。辦自己的事情時，肯定會涉及到別人的利益。因此，我們在處理事情的過程中，必須全盤衡量，掌握分寸，協調好各方面的利害關係，在爭取我們自己利益的同時，絕不能傷害他人利益。

1，有些事情，不該辦時就不能辦，一旦辦了，可能就會違法、違情、違理，使自己或別人遭受名譽、經濟或地位的損害。所以，當有人違背你的人格信念而託你辦事時，你也絕不能貪圖一時之利，而不負責任地答應他，縱容他，一定要慎重考慮可能引起的後果。如果有人想整治別人，編造假的事，求你出面作偽證，或者有人想找你一起做違法亂紀的勾當，如果你不想與其同流合汙，就應有勇氣拒絕這類無理的要求。

2，有人請你代其完成工作時，如你的同事把自己分內的工作往你身上推，此類情況，都應拒絕。因此，形形色色的人們在社會舞臺上都扮演了不同的角色，每一個人都有自己的責任和義務。既然承擔了某種社會責任或契約，就應該踐約。如果，當他們不能完成任務時，你也為他們去分擔責任，那你是明幫暗害他們，因為那樣做束縛了他們的自信心，助長了他們的依賴性。

的確，拒絕別人的要求是件不容易的事，大家都有體會。而當別人央求你，你又不得不拒絕的話，更是令人頭痛的，因為每個人都有自尊心，希望得到別人的重視，同時也不希望別人不愉快，因而，也就難以說出拒絕之話了。

不過，當你經過深思熟慮，知道答應對方的要求將會替你或他帶來傷害時，那就應該拒絕，而不要為了面子問題，做出違心的事來，結果對雙方都無好處。

第一章　進退有度，掌握權衡之道

## 處弱勢就先退幾步

　　讓步是為了獲得更大的進步，就像體育運動中的跳遠一樣，為了跳出好成績，退幾步是必然的。

　　人與人之間總有強勢與弱勢之分，因此做人需要精通「撤步術」。

　　秦始皇從繼位到親政，其間經歷了9年時間。這期間秦國的政權便落在了母親趙太后和相國呂不韋的手中。這就使得與君權對立的兩大政治集團的勢力得到惡性膨脹。

　　秦始皇繼位後，呂不韋的勢力得到進一步擴張，而且還攫取了作為國君長者的「仲父」尊號，成為秦國首屈一指的鉅富和政治暴發戶。更為囂張的是，呂不韋還招養門客3,000人，著寫《呂氏春秋》，目的就是企圖在秦始皇親政後，使其仍然按照呂不韋的意圖去統一和治理天下。

　　趙太后在秦莊襄王死後，孤身無偶，呂不韋投其所好，找了一個人假充宦官，進入太后宮中。太后對他十分寵愛，除了將自己所掌政務全部交於這個假宦官決斷，還將其封為長信侯。依仗太后權勢，假宦官為所欲為，不僅大肆揮霍國家財富，而且廣泛蒐羅黨羽，圖謀不軌，許多朝廷重要官員都投靠到他的門下。他家中有奴僕幾千人，求得官職來當門客的多達1,000餘人。

　　面對呂黨和后黨兩集團的囂張氣焰，秦始皇深知自己勢不如人，表面上採取了忍讓的策略，不動聲色，暗地裡卻為掃除兩大障礙做了充分準備，表現了一個英明君王高超的鬥爭藝術。

　　西元前238年，假宦官想在秦故都雍城的蘄年宮殺死秦始皇。秦始皇早有戒備，立刻命令昌平君等人率軍鎮壓，活捉假宦官。九月，將他

車裂，誅滅三族，黨羽皆梟首示眾，受案件牽連的4,000餘人全部奪爵，流放蜀地。

秦始皇並沒有一鼓作氣趁機剷除呂氏集團。呂不韋輔佐先王繼位的卓著功勳眾所周知，在秦國也有深厚的根基，操之過急，難免敗事，因而秦始皇暫時沒有動呂不韋。西元前237年，秦始皇根基已穩，於是開始逐步解決呂氏集團的問題。他先是免去呂不韋的相國職位，將他轟出秦都咸陽，趕到封邑洛陽居住。秦始皇怕呂不韋與關中六國勾結，最後派人賜他毒酒，迫他自盡。

秦始皇親政不久，在處於劣勢的情況下，以退為進，積蓄力量，以待時機，最後順利剷除嫪毐、呂不韋兩大敵對勢力，鞏固了君權，為其實現統一大業奠定了堅實的基礎。

曹操不乏英雄氣概，但他也有讓步的時候。他迎獻帝定都許昌後，並不是萬事大吉，他當時還不能「挾天子以令諸侯」，相反，曹操一時成為眾矢之的。而曹操這時的力量並不強，與袁紹等人相比，更處於弱勢。因此曹操採取後發制人的方略，將袁紹打敗。

曹操得勢後，袁紹擺出盟主的架勢，以許昌低溼、洛陽殘破為由，要求曹操將獻帝遷到鄄城，因鄄城離袁紹所據的冀州比較近，便於控制獻帝。可是曹操在重大問題上不讓步，斷然拒絕了袁紹這一要求，而且還以獻帝的名義寫信責備袁紹說：「你地大兵多，而專門樹立自己的勢力，沒看見你出師勤王，只看見你和別人互相攻伐。」袁紹無奈，只得上書表白一番。

曹操見袁紹不敢公開抗拒朝廷，便又以獻帝的名義任袁紹為太尉，封鄴侯。太尉雖是「三公」之一，但位在大將軍（不常設）之下。袁紹見曹操任大將軍，自己的地位反而不如他，十分不滿，大怒道：「曹操幾次

## 第一章　進退有度，掌握權衡之道

失敗，都是我救了他，現在竟然挾天子命令我來了。」拒絕接受任命。

曹操感到這時的實力還不如袁紹，他不願意在這個時候跟袁紹鬧翻，決定暫時向他讓步，便把大將軍的頭銜讓給袁紹。自己任司空（也是「三公」之一），代理車騎將軍（車騎將軍只次於大將軍和驃騎將軍），以緩和同袁紹的矛盾。由於袁紹不在許都，曹操仍然總攬著朝政。

與此同時，曹操安排和提升一些官員。以程昱為尚書，又以他為東中郎將，領濟陰太守，都督兗州事，鞏固這一最早的根據地；以董昭為洛陽令，控制好新舊都城；以夏侯淵、曹洪、曹仁、樂進、李典、呂虔、于禁、徐晃、典韋等分別為將軍、中郎將、校尉、都尉等，牢牢控制軍隊。

曹操表現得很謙恭。楊奉薦舉曹操為鎮東將軍，襲父爵費亭侯，曹操連上〈上書讓封〉、〈上書讓費寧侯〉、〈謝襲費亭侯表〉等，表明他「有功不居」。

曹操深知自己還是弱者，因此對袁紹的要求盡量滿足，對朝廷的封贈表現出「力所不及」的謙恭。等到羽毛一豐滿，他就大張撻伐了。

官渡一戰，曹操徹底打敗了袁紹。

在前進中，雙方對峙勢均力敵的時候，耗著不是出路。當有一方出現異常而後退時，他的目的很明顯：打破僵局，爭取最大的衝擊力。同樣，生活和學習也一樣，在走進犄角而不能擺脫時，我們把問題放下，做一些其他的事情。在經過一段的放棄和精神鬆弛後，原本複雜的難題此時也許會變得非常簡單，這就是以撤為進，調換思維的結果。

# 走為上計

　　在辦事過程中遇到解決不了的難題時，以走為上，剎住與對方繼續糾纏的可能。

　　「急煞車」常與「走為上」連繫在一起。所謂「走為上」是指做事者在自己的力量遠不如對手的力量時，不要和對手硬拚，以卵擊石，自取失敗，應該採取「走」的策略，避開是非，爭取另開新路。

　　1990 年，安德斯·通斯特羅姆被瑞典桌球隊聘為主教練。由於通斯特羅姆平時對運動員指導有方，又加上其策略戰術比較高明，所以瑞典桌球隊連年凱歌高奏。在 1991 年世桌賽上，他率領的瑞典男隊贏得了所有項目的冠軍。在 1992 年夏季奧運會上，他們又奪得男子單打金牌，這塊金牌也是瑞典在這屆奧運會上獲得的唯一一枚金牌。

　　然而，正當瑞典國民向通斯特羅姆投以更熱切期望的時候，他卻突然宣布將於 1993 年 5 月世桌賽結束後辭職。通斯特羅姆的業績如此輝煌，瑞典桌球聯合會已向他表示：「非常希望」延長其僱用合約。那麼他為什麼要在春風得意時突然提出辭職呢？許多人對此感到疑惑。

　　其實，正是通斯特羅姆連年的成功促使他做出了辭職的決定，通斯特羅姆說，自他擔任主教練以來，瑞典桌球隊取得一次又一次的勝利，但是「現在我已感到很難激發我自己和運動員去爭取新的引人注目的勝利。瑞典桌球隊需要更新，需要一個新人來帶領。」

　　在這裡，主教練通斯特羅姆用的正是「走為上」的計策。在體育賽場上，沒有永遠不敗的常勝將軍。通斯特羅姆在感到很難再去「爭取新的引人注目的勝利」之際，果斷地退下來，無疑是明智之舉。這樣，既可以保住自己的聲望，又可以使瑞典隊得以更新。如果等到瑞典隊大敗而

## 第一章　進退有度，掌握權衡之道

歸時再退下來，通斯特羅姆恐怕只能捧回一束殘花。

晉公子重耳由於國王昏庸，獻公聽信驪姬的讒言，逼迫太子自殺，因而出走流亡在外，這樣他既避免了驪姬的迫害，又能留得餘生待國有轉機時回朝主持朝政。在他流亡期間，也漸漸變得成熟幹練，而且他也充分利用「走」來尋找他的同盟者。這樣他就在「走」的同時來促使晉國內外發生有利的變化，最後，他終於在秦國大軍的護送下歸晉，眾多人歡迎重耳回國。

這是滯留與走的一個鮮明對比：留則無生路，走後得王位。這雖是一個治國之君的經歷，但這個道理在我們平時為人處世時也是大有作用的。走是為了等待時機，創造條件，不得為了躲避困難，尋求安逸。

不沾上是非最典型的莫過於「走為上」。我們知道，「走」不是消極逃跑，而真正目的在於重新展開自己的人生局面。是的，任何是非都會讓你受累，而如何徹底擺脫它，則是做人的真學問。

## 要學會含而不露

在辦事過程中,要注意對自己的能力有所保留,學會含而不露,才能做到圓滑辦事,滴水不漏。

老子說:「大巧若拙,大辯若訥。」意思是最有智慧的人,真正有本事的人,雖然有才華學識,但看上去卻像個呆子,不自作聰明;雖然能言善辯,但好像不會講話一樣。這就是說,無論是初涉世事,還是位居高官;無論是做大事,還是一般人際關係,鋒芒不可畢露。

曾國藩是在他的母親病逝,在家守喪期間響應咸豐帝的號召,辦團練組建湘軍的。不能為母親守三年之喪,這在儒家看來是不孝的,但由於時勢緊迫,他聽眾了好友郭嵩燾的勸說,「移孝作忠」,為清王朝出山了。

可是,他的鋒芒太露,因此處處遭人忌防,受人暗算,連咸豐皇帝也不信任他。西元1857年2月,他的父親曾麟書病逝,朝廷給了他三個月的假,令他假滿後回江西帶兵作戰。曾國藩伸手要權被拒絕,隨即上疏試探咸豐帝說自己回到家鄉後日夜惶恐不安。「自問本非有為之才,所處又非得為之地。欲守制,則無以報九重之鴻恩;欲奪情,則無以謝萬節之清議。」咸豐皇帝十分明瞭曾國藩此一試探性的口吻,咸豐見江西軍務已有好轉,曾國藩效命可以,授予實權萬萬不可。於是,咸豐皇帝硃批道:「江西軍務漸有起色,即楚南亦就錄清,汝可暫守禮廬,仍應候旨。」假戲真做,曾國藩真是哭笑不得。同時,曾國藩承受著來自各方面的輿論壓力。曾國藩當時離軍奔喪,已屬不忠,此後又以復出作為要求實權的砝碼,這與他平日所標榜的理學家面孔大相逕庭。因此,招來了種種指責與非議,再次成為輿論的中心。朋友的規勸、指責,曾國

## 第一章　進退有度，掌握權衡之道

藩還可以承受，如吳敏樹致書曾國藩談到「曾公本以母喪在籍，被朝命與辦湖南防堵，遂與募勇起事。曾公之事，暴於天下，人皆知其有為而為，非從其利者。今賊未平，軍未少息，而迭遭家故，猶望終制，蓋其心誠有不能安者。曾公誠不可無是心，其有是心而非訛言之者，人又知之……奏摺中常以不填官銜致被旨責，其心事明白，實非尋常所見。」吳敢把一層窗紙戳破，說曾國藩本應在家守孝，卻出山，是「有為而為」，給朝廷的奏摺有時不寫自己的官銜，這是存心「要權」。在內外交困的情況下，曾國藩憂心忡忡，遂導致失眠。朋友歐陽兆熊深知其病根所在，一方面為他推薦醫生診治失眠，另一方面為他開了一個治心病的藥方：「岐、黃可醫身病，黃、老可醫心病。」歐陽兆熊借用黃、老來諷勸曾國藩，暗喻他過去所採取的鐵血政策有失偏頗。

朋友的規勸，不能不使其陷入深深的反思。

自率湘軍東征以為，曾國藩有勝有敗，四處碰壁，究其原因，固然是由於沒有得到清政府的充分信任而未授予地方實權所致。同時，曾國藩也感悟到自己在修養方面也有很多弱點，在人為處世方面固執己見，自命不凡，一味蠻幹。後來，他在寫給弟弟的信中，談到了由於改變了處世的方面而引來的收穫，「兄自問近年得力唯有一悔字訣。兄昔年自負本領甚大，可屈可伸，可行可藏，又每見得人家不是。自從丁巳、戊午大悔大悟之後，與四十歲以前迥不相同，大約以能立能達為體，以不怨不尤為用。立者，發憤自強，站得住也；達者，辦事圓融，行得通也。」

轉變過程如同經歷煉獄再生一樣，需要經歷痛苦的自省，每當曾國藩自悟昨日的是非時，常常為追憶昔日「愧悔」的情緒氛圍所籠罩。在經歷了一段時期的自省自悟以後，曾國藩在自我修身方面有了很大的改變。及至復出，為人處世不再鋒芒畢露，日益變得圓融通達。

老子曾告誡孔子說：「君子盛德，容貌若愚。」這裡的「盛德」是指「卓越的才能」，整句話的意思是，那些才華橫溢的人，外表上與愚魯笨拙的普通人毫無差別。無論是謙虛還是謹慎，可能會讓有些人覺得是消極被動的生活態度。實際上，倘若一個人能夠謙虛誠懇地待人，便會贏得別人的好感；若能謹言慎行，更會贏得人們的尊重。有了才華固然很好，但在合適的時機運用才華而不被或少被人忌，避免功高蓋主，才算是最巧妙的。

老子還告誡世人：「不自見，故明；不自是，故彰；不自伐，故有功，不自矜，故長。」一個不自我表現的人，反而顯得與眾不同；一個不自以為是的人，會超出眾人；一個不自誇的人會贏得成功；一個不自負的人會不斷進步。而與此相反的是「企者不立，跨者不行。自見者不明，自是者不彰，自伐者無功，自矜者無長。」而如果一個人鋒芒畢露，一定會遭到別人的嫉恨和非議，甚至引來殺身之禍。

第一章　進退有度，掌握權衡之道

## 不要過度敏感

　　察言觀色的功夫當然是要有的，但不能過於敏感，過度敏感往往會讓自己套上枷鎖，對辦事和處世是沒有半點益處的。

　　強烈自我意識的心理從根本上說是一種自卑感在作怪。他們總希望自己是生活的強者，是別人心目中的優秀分子，可往往事與願違，想像與現實之間有距離，這種距離促使他們更加敏感緊張，隨時捕捉任何可能對自己不利的訊號。結果很有可能會形成一種惡性的心理循環：你越緊張兮兮的神經質，就越容易成為別人的話柄或笑料，反過來又會進一步加劇你的猜疑與敵意，這樣就把人際關係搞得一團糟。

　　小莫到多年不見面的同事家去探望。這位同事已是商界的佼佼者，每天造訪他的人很多，十分疲勞。因此，對來到家的客人，只要是一般關係的，一律不冷不熱待之。

　　小莫以為自己會受到熱情款待，不料，到那裡後，發現同事對他不冷不熱，心裡頓時有一種被輕慢的感覺，認為此人太不夠朋友，小坐片刻便藉故離去。他憤憤然，決心再不與之來往。後來才知道，這是此人在家待客的方針，並非針對哪個人的。他再一想，自己並未與人家有過深交。自感冷落，不過是自作多情罷了。於是又改變了心態和想法，並採取主動姿態與之來往，反而加深了了解，促進了友誼。

　　有本書中曾寫過這樣一件趣事：

　　國中時，幾位同學在一起邊走邊玩，忽然間，走到前面的一位姓馬的同學轉過頭來，憤怒地叫道：「你們叫誰馬寡婦？」其實大家談論的話題與他一點關係都沒有，他就這樣替自己取了個外號。

人們常說作賊心虛，他們沒有做什麼見不得人的事，但他們過分地注意別人對自己的評價或態度的微小變化，其實別人並沒有對他們怎麼樣，但他總會以為大家在和他過不去。

在準備求人之前，自以為對方會熱情接待，可是到場卻發覺，對方並沒有這樣做，而是採取了低調。這時，心裡就容易產生一種失落感。其實，這是自己對彼此關係過度期待，期望太大而形成的。

## 第一章　進退有度，掌握權衡之道

## 要先留退路

不論辦什麼事都難有百分之百的把握。所以，在沒有成功的絕對把握時，應該先替自己留點餘地，以便進退自如。

在做事情時，既要考慮到成功的一面，也要考慮到有失敗的可能，兩者兼顧，方能周全。在欲進未進之時，應該認真地想一想，萬一不成怎麼辦？及早地為自己留一條退路。

清朝乾隆年間紀曉嵐在任左都御史時，員外郎海升的妻子吳雅氏死於非命，海升的內弟貴寧，狀告海升將他姐姐毆打致死。海升卻說吳雅氏是自縊而亡。案子越鬧越大，難以做出決斷。步軍統領衙門處理不了，又交到了刑部。經刑部審理，仍沒有結果。原因是吳雅氏之弟貴寧，以姐姐並非自縊，不肯畫供。

經刑部奏請皇上，特派大員複檢。

這個案子本來事並不大，但由於海升是大學士兼軍機大臣阿桂的親戚，審理官員怕得罪阿桂，有意包庇，判吳雅氏為自縊，替海升開脫罪責。沒想到貴寧不依不饒，不斷上告，驚動了皇上。皇上派左都御史紀曉嵐，會同刑部侍郎景祿、杜玉林、帶同御史崇泰、鄭徵和東刑部資深已久、熟悉刑名的慶興等人，前去開棺檢驗。

紀曉嵐接了這椿案子，也感到很頭痛。不是他沒有斷案的能力，而是因為牽扯到阿桂和珅。他倆都是大學士兼軍機大臣，並且兩人有矛盾，長期明爭暗鬥。這海升是阿桂的親戚，原判又逢迎阿桂，紀曉嵐敢推翻嗎？而貴寧這邊，告不贏不肯罷休，何以有如此膽量，實際是得到了和坤的暗中支持。和坤的目的何在？是想藉機整掉位居他上頭的軍機

首席大臣阿桂。而和坤與紀曉嵐積怨又深，紀曉嵐若是斷案向著阿桂，和坤能不藉機整他一下嗎？

打開棺材，紀曉嵐等人一同驗看。看來看去，紀曉嵐看死屍並無縊死的痕跡，心中明白，口中不說，他要先看看大家的意見。

景祿、杜玉林、崇泰、鄭徵、慶興等人，都說脖子上有傷痕，顯然是縊死的。這下紀曉嵐有了主意，於是說道：「我是短視眼，有無傷痕也看不太清，似有也似無，既然諸公看得清楚，那就這麼定吧。」於是，紀曉嵐與差來驗屍的官員，一同簽名上奏：「公同檢驗傷痕，實係縊死」。這下更把貴寧激怒了。他這次連步軍統領衙門、刑部、都察院都告，說因為海升是阿桂的親戚，這些官員有意迴護，徇私舞弊，斷案不公。

乾隆看貴寧不服，也對案情產生了懷疑，又派侍郎曹文埴、伊齡阿等人複驗。這回問題出來了，曹文埴等人奏稱，吳雅氏屍身並無縊痕。乾隆心想這件事與阿桂關係很大，便派阿桂、和坤會同刑部堂官及原驗、複驗堂官，一同檢驗。「紙包不住火」，終於真相大白：吳雅氏被毆而死。

於是訊問海升，海升見再也隱瞞不住，只好供出實情：是他將吳雅氏毆踢致死，然後製造自縊的偽象。

案情完全翻了過來，原驗、複驗官員幾十人，這下都倒楣！乾隆發出詔諭：「此案原難、複驗之堂官，竟因海升系阿桂姻親，膽敢有意迴護，此番而不嚴加懲儆，又將何以用人？何以行政？」阿桂革職留任，罰俸五年；葉成額、李閬、慶興等人革職，發配伊犁效力贖罪，皇上在諭旨中一一判明。唯獨對紀曉嵐，諭旨中這樣寫道：

「朕派出之紀曉嵐，本系無用腐儒，原不足具數，況且他於刑名等件素非諸悉，且目系短視，於檢驗時未能詳悉閱著，即以刑部堂官隨同附

和,其咎尚有可原,著交部議嚴加論處。只處分他革職留任,不久又官復原職。」

紀曉嵐在這個案件中之所以得到皇上的原諒,主要是他在驗屍中以「我是短視眼」、「看不太清」為由,為自己留下了退路。

《戰國策》中有一句名言叫「狡兔三窟」,意指兔子有三個藏身的洞穴,即使其中一個被破壞了,尚存兩個;如果兩個被破壞了,還剩一個。這就是一種居安思危的生存方式,也是一種先見之明的預防策略。

用最大的努力去爭取好的結果,同時做好失敗的心理準備和物質準備,以及應變措施。這樣就能以不變應萬變,永遠立於不敗之地。

## 要照顧對方的面子

生活中經常有這樣的人，幫人辦了事，就覺得有恩於人，於是心懷優越感，高高在上，不可一世。這種態度是很危險的，常常會引發反面的後果。

在人際互動中，見到幫忙人的機會，要立刻撲上去。因為人情就是財富，人際關係一個最基本的目的就是結人情，有人緣。求人幫忙是被動的，可如果別人欠了你的人情，求別人辦事自然會很容易，有時甚至不用自己開口。做人做得如此風光，大多與善於結交人情，樂善好施有關。施恩術是人情關係學中最基本的策略和手段，是開發利用人際關係資源最為穩妥的靈驗功夫。

但是，在幫人辦事時也要照顧對方的面子。

王先生曾經遇到這樣一件事。

當年，王先生很窮。在一個大雪天，他去向村裡的首富借錢。恰好那天首富興致很高，便爽快地答應借給他，還大方地說：拿去花吧，不用還了！他接過錢，小心翼翼地包好，就匆匆趕往急用錢的家裡。首富衝他的背影又喊了一遍：不用還了！

第二天大清早，首富打開門，發現自家院內的積雪已被人掃過，連屋瓦也掃得乾乾淨淨。首富讓人在村裡打聽後，得知這件事是王先生做的。這使首富明白：給別人一份施捨，只會將別人變成乞丐。於是首富前去讓王先生寫了一份借契，王先生因而流出了感激的淚水。

王先生用掃雪的行動來維護自己的尊嚴，而首富向他討債極大地成全了他的尊嚴。在首富眼裡，世上無乞丐；在王先生心中，自己何曾

## 第一章　進退有度，掌握權衡之道

是乞丐？把「施恩」變成了「借予」，一字之差，高低立見，效果大大的不同。

不管是求人辦事還是替人辦事，在人格上都是平等的。所以在替人辦事的同時，如果能尊重對方，照顧對方的面子，那麼取得的效果會更好。

古代有位大俠郭解，有一次，洛陽某人因與他人結怨，多次央求地方上的有名望的人士出來調停，對方就是不給面子。後來他找到郭解門下，請他來化解這段恩怨。

郭解接受了這個請求，親自上門拜訪委託人的對手，做了大量的說服工作，好不容易使這人同意了和解。照常理，郭解此時不負人託，完成這一化解恩怨的任務，可以走人了。可郭解還有高人一著的棋，有更技巧的處理方法。

講清楚後，他對那人說：「這個事，聽說過去有許多當地有名氣的人調解過，但因不能得到雙方的共同認可而沒能達成協議。這次我很幸運，你也很給我面子，我了結了這件事。我在感謝你的同時，也為自己擔心，我畢竟是外鄉人，在本地人出面不能解決問題的情況下，由我這個外地人來完成和解，未免使本地那些有名望的人感到丟面子。」他進一步說：「這件事這麼辦，請你再幫我一次，從表面上要做到讓人以為我出面也解決不了問題。等我明天離開此地，本地幾位紳士、說客還會上門，你把面子給他們，算是他們完成此一美舉吧，拜託了。」

幫助別人時，要掌握以下基本要領：

1. 施恩不可一次過多，以免造成對方還債負擔，甚至因為受之有恥，與你斷交。

2. 給人好處還要注意選擇對象。像狼一樣餵不飽的人，你幫他的忙，說不定還會被反咬一口。

3. 施恩時不要說得過於直接，挑得太明，以免令對方感到丟了面子，臉上無光；已經幫過別人的忙，更不要四處張揚。

　　人都愛面子，你給他面子就是給他一份厚禮。這便是操作人情帳的全部精義所在。在知道人們是如何地注重面子之後，還必須盡量避免在公開場合使你的對手難堪，必須時時刻刻提醒自己不要做出任何有損他人顏面的事。只要你有心，只要你處處留意給人面子，你將會獲得天大的面子。

第一章　進退有度，掌握權衡之道

## 力不從心的事不能辦

　　辦事要量力而行，對自己做不到的事，要說明情況，不要勉為其難。

　　辦事要量體裁衣，自己感到難以做到的事，要勇敢地鼓起勇氣，說聲：「對不起，我實在無能為力，你是否可以另找別人？」或者「實在抱歉，我水準有限，只能讓您失望了。我想，如果我硬撐著答應你，將來誤了事，那才對不起您呢！」這樣，你才是真正會辦事的人。否則，將來丟臉的肯定是你。

　　主管託你做某件事時，你要認真考慮好，這件事自己是否能夠勝任。把自己的能力與事情的難易程度以及客觀條件是否具備結合起來考慮，然後再決定。

　　張老師剛到國中任教，正碰到教委實地考察，並要寫出調查報告。因張老師還沒有安排授課，就叫了他去。起初，他感到為難，心想自己不僅對教育情況不熟悉，就連對教育工作本身，自己才剛走入校門，又能知道多少呢？他本不想參加，無奈校長已經開口，實在不好拒絕，只好勉強服從。

　　一個半月過去了，別人都按分工交了調查報告，唯有他一個人，由於不熟悉情況，又缺乏經驗，對自己分工調查的三個學校，連情況都沒摸清，更不用說分析了。主任很惱火，責備該校校長，怎麼推薦這麼一個人。張老師面子受不了，又氣又羞愧，一下子病倒了，在床上躺了兩個星期。

　　張老師由於當初不好意思拒絕，最終面子難保，身心都受到了傷害。

## 力不從心的事不能辦

作為下屬，往往在主管提出要求時，雖然不樂意，但又不好意思拒絕，但是你沒有考慮到，如果為了一時的情面接受自己根本無法做到的事，一旦失敗了，主管就不會考慮到你當初的熱忱，只會以這次失敗的結果評價你。

如果你認為不好拒絕主管拜託你的事，或者害怕因拒絕會引起主管不高興而接受下來，那麼，此後你的處境就會更艱難。

的確，拒絕別人的要求確是件不容易的事，大家都有體會。央求人固然是一件難事，而當別人央求你，你又不得不拒絕的話，也是令人頭痛的。因為每個人都有自尊心，希望得到別人的重視，同時也不希望別人不愉快，因而，也就難以說出拒絕的話了。

不過，當你經過深思熟慮，倘若答應對方的要求將會帶給你或他傷害，那麼，就應該拒絕，而不要為了面子問題，做出違心的事來，結果對雙方都無好處。

## 第一章　進退有度，掌握權衡之道

# 不要光想著自己的面子

　　維護面子是人的本能和天性，但是要有一個限度，一個彈性的範圍。在辦事的時候，若毫無面子，臉皮太厚，不行；反過來，面子過盛，臉皮太薄，也不好。

　　要想辦成事，必須學會把實現現實利益的宗旨看得高於自尊，讓自尊服從現實的需求。這樣你對自尊才會有自制力，即使受到刺激，也不至於臉紅心跳，甚至可以不急不惱，哈哈一笑，照樣與對方周旋，表現出「辦不成事絕不罷休」的姿態，成為贏家。

　　1946 年 4 月，士光敏夫被推舉為石心島芝浦透平公司總經理。當時，日本大戰不久，百姓生計窘迫，企業的發展更是困難重重，其中最大的困難就是籌措資金。即使是那些著名的大企業，資金也相當吃緊，更何況芝浦透平這種沒有什麼背景的小公司，就更沒有哪家銀行肯痛快地借錢給它了。士光擔任總經理不久，生產資金的來源就擱淺了。為了籌措資金，士光不得不每天去走訪銀行。

　　一天，士光端著便當來到第一銀行總行，與營業部部長商議貸款事項。士光一上來就擺出不達目的誓不罷休的氣勢。部長則裝出愛莫能助無奈之態。雙方你來我往，談了半天也沒談出結果來。

　　時間過得飛快，一看到疲倦的部長煩躁的樣子。士光並沒有臉紅，而是慢條斯理地拿出了帶來的飯盒，說：「讓我們邊吃邊談吧，談到天亮也行。」硬是不讓部長與營業員走開。

　　部長被感動了，最終借給了他所希望的款項。

　　有些人在辦事的過程中把面子看得很重，這時請你把看問題的立足點變一下，不要光想著自己的面子，還要看到比面子更重要的東西。

《三國演義》中「青梅煮酒論英雄」中的劉備藏而不露，人前不誇張、顯耀、吹牛、自大，裝聾作啞，不把自己算進「英雄」之列，這種表現是很讓人放心的，所以曹操不久就放虎歸山，讓他帶兵走了。

而曹操就稍遜劉備一籌。張松前來獻西川地圖，想先試探一下曹操的氣度。

曹操帶他到校兵場，指著自己的兵馬說：「汝川中有這樣的英雄人物嗎？」

張松說：「蜀中不曾見此兵革，但以仁義治人。」

曹操臉上馬上變色，生氣地對張松說：「我視天下鼠輩如草芥耳。大軍到處，戰無不勝，攻無不取，順吾者生，逆吾者死。你知道嗎？」

張松故意說：「丞相你驅兵到處，戰必勝，攻必取，張松素知。昔日濮陽攻呂布之時，宛城戰張繡之日；赤壁遇周郎，華容逢關羽；割須棄袍於潼關，奪船避箭於渭水；此皆無勇於天下也！」

曹操大怒：「你這小子怎麼敢揭我短處！」喝令左右推出斬之。楊修等人苦苦勸諫，才免張松一死，讓人亂棒打出。

張松一氣之下，把西川圖獻給了劉備。曹操聰明一世，為了一時的面子，白白失去了一次入主西川的機會。

在交際過程中，審時度勢，準確地掌握臉皮的彈性，才會達到最佳的交際效果。要做到「彈性」就要注意以下幾點：

1. 滿心希望他人肯定你花了很大的心血做的那件自認為很不錯的事情，偏偏得到的是全盤否定。這時的你肯定會受到強烈的刺激，但為了挽回面子，進行辯解、反駁，甚至是爭吵，這就大錯特錯了。因為這樣維護自尊、面子，只會使事情更糟，倒不如接受這個事實，效果可能更好一些。

## 第一章　進退有度，掌握權衡之道

2. 當你受到責罵時，特別是當眾挨罵更是難為情，臉上一定掛不住了。此時的你要對此能夠正確理解，應採取虛心的態度，這不但不會丟面子，反而會改變他人的看法，讓對方留下一個好印象。

   有時，批評的內容不實，有些偏頗，而批評者又處在特別的地位。這時如果你受自尊心的驅使，當場反擊，效果肯定不好。理智一些，不要當場反駁，事後再進行說明，這種處理較為有利。

3. 在交際場上受到冷遇時，你的臉皮會面臨著挑戰，這時的你千萬別發作，不妨多想一想你的使命、職責，為了完成任務，迅速加大自尊的承受力度。

4. 臉皮厚一點，並不是不要尊嚴，而是掌握適當的度，保持最佳彈性空間。

   要學會有效地控制自己的情感，姿態，機密，約束著自己的言行，無論受到什麼刺激，都能保持沉著、冷靜，而不衝動，在必要時能節制自己的欲望，忍受身心的痛苦和不幸，克制自己各種負面情緒，表現出高度的忍耐性。

## 辦事不可鬧脾氣

在辦事的過程中，如發現對方有怨言，可以讓其盡情地發洩出來，然後再伺機處理，這樣就容易理順工作，對雙方都有好處。

每個人都有情緒不好的時候，如果你去辦事時，正碰上對方有火氣，切不可與對方鬧脾氣，彼此較勁，盡爭一日之短長。一日之勝不能解決大局之危和長遠之慮。

大島準備就任西屋電氣公司經理的時候，一個怒氣沖天的旅店老闆將一封措辭極嚴厲的對電話公司不滿意的信寄給了西屋電氣公司。於是，公司便派大島去調查、調解此事。

當老闆聽大島介紹自己是電話公司來的人，面色立刻鐵青起來。大島思考了一下，他知道他面臨的第一個任務就是讓老闆火一樣的怒氣平息下去。

於是，大島決定一言不發，只是靜靜地聽，讓他盡情地發洩個夠。在他終於把那些埋怨電話公司的話說完後，大島也知道了問題的癥結所在，針對性地談了談那些問題。大島說完之後，旅店老闆拍著他的肩膀說：「小夥子，你這話倒還中聽，不過我埋怨的是那混蛋的電話公司。」

大島接著說：「我很感謝您中肯的意見，但是如果您不說您的問題已得到了滿意的解決，我是不能回去的。」

「好的，」他說：「就看在你的份上，我答應，以後我再也不寫信到你們電話公司裡去了。這樣可以嗎？」

那老頭果然很守信，以後再沒寫信到西屋電氣公司去了。

## 第一章　進退有度，掌握權衡之道

當一個人要發洩他的憤怒和不滿情緒的時候，你千萬不要中途插嘴，這樣會把事情弄得更糟，更好的辦法是讓他去發洩好了，發洩完了，他也變成舒坦了，而你卻從他的言語中找到了致勝他的辦法。

凡是憤怒，十有八九是有誇大的，往往被一種虛榮心或者幻想所促成。當他們向你發洩時，不是認為自己的自尊心受損，就是在向你顯示他的所謂威嚴。所以，不管他的怒氣多麼凶狠或者多麼無知，唯一能使他平靜的辦法是：靜靜地聽他訴說，要表示你在認真地傾聽，表示你理解他的心情，即使你不能同意他的觀點，但也要表示極大的理解與同情。

# 第二章
## 突破自我,培養迎難而上的勇氣

第二章　突破自我，培養迎難而上的勇氣

## 人生的大境界

　　一部好書就是塵世裡的一盞明燈，照亮了人們的心靈；也照亮了人類歷史的路徑。每一次細細地品讀，就是一次心靈的遠行。書把人類引導向那有著瑰麗風景的思想的遠方，去共進一場精神的盛宴。讀書是高尚而神聖的，因為它會帶來心靈的豐富和精神的振奮，可以讓人活出人生的大境界。

# 與書為伴有益身心健康

孔子一生坎坷,顛沛流離,最終活到73歲,愛讀書,顯然是孔子受益匪淺的養生之道。北宋大詩人陸游,晚年窮居鄉間,常靠讀書怡情。他的切身體會是:「病中書卷作良醫」。清代的沈復在《浮生六記》中明確指出讀書可以養生。他說:「人心至靈至動,不可過勞,亦不可過逸,唯讀書可以養之。閒適無事之人,鎮日不看書,則起居出入,身心無所棲泊,耳目無所安頓,勢必心意顛倒,妄想生嗔。」

美國哈佛大學心理學家曾對1,600多名25歲到92歲愛讀書的人進行推理能力、記憶力、視力以及對空間的判斷力的測試,發現80多歲的人,表現得幾乎和年輕人同樣良好,一部分80多歲與90多歲的人的智力,接近任何年齡層的最高水準。這充分說明人的大腦是用進廢退的,英國神經生理學家經研究得出結論,人的大腦受訓練越少,衰老就越快。他們認為,人腦開始工作越早、持續時間越長、腦細胞的老化過程也就越慢。

讀書這種休閒方式雖然於今看來比較原始,但對我們的健康養生卻是非常重要的。書讀得多,讀得好,將會終身受益。與書相伴的人生,是有益身心健康的人生,是幸福的人生。

第二章 突破自我，培養迎難而上的勇氣

# 替頭腦充電，為自己加油

據說有一個叫小機靈的小朋友，遇見了一個智慧大師，問：「大師，怎麼使我明天比今天更聰明呢？」智慧大師說：「替頭腦充電，明天你就會更聰明！」可是怎麼充電呢？大師說：

一要多運動。人腦分大腦和小腦兩部分，大腦由左右兩半球組成。左半球主要管語言、處理數學和邏輯排列；右半球負責音樂、美術和空間的辨認。我們平時使用較多的是大腦的左半球，而大腦的右半球使用較少。因此替頭腦充電，就特別要透過多活動左手、左腳、左邊身體和多參加音樂、美術等方面的活動，來鍛鍊和增強大腦右半球的功能。這樣左右半腦經常交替運動，大腦就會得到鍛鍊和發展。

二要增加營養。大腦活動需要消耗一定的能量，我們的大腦正處於生長發育的重要時期，要維持大腦的正常工作，要促進大腦的發育完善，就必須注意身體成長所需要的營養，提供大腦足夠的能量。

三要注意休息。腦細胞不像身體的其他體細胞那樣能儲存一定的營養。因此，腦細胞持續工作七、八小時以後，活動便會減弱下來，會自動休息。休息可以使大腦消除疲勞，恢復機能。散步、做操、調換用腦內容、閉目靜養和睡眠是幾種不同的休息方式。

四要手腦並用。一位著名的教育家曾做過這樣一首教育詩：「人生兩個寶，雙手與大腦。用腦不用手，快要被打倒。用手不用腦，飯也吃不飽。手腦都會用，長大不得了。」這是告訴我們，每個人都應該學會手腦並用。

如果你想明天更美好，一定不要忘記替大腦充電，不要忘記運動、營養、休息、手腦並用這四大法寶。

## 讀書，讀出你的大境界

在許多人的一生中，讀書和吃飯睡覺一樣是不可或缺的。後者是一種生理的需求，而前者則完全是一種精神的補養。

讀書，是對心靈的播種和耕耘。書籍是人類進步的階梯，書籍是精神追求者的寵物。讀書不僅有休閒的雅趣，更是一種靈魂的淨化、心智的感悟，是一種從感官到心靈的高度享受。如同陽春三月的踏青郊遊，如同仲秋九月的開鐮收割，如同隆冬季節裡與久違的朋友圍坐火爐邊娓娓敘談。一個愛讀書的人，對於書的感情可以套用李白的一句詩來形容：桃花潭水深千尺，不及吾書贈吾情。

讀書，使心胸歸於寧靜與淡泊，使生命超然於物外。讀一本好書的欲望常常於不經意間悄然襲上心頭，猶如飢餓的人聞美味之香，又如一場轟轟烈烈的戀愛，使你捨不得，欲罷不能。讀書的時候不必懷揣心事，以致意興闌珊；也無須貪多求快，恨不能一口氣讀盡天下書，期望一夜間學富五車。「讀書切戒在慌忙，涵養工夫興味長，未曉不曉先放過，切身需要急思量。」正是其中令人咀嚼的道理。

讀書，實際上也是在讀朋友。與那些相熟的或陌生的朋友相聚一起，進行一次精神的聚餐。悲憤的屈原，狂放的李白，憂鬱的曹雪芹，幽默的馬克·吐溫，他們從書中走來，引導我們穿過喧囂浮躁的塵世，為我們接通那通向智慧與哲理光芒的精神電波。古人以文會友，面對一本好書，共敘自己的心靈感受，毫不掩飾自己的真知灼見，縱使自己的讀書感受不夠深刻，卻能藉此吸引更幽邃細緻的思想靈光。

不讀書的人，就難有真學問。讀書，不是刻意追求一種時尚，而是尋找生命的真諦，實現人生的價值。孜孜以求，書讀百遍始通神；日積

第二章 突破自我，培養迎難而上的勇氣

月累，學貫中西悟人生。這就是書中蘊藏的內涵。

一部好書就是塵世裡的一盞明燈，照亮了人們的心靈，也照亮了人類歷史的路徑。每一次細細地品讀，就是一次心靈的遠行。書把人類引導向那有著瑰麗風景的思想的遠方，去共進一場精神的盛宴。讀書是高尚而神聖的，因為它會帶來心靈的豐富和精神的振奮，可以讓人活得更精彩。

# 提高自己的素養

　　初夏的一個夜晚，月光流水般靜靜地淌在小院裡，顯得比往常更為幽靜。曉月和媽媽、小妹圍坐在小桌旁，焦急地等待著父親的歸來。今天是父親離開局長職位的日子，這消息帶給家裡每個人的是沉默和若有所思。

　　小妹就要大學畢業了，如果父親不退位，畢業後找個如意的工作並不算難。為此，小妹一直抱怨命運對自己不公。父親終於回來了，然而從他的表情上，看不出絲毫的失落。他一進門就說：「今天開個家庭會議，你們可以說說心理話。」

　　小妹迫不及待地打破了僵局，把自己的想法全盤托出。曉月也趁機跟著說：「爸爸！去年我就想轉行，您一直不讓，現在可好，怎麼辦？」

　　父親默默地聽著，然後講了一個故事給兄妹聽：「有一個人一直想成功，但屢次努力的結果都是失敗。為此他非常苦惱，就去找做船工的父親。父親意味深長地對兒子說：『要想有船來，就必須修建自己的碼頭。』兒子聽後沉思良久。從此他便認真讀書，透過自己的努力，不但考上了大學，還被保送到哈佛進修。畢業後，他被許多大公司爭相聘用……」

　　這段故事，曉月和妹妹聽得入神。是啊，人的一生，素養才是關鍵。就像父親說的碼頭一樣，與其四處找船坐，不如自己修碼頭。碼頭修好了，何愁沒有船來呢？當然，碼頭的修建，也要看品質。碼頭品質高、規模大、技術精，停泊的船自然就多，你選擇的餘地也就越大。

　　父親的這個故事，其實也是講給他自己聽的。父親雖然退下來了，但他的心一刻也沒有離開過他熱愛的職位。故事講完後，父親從口袋裡掏出一個燙金的本子，仔細看，是某公司法律顧問的聘書。曉月和妹

第二章 突破自我,培養迎難而上的勇氣

妹頓時感受到父親此時的希望,這希望支撐著他仍要靠自身去打拚奮鬥。此時,月光穿過小院裡的一棵銀杏樹,灑下的銀輝彷彿比平時更明亮了。

這一夜,曉月久久不能入睡,父親的話始終在耳邊縈繞:素養就是「碼頭」。「碼頭」經營好了,成功才會靠岸……

# 開拓創新的精神

做一個成功者，有一個必不可少的條件 —— 要有開拓創新的精神。重複別人的事情，走別人的老路，在眼前或許能夠取得一點點成績，但是走不了多遠。

想獲得成功，你必須是一個事業的開拓者。你有你的思考，有你的想法，有你的方法，有你的領域。現代社會，需要開拓創新的精神，它與企業的生存密切相關。沒有競爭就沒有生存，而要競爭就要不斷創新。

一家擁有 15 年電腦生產製造經驗的集團與外語培訓機構聯合宣布，共同進軍掌上英語教育產品市場，並推出 4 款新電腦及電子辭典，它們不僅是一個版權詞典查詢工具，更是一個專業、科學的聽、說、讀、寫、背等英語綜合學習的工具，開闢了一個新的發展空間。

越來越多人更加注重英語，作為學習英語的有力工具，電子辭典市場也在逐步升溫。電子辭典的巨大市場引來了各廠商的激烈競爭，包括許多老牌的家電廠商和 IT 廠商都參與進來，紛紛搶占先機。電子辭典怎麼才能有所作為？與此同時，英語教育培訓市場的競爭也日趨激烈，正是在這一背景下，兩大品牌走到了一起。這兩大品牌的聯姻，對於其中的任何一方，無疑都是一個領域的拓展，也為外語教育培訓和電子辭典市場帶來一股強大的衝擊。

要想有所作為，你必須有開拓的勇氣，必須具備創新能力，善於接受新鮮事物，富有想像力，思想開闊，善於提出新設想、新方案，對每年的工作都有新目標、新追求。一個管理者開拓創新的能力有大小，但是對開拓創新抱什麼態度可以說是非常重要。是因循守舊、墨守成規、

## 第二章　突破自我，培養迎難而上的勇氣

怕擔風險，還是銳意進取、不畏風險、勇於創新，由於直接反映著管理者對工作的態度，因而就不能不是一個道德標準。開拓創新的職業道德含義在於它不迷信傳統，反對保守，不畏風險，勇於和善於接受新鮮事物。

要做一個成功的人是很不簡單的。只有學問、知識是不夠的；以年資評定，選一個服務時間最長的人出來，也未必能勝任。做一個成功者，有一個必不可少的條件——要有開拓創新的精神。重複別人的事情，走別人的老路，在眼前或許能夠取得一點點成績，但是走不了多遠的。卡內基在談到企業經營者用人策略問題時曾告誡人們，一定要多用開拓型、創造型的人才，講的就是這個道理。

做開拓創新型人才，首先必須思想解放，勇於創新，對事業有強烈的進取心和獻身精神，同時也具有開創新事業的基礎知識和能力。要勇於堅持原則，敢想、敢做、敢為，直陳己見，不怕得罪人；甚至可以「好高騖遠」、「狂妄」、「出風頭」等。

你還要學會善於獨立思考問題的習慣。善於獨立思考的人，有明顯的特徵：一是能大量吸收、加工各種活生生的資訊，同時富於聯想，能從接收到的資訊觸發起靈感，激起思想火花，沿著思想火花去追蹤、捕捉潛在的發展趨勢；二是知識面比較寬，能從各方面綜合考慮問題，在寬大的知識領域裡尋求解決問題的方案；三是思考問題的角度往往與眾不同，常從別人沒有想到的新的角度切入，使問題產生新的面貌和質的變化。

要激發發明的精神，必須以「開拓，再開拓」為人生信條，而不以「苦幹致富」。生活提供了很多的機會，要注意擴大視野，克服習慣思維障礙，注意捕捉機會，發揮獨創力；要雷厲風行，立即行動。理論和常

理相通是困難的，但你要打破常理，有把理論貫徹到底的勇氣、決心和行動；靈感是發明的特徵，是突然降臨的東西，它是在不斷學習、努力和累積中達到了頂峰，正如充滿電時就會放電一樣；面對強大的競爭對手，要先發制人和集中優勢兵力，要有「不計得失、滿懷信心地行動」的信念；遇到困難和挫折要鍥而不捨，堅韌不拔，充分準備，持之以恆，努力、再努力，就一定會征服險峰，取得成功，度過有意義的人生。

　　創新的力量有多強，文明的進步就有多大。原始時代的鑽木取火、石器的利用，到蒸汽機、原子彈、電腦……創新伴隨著人類文明發展的全過程。創新、創新精神、創新思維緊密相連，是進入資訊時代的通行證，也是培養高素養人才的迫切需求。青少年是未來的主人，寄託著明天的厚望，希望眾多青少年朋友在了解過去創新成果的同時，還能從他人的道路中得到啟發與教益，激發創新欲望，從而自覺行動起來，努力成材。

第二章　突破自我，培養迎難而上的勇氣

# 和尚買梳子的啟示

　　人的思想所孕育的創造力是無限的，這種無限的創造力有時往往會產生「山重水複疑無路，柳暗花明又一村」的奇蹟。

　　有 A、B、C 三人去一家公司參加應徵考試，公司出了道難題：十日之內，盡可能地把木梳賣給和尚。和尚剃度為僧，光頭禿頂，要木梳何用？三人均感為難。十日之後，三人返回交差。A 君滿腹冤屈地說：十日艱辛，僅賣出 1 把木梳，還是一位遊僧動了惻隱之心才買下的。B 君稱：自己好說歹說，勸進香者整理衣冠，不要褻瀆神靈，住持認為言之有理才買下了 10 把木梳。輪到 C 君，他不慌不忙地說：我已經賣出 1,000 把木梳，但仍不能滿足需求，還需火速發貨。眾人聽此瞠目結舌。C 君解釋道：凡進香朝拜者皆懷虔誠之心，如果將「積善」二字刻於木梳之上，贈與進香者，讓這些善男信女，梳卻三千煩惱絲，青燈黃卷絕塵緣，可顯示我佛慈悲為懷。方丈聞聽，大喜過望。此舉一傳十，十傳百，寺院不但盛譽遠播，而且為求「積善梳」前來朝聖者雲集。眾人聽罷，如醍醐灌頂，對 C 君此舉佩服得五體投地。

　　這雖說是一則故事，但其中不乏啟人心智之處。把木梳賣給和尚靠的是市場行銷術，對於我們來說，其思考方式是很有借鑑意義。

　　足夠的創新勇氣。在國外，不少成功者都有「狂人」、「鬥士」的綽號，他們在學術上、事業上、生活上都獨樹一幟，敢做「第一個」，體現了與常理決裂的勇氣。

　　強烈的創新欲望。把大量木梳賣給和尚，靠的是爭取被聘用的強烈欲望，有了這種欲望，才有利於發揮創新的才智。人的思想所孕育的創造力是無限的，這種無限的創造力有時往往會產生「山重水複疑無路，

柳暗花明又一村」的奇蹟。而妨礙前進的最大障礙，往往是那些人們已經掌握的東西。歷史上法國沉迷於拿破崙時代的軍事理論，波蘭留戀於傳統的騎兵戰法，結果都付出了慘重代價。只有打破思維枷鎖，衝破傳統觀念的束縛，才會更上一層樓。

持久的創新動力。前不久獲得菲爾茲獎的法國數學家拉福格（Laurent Lafforgue），他研究的問題前人已經研究過，但他鍥而不捨，永不放棄，雖然其間經歷了許多挫折，但他堅持做了 6 年，終於獲得成功。要想取得成功，如果沒有這種不達目的不罷休的精神，就會淺嘗輒止，半途而廢。這種做法歸根到底，往往是浮躁情緒和急功近利思想在作怪。

高超的創新智慧。在知識經濟時代，各種產品的科技含量越來越高，以智慧和知識為核心的「智慧產品」才有競爭力，可謂有「智」者事竟成。C 君與其他兩人的差距實質上是智慧的差距。他賣梳的點子不乏智慧，他充分考慮到佛家的各種心理狀態及環境因素，抓住了「賣點」，滿足了和尚與香客的需求。這說明創新也是有規律可循的，只要抓住事物的本質連繫，即可獲得對創新的規律性了解。

第二章 突破自我，培養迎難而上的勇氣

## 訓練你的意志

沒有什麼惡劣的環境能永遠囚禁一個有著堅強意志的人。

不要為你的放棄找藉口。最關鍵的是你還沒有堅強的意志力。

有能力做某件特別或獨特的事是一回事，做不做得到是另外一回事。在當今巨大的失敗群體裡面，有著大量未被開發的潛力。為什麼擁有潛力的人卻沒能讓自己成功呢？這些人中的許多人都可以成為社會的菁英而不是渣滓，他們本有機會好好成就事業，但他們為什麼沒有呢？

你說你希望不虛此生，你說你有雄心努力向上，那你為什麼不付諸行動呢？你在等什麼？是什麼阻止了你？回答這些問題，你會找到答案。唯一的答案就是你自己。沒有什麼在阻止你，是你自己在阻止自己。機會在每個人的手上，也許你所擁有的機會遠比成千上萬個已經取得了成功的人曾有過的機會要好。

要靠你自己去找出問題所在。是肌體上的原因還是精神上的原因？你缺少體力嗎？如果你真的缺少體力，那麼你的生命力和意志就虛耗了。你有足夠的教育嗎？你所受的培訓對於你的職業來說足夠了嗎？你知道是什麼弱點使你不能得到你夢想渴望的一切嗎？經常是一些細小、看似不重要的個人弱點像鎖鏈一樣拖住了人，使之不能實現他們的雄心。

許多人缺少取得成功的意志。

不要找一些愚蠢的藉口，比如說，你沒有機會，沒有人幫助你，沒有人吹捧你，沒有人拉你一把，沒人讓你變得重要，沒人告訴你出路。如果你有潛力，如果你真的稱職，你就會在找不到路的時候開創出一條路來。

> 訓練你的意志

　　是生命中的各種困難磨練了我們的體能和神經，增強了我們的勇氣和力量。在熱帶國家中，食物長在樹上等著人來吃，在這些地方也沒有住房或是穿衣的問題，因此人們自然而然地很懶散、馬虎、不整齊。他們的本性讓人難以忍受。他們不懂得征服自我或是征服環境，不會適應惡劣的氣候，也不會開墾堅硬固執的土地，因此這些人對文明的貢獻非常少。使得生命有意義的是人的行動，發明或是創造，英勇的行為，產業的進步，科學，藝術，這一切都是生活在氣候反覆無常地區的人們克服了無數困難，歷經嚴寒與酷暑，透過與自然的惡劣條件鬥爭而取得的成果。

　　那些等待優厚條件或環境的人，會發現成功無論是在哪個領域都不是一蹴而就的事情。那些能夠排除環境干擾，在逆境中奮起，當別的人說他不行的時候，仍能勉力勝出，實現「不可能」實現之事的人，那些能排除阻礙的人將能夠得到世界。為什麼？因為克服困難的努力鍛鍊了他的力量，而這一力量將一步一步將他帶向成功。

　　「如果奧倫治親王能把大海引到萊頓城下的話，他也就能從天上採下星星來了。」西元1574年，當西班牙的士兵們得知荷蘭軍隊要突破已持續4個月之久的重圍時曾這樣嘲笑著。

　　但是從發著燒、顫抖著的威廉親王乾裂的嘴裡發出了這樣的命令：「決開堤壩，將荷蘭還給大海。」

　　人們回答的是「寧要一個陷於海底的城市，也不能失陷這個城市！」

　　於是，他們開始摧毀一座座大壩，每個大壩之間相距15英哩，順著向城市內陸縮排。這是一項巨大的工程。駐軍們還在挨餓。

　　圍困者無情地嘲笑著他們的緩慢進度，認為他們不自量力。

## 第二章　突破自我，培養迎難而上的勇氣

　　但是 10 月 1 號和 2 號兩天午夜的大風席捲著潮水衝向內陸，洶湧的潮水將戰艦拋上浪尖，幾乎砸在了西班牙人的營地上。第二天早上駐軍駕船出海向他們的敵人進攻，但圍困者早已在黑夜的掩護下逃走了。第二天風向變了，反方向的大風把入侵的艦隊和海水一起吹跑，荷蘭又浮出水面。外圍大壩立刻重新建了起來，將北海攔在外面。

　　第二年春天花又開的時候，快樂的隊伍在街頭遊行。萊頓大學也建立起來，以紀念這個城市的失而復得。

　　誰能阻止得了一個有決心的人取得成功呢？怎麼能阻止得了呢？把一塊絆腳石放到他的路上，他把它當作向上攀登的階梯；抽走他的資金，他就用他的貧困來激勵自己；削弱他，他就寫小說等等。

　　逆境是鍛鍊人的意志的好時期，它能促成一個有決心的人走向成功。

　　一個人把他進取道路上所遇到的困難和不可能做到的事情看得越大，他取得成功的努力就會受到更多的限制。對一些人來說，他們看到前面的路充滿了各種障礙、困難和認為無法做到的事，他們便什麼也不去做；但也有另外的一些人，他們覺得自己比試圖要阻止他們、試圖要把他們束縛住、將他們絆倒的困難要強大得多，他們甚至根本就不會注意到這些絆腳石。

　　我記憶中就有這樣一個人，他習慣性地認為事情不可能做得成，幾乎任何一種困難都能把他難倒。除非他能清楚地看到通向他目的地的路，否則他一步也不敢向前走。如果他看到前面有困難，他就會失去信心，放棄去做他想要做的事。如果你讓他去做任何具有挑戰性的工作，他就會說：「嗯，我想我做不來，事實上，這是不可能做到的。」其結果就是他不會在任何方面取得進步，他永遠不會。

如果你正在努力做某件事，暫時不能挪開路上擋住你的石頭，不要緊，不必感到沮喪。那些在遠處看起來大得嚇人的困難在你走近的時候會漸漸變小。只要你有足夠的勇氣與自信，隨著你不斷前進，道路會為你而展開。閱讀那些偉大人物的生平，他們從奮鬥的開始就在清理道路上的障礙，與他們所遭遇的困難相比，你的困難會相形見絀。堅定你對自己的信心，你就能減弱困難程度。生命的成功和效率取決於堅定、持久的決心以及做我們心裡想做的事的能力。義無反顧地投身於我們的目標，不偏左也不偏右，哪怕伊甸園試圖誘惑我們，失敗和災難在威脅我們。

行動起來，發揮出你所有的力量。對於熱愛工作、志向遠大的人來說，是沒有失敗這種事的。許多人把工作視作一種詛咒，但實際上工作是種族的拯救者，是最偉大的教育家。除此之外沒有發展力量、開發資源、鍛鍊堅忍、完善性格的其他方法。工作是一個民族最大的拯救者。沒有了工作，我們將成為一個沒有骨氣、沒有堅韌、沒有人格的民族。

據與尤利烏斯·凱薩（Gaius Iulius Caesar）同時代的人說，凱薩的勝利與其說是由於其軍事才能，不如說是由於他的努力和決心。有一種人，他們決定要充分利用他們的眼睛，絕不讓任何前進時可能用得到的東西逃離他們的眼睛；他們的耳朵也隨時都在傾聽能夠幫助他們的聲音；他們的手總是張開著以隨時抓住每一個機會；對能夠幫助他們在這世界上發展的一切事情他們都小心在意；收集人生的每一種經歷，用來組成他們生命的偉大圖畫；他們的心靈也總是敞開著，以接受偉大的啟示以及所有能激發靈感的東西，這樣的人一定會有成功的人生。對於這一點是沒有什麼「如果」或者「但是」的。這樣的人只要有健康的身體，沒什麼能阻止得了他們最後的成功。

## 第二章　突破自我，培養迎難而上的勇氣

沒有什麼惡劣的環境能永遠囚禁一個有著堅強意志的人。

上天總是站在有決心的人的一邊。意志總是能開創出一條路來，即使是在看起來不可能的地方。半臂的間隔將決定誰能在比賽中勝出；能行軍更遠的人將贏得戰役的勝利；再多堅持 5 分鐘不退縮的意志就將贏得戰鬥。

## 享受你的孤獨

　　孤獨者的人格就是甘於寂寞，勇於獨思獨行。凡是急功近利，從眾性、依附性太強，及缺乏自我意識、趨潮流、隨大流者，都不能、不敢也不善於做孤獨者。這種孤獨並非離開了社會，並非一味地我行我素、孤芳自賞，而是在群體中找到自己的獨特的軌跡，在人類的追求中獨闢蹊徑，勇於提出「沒有同行人」的獨創思想，從而有嶄新的發現和創造。

　　《拜倫傳》中寫道：像拜倫（George Gordon Byron）那樣任性奔逸於無限大宇宙的詩人，是「不能夠有他的同行人的」。他獨自在幻想和感情的世界中漫遊，就連他的父母、妻子和朋友都無法理解他。

　　毋庸諱言，每個人或多或少都有某種孤獨感。當然，每個人所感受的孤獨在性質上、時間長短上以及表現形態（如驟然爆發、持續性、週期性等）上、深度和廣度上，是因人而異，頗不相同的。

　　對於人類的創造性勞動，孤獨感從來都不是一件壞事。義大利電影明星蘇菲亞・羅蘭在千百萬觀眾與崇拜者的包圍中感到孤獨。但她喜歡孤獨，更喜歡孤獨時的寂寞。她說：「在寂寞中，我正視自己的真實感情，正視真實的自己。我品嘗新思想，改正舊錯誤。我在寂寞中猶如置身在裝有不失真的鏡子的房屋裡。」這位藝術家把孤獨作為她靈魂的過濾器，使自己不斷地重複青春，滋補內心世界的營養。

　　帶有深沉思想的創造者總是孤獨的。他們的機遇有的甚至是在身後。因為他們有獨特的見解和獨特的個性，在任何場合下，他們都有與眾不同的表現和格局，不為當時社會和同時代的人所容，所以內心常有難以排遣的孤獨。他們的作為也往往不為同時代的人所理解，因此，必須有一種崇高的信念支撐著他們。

## 第二章　突破自我，培養迎難而上的勇氣

　　從審美角度看，孤獨既是一種處境，又是一種調動「創造潛能」的審美心態，把人帶進「形而上」的哲學意境。只有忘掉賞罰毀譽，摒棄私心雜念，排除外界環境的干擾，創造的潛能才能涓涓流出。

　　生態學家何先生是個孤獨者。當他就讀大學的時候，由於對數學的迷戀而陷入一種極強的自我完善的孤獨之中。他竟四年都在學校度過，以致他的一位親人寫信給校長打聽他是否已失蹤。為了研究電腦，他曾在實驗室整整待了一年。他的思想在孤獨中成熟。他讀哲學、數學，寫詩，有時也拉二胡、小提琴以自娛。就在這種死寂般的沉重和孤獨中，他立志要做一名「真正的哲學家」。

　　1978 年，他作為一名教師，以一篇論文轟動了當時的哲學界。他說：「我研究問題，都把它們看成一個應用數學的例題，在還沒搞清楚它的已知、未知、條件、求解方式等必要的途徑時，絕不奢談。」

　　他就是這樣的人，需要具備的特質極簡單：耐得了寂寞。為了解剖問題，他收集和閱讀的資料足足有 20 個他的身高高。

　　當他走出「寂寞」，便擁有一支利劍：一篇篇作品發表後，形成了壯觀的轟動效應。從森林火災到水質汙染，從鐵路危機到糧食緊缺，他對生態的預言曾一次又一次被殘酷地證實，令世人振聾發聵，更有幾十名記者想採訪他。

　　他的成功來自何方？來自思想者獨立的心靈，創造性的心靈，寂寞孤獨的心靈。

　　一個有成就的人知道自己的機遇所在，但對他人卻是一個夢。他對記者這樣說：「的確，我的事情都很奇怪。我完全不知道自己是誰，也不知道自己的籍貫、年齡。現在的名字只是一個可變的符號，年齡似乎也是一個可變域，可以自由選擇。因為我是真正的孤兒。」

他已經築起了一堵足夠強大的心理防衛之牆,不再為這種身世顯露出任何悲愴。他在寂寞中錘鍊自己,深信自己在任何嚴酷的條件下都能活下去。所以,他敢跑、肯跑,處處都留下他的足跡。

他到最偏遠的山區和當地人聊天,在人跡罕至的古長城獨自尋覓某事物衰微的原因,所有的辛苦、憤怒、憂患、希望都化作一堆鐵蒺藜般的資料。他用「孤獨者」無情的劍切開許多表面光潔的膿包,也撕碎許多庸人的樂觀,擊碎人們夢囈般的喜悅,他向那些不顧子孫後代的人們──那些盲目樂觀、不求進取的人們大喝一聲:停下來!

他在所有研究生態問題的專家中有著獨特的深刻,因為他不只關心一些急功近利的事。

孤獨者的人格就是甘於寂寞,勇於獨思獨行。凡是急功近利,從眾性、依附性太強,及缺乏自我意識、趕潮流、隨大流者,都不能、不敢也不善於做孤獨者。但這種孤獨並非離開了社會,並非一味地我行我素、孤芳自賞,而是在群體中找到自己的獨特的軌跡,在人類的追求中獨闢蹊徑,勇於提出「沒有同行人」的獨創思想,從而有嶄新的發現和創造。孤獨者鄙視淺薄的快活和廉價的感官享受,以為從孤境中奮鬥所獲才是真正有價值的東西。

海明威(Ernest Miller Hemingway)說:「寫作,在最成功的時候,是一種孤寂的生涯。」他認為:「一個在稠人廣眾中成長起來的作家,自然可以免除孤苦寂寞之慮,但他的作品往往流於平庸。」

成材需要孤獨,機遇與孤獨相隨。也只有這樣,我們才能理解如下這句格言的涵義:「缺少了寂寞,就不可能有真正的幸福。」我們也可以說:缺少了孤獨,就不可能獲得機遇。

第二章　突破自我，培養迎難而上的勇氣

　　親愛的讀者，你是不是還在為你的寂寞、孤獨而煩惱，甚至發一些牢騷？沒有必要，其實孤獨、寂寞是一種美麗，一種享受，是一股推你前進、走向成功的東風。

　　聰明的你，何不享受一下呢？

# 把信送給加西亞

　　稍加留心就不難發現，那些才華出眾、做出驚人成績的人，太多具有默默無聞、精神專注、埋頭苦幹的優良品格。試想，只有才華，沒有責任心，沒有敬業精神，沒有工作的主動性，怎麼能做出成績，又怎能獲得賞識和重用呢？

　　西元 1898 年，美國與西班牙之間發生了爭奪殖民地的戰爭。時任美國總統的麥金利（William McKinley），急切地希望了解西班牙軍隊的部署情況，特別是盟軍古巴起義軍的情況。而古巴起義軍首領加西亞（Garcia）將軍在古巴叢林裡與西班牙軍隊作戰，沒有人知道他在什麼地方。「到哪裡可以找到一個把信送給加西亞的人？」麥金利問情報局局長亞瑟・瓦格納（Arthur Wagner），亞瑟・瓦格納毫不猶豫地推薦了羅文（Andrew Rowan）中尉。一小時後，麥金利把一封寫給加西亞的信交給羅文，而羅文接到信之後，沒提任何問題，便奔赴前線，開始了尋找加西亞的旅途。後來，羅文中尉憑著崇高的責任感、絕對的勇氣和不屈不撓的精神，終於把信送給了加西亞，並且帶回了答覆。因出色的表現和突出的貢獻，他被授予傑出軍人勳章。

　　人生在世，要做一番事業，就需要羅文這樣「能把信送給加西亞」的精神。可是，現實中這樣的人、這樣的精神卻很少。比如，有些人拈輕怕重，對主管交代的任務提出這樣那樣的條件，希望不費力氣就得到現成答案或辦法；有的人在任務面前挑三揀四，甚至抱怨為什麼把這擔子交給自己而沒有交給別人；有的人在主管面前與背後不一樣，沒人催促就懈怠下來，沒有監督就不用心工作；有的人不熱愛工作，爭功諉過，造成公司很大的損失。

## 第二章　突破自我，培養迎難而上的勇氣

　　稍加留心就不難發現，那些才華出眾、做出驚人成績的人，大多具有默默無聞、精神專注、埋頭苦幹的優良特質。試想，只有才華，沒有責任心，沒有敬業精神，沒有工作的主動性，怎麼能做出成績，又怎能獲得賞識和重用呢？羅文中尉之所以能取得成功，最重要的因素並非因為他有傑出的軍事才能，而是在於他始終如一、鍥而不捨的優良特質。

　　在事業上要有所建樹，必須有很強的敬業精神，有不做好工作不罷休的責任感和使命感。事實表明，責任感和對事業的高度忠誠一旦養成，你就會成為一個值得信賴的人，一個可以委以重任的人，一個永遠會被主管看重的人。而那些懶惰的、終日抱怨的人，即使獨立創業，為自己做事，也難以獲得成功。只有像羅文這樣的人，不僅僅會做別人要求他們做的，而且會超越其他人的想像，追求完善。這樣的人和這樣的精神，正是我們國家、我們社會、我們事業所急需的。

　　人們都很欽佩那些不論主管在不在場都會努力勤奮工作的人，欽佩像羅文那樣能把信交給加西亞的人。靜靜地把信接過去，不提條件，不講價錢，沒有抱怨，接著就是不惜付出一切努力，把信送到目的地。願我們能從羅文身上獲取一種進取心、一種責任心、一種使命感、一種品格、一種力量，做「把信送給加西亞的人」。

## 另一種本事

　　要成功就要研究成功者為什麼成功，如何成功，他如何運用時間，他有什麼想法跟別人不一樣，他有什麼偉大的目標，他到底如何做計畫，他成功的策略是什麼，他有什麼樣的朋友等等。

　　你會模仿嗎？或者，你重視模仿嗎？

　　也許，不起眼的模仿能夠帶給你意想不到的機遇、財富和驚喜。

　　美國加利福尼亞州的大企業家約瑟夫原是牧場的牧羊童。小學畢業後因家境困難不允許他繼續升學，他就一邊牧羊，一邊想法讀書。但當他埋首讀書時，牲口卻常常撞倒鐵絲圍成的牧柵，成群跑到鄰近的田裡去損害農作物。後來他發覺有一段種著薔薇的牧柵從來沒有被破壞過。他疑惑地觀察原因。「對啦，因為薔薇有刺！」於是他砍了一些薔薇枝栽植在牧柵的旁邊。但他立刻領悟到：用薔薇作牧柵太費時了，少說也要兩三年，而他需要的是現在就能創造讀書的條件。幾天後，一種想法觸動了他：為何不模仿薔薇的刺做「鐵刺」纏在鐵絲柵上？他馬上行動，當天就完成了。這一發明果然奏效。就這樣，他發明了有刺鐵絲，後來他又改良了刺的裝法。想不到意外的「模仿」卻帶給了他機遇——原先曾斥責他牧羊看書的老闆眼看約瑟夫的發明受到各方面人士的稱讚，就投資生產，而且訂貨單紛至沓來。約瑟夫因此獲得美國的發明專利權。這種刺鐵絲還引起美國陸軍總部的重視，把它利用為戰地防線，這為約瑟夫帶來一筆可觀的收入。

　　「如果我所見的比笛卡兒要遠一點，那是因為我是站在巨人肩上的緣故。」牛頓的這句話很多人都知道，但是不見得每個人都去實踐過。

　　現實的成功者身上往往具有成功者的優秀特質，而且很多是需要我

## 第二章　突破自我，培養迎難而上的勇氣

們借鑑的。要想更好地掌握機遇，贏得成功，學習身邊的成功者不失為一條捷徑。

模仿是你需要走的第一步。有的人以為模仿只是幼年、童年或少年時代的事，到了成年就不再模仿了，甚至恥於模仿、反對模仿。這是因為他們還沒有從本質上了解模仿的意義。貝多芬的音樂創作對近代西洋音樂的發展有著深遠影響，但是你知道他的不朽作品是怎樣產生的嗎？他是繼承海頓、莫札特的傳統，吸取法國大革命時期的音樂成果，集古典派的大成，從而再創出來的。特別是〈第九交響曲〉中的第四樂章〈歡樂頌〉的合唱，是模仿法國作曲家凱魯畢尼（Luigi Cherubini）所創作歌曲的結果。貝多芬在這裡的模仿，既有思想模仿，又有音樂風格模仿，還有作曲技法模仿。

在古今中外藝術史上，貝多芬的例子不是絕無僅有的。如：畢卡索是從模仿法國後期印象派畫家塞尚等起步的；京劇藝術中存在的各種流派唱腔，內行人只要一聽便知道屬於梅派，或別的什麼派，這是因為京劇是模仿的藝術，雖然每個演員都有自己再創造的獨特風格，卻不能不留下師承的痕跡。

那些成功的人士之所以成功，一定有道理，一定有方法，也一定有原因。要做菜要先學做菜，要打網球，要先學打網球。要成功為什麼不先學成功學呢？

要成功就要研究成功者為什麼成功，如何成功，他如何運用時間，他有什麼想法跟別人不一樣，他有什麼偉大的目標，他到底如何做計畫，他成功的策略是什麼，他有什麼樣的朋友等等。

所謂「三人行，必有我師」，有了內行人的指點，常能達事半功倍之效。你如果常參加各種研討座談會，聽聽各行各業的菁英在會上現身說

法，傳授他們的技巧和方法，就會感覺受益匪淺。

模仿是你搶占機遇的「捷徑」。舉個事例：大約20年前，美國製糖公司把方糖輸出到南美洲時，在海運中常發生方糖潮溼而致損失慘重的事件。公司為此邀請專家研究對策，但始終找不到一個良好的辦法。然而該公司一位工人卻有一個主意：在方糖包裝盒的角落戳個針孔，使它通風，以達到防潮的目的。方法雖然簡單，但十分有效。這個工人因這個「小發明」而獲得100萬美元的報酬。這個發明很快傳入日本。有位日本人被激起一股模仿心，於是專就「戳小孔」進行模仿。他到處戳孔試驗，結果發現在打火機的火芯蓋上鑽個小孔可以使灌一次氣只能用10天延長到50天。他馬上向政府申請專利，並獲得50萬個訂貨。這裡的模仿便是在原基礎上的創新。

真正有成就的人，是不會計較與人分享心得的，這正是喬治‧艾倫（George Felix Allen）能成為舉世聞名的足球教練的原因。他們曾樂於提出成功的祕訣。我們應該積極和這些人接觸，無論是打電話請教，或是閱讀他們的著作，試著接近他們，和他們交流。這些成功者的經驗和指導將會使你受益良多。

第二章　突破自我，培養迎難而上的勇氣

## 鑽門學問

人活著，在本職之外確實還要有一點別的追求，這就像彈鋼琴一樣，有了和弦、伴奏就好聽得多。

題目這句話聽起來似乎把做學問看得太輕鬆了。是的，可是很多學問只要靜下心來做，總是能做出點名堂的。

有一篇報導寫道蕭教授如何研究漢字，他把對漢字的理解與傳統文化連繫在一起，達到出神入化的地步。如對「羞恥」二字的解讀，羞：此事做得差（從羊），看起來醜（從醜）；恥：耳朵還沒聽見嗎（從耳），還不止住你的行為嗎（從止）？再如「公」和「私」，八私為公（私字去掉禾仍為私），八個人就組成了一個公的團體。它告訴人們，只考慮公，不考慮私是不對的。而「公」和「頌」又連繫在一起，「頁」是腦，是思考的意思，一個自私自利的人是無論如何也頌不起來的。他研究了所有的常用漢字並得到了許多漢學家的認可。漢字，用蕭教授的話來說就是：「我們感受到了一種宏大精深的中華文化。知道了漢字不只是方塊字，它還有情有義，有血有肉……」

人活著，在本職之外確實還要有一點別的追求，這就像彈鋼琴一樣，有了和弦、伴奏就好聽得多。有人可能覺得鑽門學問不那麼容易。這是不能否認的，但是只要當成樂趣，堅持做下來也不難。筆者有位朋友，研究明史了研究30多年，退休後連出三本明史專著，成為研究明史的專家。

還有篇報導：一名高二學生自小堅持用課餘時間研究天體，他以自己對流星的多年觀測研究寫就的論文，獲得英特爾國際科學工程大賽獎。國際天文學的相關組織將一顆小行星以他的名字命名。這無疑又是

一個利用業餘時間鑽門學問的成功範例。

　　學問的確不那麼好做，然而大學問做不了，小學問還是可以做做的，哪怕研究一個人物，研究一個器物，也都很有意義。現在的問題是，有人覺得這沒有什麼用，沒有下棋打牌、唱歌打球、喝酒聊天等讓人覺得有趣，易於結交朋友，得到實惠。不是說這些都沒有必要，但相比較而言，毫無疑問還是鑽門學問有意思得多，畢竟它是門學問，要高雅、有價值得多。

第二章 突破自我,培養迎難而上的勇氣

## 選擇與熱愛

有人曾開出一張「烹調」成功的祕方:把抱負放在努力的「鍋」中,用堅忍的小火「燉熬」,再加上判斷做「調料」。成功祕方關鍵在於堅忍不拔的努力。

熱愛你的事業,保持一種敬業精神,這是你取得成功的最起碼要求。從事任何事業都必須有一種敬業精神。荀子說:「百事之成也,必在敬之;其敗也,必在慢之。」王充也說:「天下之事成於慎而敗於忽。」這裡講的是工作、做事情一定要有敬業精神。敬業是指專心從事學業和工作,宋代思想家朱熹說:「敬業者,專心致志以事其業也。」

有了熱情,工作才有動力,才有「萬斤重擔一肩挑」的責任感和氣魄,始終做到衝鋒在前,負責到底。無論狂風暴雨、千難萬險,始終勇往直前,絕不退縮。

有句廣告詞家喻戶曉:我選擇,我喜歡。

其實對於你的事業來說,我們不妨炮製一句:我選擇,我熱愛。

如果你是一個經營者,除了有為社會造福的使命感之外,還應該熱愛你的企業,應有責任感,這是十分重要的。經營者負責,不僅表現在日常,更表現在生死存亡的緊要關頭。即使碰到了失敗,也要把失敗的責任一肩挑起來,不怨天尤人。當然,失敗的原因可能來自外界的大環境,也可能來自內部的其他人,但當此之時,作為企業靈魂人物的經營者,不應該尋找藉口、推諉責任,而應該找自己未能及時調整以適應環境的責任,找自己用人不當、調整不力的責任。只有這樣,並且在此基礎上深刻反省,認真調整,失敗才能成為成功之母。

一個企業,猶如大海行舟,經營者就是船長。在茫茫的大海上,大

家靠船長指揮前進，信賴船長，依從船長。因此，面對任何驚濤駭浪，船長都應該負責到底，哪怕是在船沉沒之前的一刻。如果能這樣做，船上的人不僅有了安全感，而且會覺得有所依賴；並且可以鼓起勇氣，協助船長揚帆遠航。

卡內基說過：「除非喜愛自己所做的事，否則永遠也無法成功。」不論從事哪項工作，熱愛自己的工作，是走向成功的第一步，俗話說要做一行愛一行，「三百六十行，行行出狀元」，每項工作都是有出息的。

怎樣才能做到對自己的事業感興趣呢？

熱愛自己的事業，對工作和生活充滿熱情，首先你要充分了解自己的工作在整個社會中的地位和作用。如果不是這樣，總是見異思遷，看不起自己的工作，就不會有工作的積極性和創造性，甚至怠忽職守，就會造成嚴重損失。應該了解到在我們的社會中，各行各業都是不可缺少的，每個從業人員都要熱愛本職工作，忠於職守。

熱愛自己的事業，還要樹立強烈的榮譽感。榮譽是由於認真履行社會義務而得到的社會讚許和褒獎，是社會對你行為的肯定評價。榮譽需要我們共同創造，共同維護。為了維護榮譽，要求我們要有優秀的品格，良好的作風，恪守信用。而熱愛你的事業，是取得事業成功的前提條件。

美國哲學家愛默生說：「沒有熱忱，不能成大事業。」

對你的事業感興趣，還需要你刻苦鑽研它。要做好本職工作，必須要有做好本職工作的本領。這就需要努力學習鑽研業務。各行各業都有自己的專業，都有一套特殊的業務和技能，以此來服務社會，造福人類。不懂得業務，不掌握技能，甘當門外漢，只會貽誤自己，禍及社會。一個想有所作為的人，技術上應該精益求精，虛心向書本學習，向

實踐學習，向同行學習，永不自滿，勇於創造，不斷發展。著名科學家愛因斯坦曾把事業成功的訣竅歸結為一個公式：「成功＝艱苦的勞動＋正確的方法＋少說空話」。

忠於職守，盡心盡力做好本職工作。敬業，就是要嚴肅認真、恭恭敬敬、專心致志地對待工作。要謹慎處事，要全心全意。

要充分了解我們所承擔的社會責任和應盡的社會義務，腳踏實地地做好本職工作。要把崇高的志向和遠大的理想與腳踏實地的實幹精神結合起來。缺乏志向和理想的實幹是蠻幹，不可能走上理想之路；離開了腳踏實地的實幹精神，志向只會是空喊，理想成了空想。

有人曾開出一張「烹調」成功的祕方：把抱負放在努力的「鍋」中，用堅忍的小火「燉熬」，再加上判斷作為「調料」。成功祕方關鍵在於堅忍不拔的努力。傑出科學家愛因斯坦在總結自己一生成功的經驗時講道：「人們把我的成功，歸功於我的天才，其實我的天才，只不過是比別人刻苦罷了。」

真心熱愛，腳踏實地，埋頭苦幹，這是一切工作取得成功的根本途徑。

## 不妨有些野心

目標就是方向，目標就是動力。

你有多大的目標，就決定你能夠走多遠。

不妨有些野心。

巴拉昂是一位年輕的媒體大亨，以推銷裝飾肖像畫起家，在不到10年的時間裡，迅速躋身於法國50大富豪之列，1998年因前列腺癌在法國博比尼醫院去世。臨終前，他留下遺囑，把他4.6億法郎的股份捐獻給博比尼醫院用於前列腺癌的研究，另有100萬法郎作為獎金，給揭開窮人之謎的人。

窮人最缺少的是什麼？

如果你所設定的目標是一隻鷹，那你可能只射到一隻小鳥，但如果你的目標是月亮，那你可能就射到了一隻鷹。某些人之所以貧窮，大多數是因為他們有一種無可救藥的缺點，即缺乏野心。他們所追求的只是一種平常、閒適的生活，有的甚至只要溫飽就行，即有飯吃、有床睡，這些就恰恰使他們一輩子成為不了富人。因為他們的目標就是做窮人，當他們擁有了最基本的物質生活保障時，就會停滯，不思進取，得過且過，沒有野心，從而讓他們貧窮。古文中曾記載，仲永3歲便能成詩作文，才華橫溢，但卻滿足現狀不思進取，沒有繼續填充自己揚名的野心，終於泯沒於眾人。

翻開史冊，讓我們回顧一下在歷史上曾有深遠影響的人物，拿破崙在軍事院校就讀時，曾立誓要做一名卓越的統帥併吞整個歐洲，由此他的勃勃野心可見一斑。在學校期間，他將自己定位在一個很高的標準，嚴格要求自己，最終以優異成績做了一名砲兵，開始了他的霸業之旅。

## 第二章　突破自我，培養迎難而上的勇氣

成吉思汗揚言大地是我的牧場，有雄鷹的地方就有我的鐵騎，造就了成吉思汗時代。一些好萊塢的新貴和其他幾位年輕的富翁就此話題接受電臺的採訪時，都毫不掩飾地承認：野心是永恆的特效藥，是所有奇蹟的萌發點。

巴拉昂逝世週年紀念日，律師和代理人按巴拉昂生前的交代在公證部門的監視下打開了保險箱，揭開了謎底：窮人最缺少的是野心——成為富人的野心。

## 確立最想要的

如果發現了你最想要的，就把它馬上確立下來，確立就是力量，它會植根在你的思想意識裡，深深烙印在腦海中，讓潛意識幫助你達成所想要的一切。

一則寓言故事講道：過去同一座山上，有兩塊相同的石頭，三年後發生截然不同的變化，一塊石頭受到很多人的敬仰和膜拜，而另一塊石頭卻受到別人的唾罵。挨罵的這塊石頭心理極不平衡地說道：「老兄呀，三年前，我們同為一座山上的石頭，今天產生這麼大的差距，我的心裡特別痛苦。」另一塊石頭答道：「老兄，你還記得嗎？曾經在三年前，來了一個雕刻家，你因害怕割在身上一刀刀的痛，告訴他只要把你簡單雕刻一下就可以了，而我那時想像未來的模樣，不在乎割在身上一刀刀的痛，所以產生了今天的不同。」

兩者的差別：一個是關注想要的，一個是關注懼怕的。過去的幾年裡，也許同是兒時的夥伴、在同一所學校念書、在同一家公司工作，幾年後，發現兒時的夥伴、同學、同事都變了，有的人變成了「佛像」石頭，而有的人變成了另外一塊石頭。

你期望自己怎樣生活在這個世界上？未來成為一個什麼樣的人？你最想得到的是什麼？

假如有一輛沒有方向盤的超級跑車，即使有最強勁的發動機，也一樣會不知跑到哪裡；同理，不管你希望擁有財富、事業、快樂，還是期望別的什麼東西，都要確立它的方向在哪裡，為什麼要得到它，將以何種態度和行動去得到它。

## 第二章　突破自我，培養迎難而上的勇氣

「人生教育之父」卡內基說：「我們不要看遠方模糊的事情，要著手身邊清晰的事物。」

假設今天上帝給你一次機會，讓你選擇五個你想要的事物，而且都能讓你夢想成真，你第一個想要的是什麼？假如只要你選擇一個，你又會做何選擇呢？假如你生命危在旦夕，你人生最大的遺憾，是什麼事情還沒有去做或者尚未完成？假如給你一次重生的機會，你最想做的事情是什麼？

如果發現了你最想要的，就把它馬上確立下來，確立就是力量。它會根植在你的思想意識裡，深深烙印在腦海中，讓潛意識幫助你達成所想要的一切。

在這個世界上沒有什麼做不到的事情。只有想不到的事情，只要你能想到，下定決心去做，你就一定能得到。

# 選準你的舞臺

　　從實踐看，往往是奮鬥目標越鮮明、越具體，就越有益於成功。正如作家高爾基所說：「一個人追求的目標越高，他的才能就發展得越快，對社會就越有益。」

　　目標，是一個人未來生活的藍圖，又是人精神生活的支柱。美國著名整形外科醫生麥斯威爾・馬爾茲博士（Maxwell Maltz）在《人生的支柱》中說：「任何人都是目標的追求者，一旦達到目的，第二天就必須為第二個目標動身起程了⋯⋯人生就是要我們起跑、飛奔、修正方向，如同開車奔馳在公路上，有時偶爾在岔道上稍作休息，便又繼續不斷在大道上奔跑。旅途上的種種經歷才令人陶醉、亢奮激動、欣喜若狂，因為這是在你的控制之下、在你的領域之內大顯身手，全力以赴。」

　　一個沒有目標的人生，就是無的放矢，缺少方向，就像輪船沒有了舵手，旅行時沒有了指南針，會令我們無所適從。

　　一個明確的目標，可令我們的努力得到雙倍、甚至數倍的回報。

　　而另一方面，如果目標太多，也會令我們窮於應付，覺得辛苦，並且令我們的努力得不到相應的回報，因為我們的努力不夠集中。

　　古時候有一個財主，找一個部落首領討要一塊土地。部落首領給他一個標竿，讓他把標竿插到一個適當的地方，並答應他說：如果日落之前能返回來，就把首領駐地到標竿之間的土地送給他。財主因為貪心，走得太遠，不但日落之前沒有趕回來，而且還累死在半路上。這個財主沒有自己的目標，或者說目標不具體，所以失敗了。

　　卡內基就是一個很好的例子，當他決定要製造鋼鐵時，腦海中便不時閃現這一欲望，並變成他生命的動力。接著他尋求一位朋友的合作，

## 第二章 突破自我,培養迎難而上的勇氣

由於這位朋友深受卡內基執著力量的感動,便貢獻自己的力量;憑藉這兩個人的共同熱忱,最後又說服另外兩個人加入行列。這四個人最後形成卡內基王國的核心人物,他們組成了一個智囊團,他們四個人籌足了為達到目標所需要的資金,而最後他們每個人也都成為鉅富。但這四個人的成功關鍵並不只是「辛勤工作」,你可能也發現到,有些人和你一樣辛勤工作——甚至比你更努力——但卻沒有成功。教育也不是關鍵性的因素,華爾頓從來沒有拿過羅德獎學金,但是他賺的錢,比所有念過哈佛大學的人都多。

偉大的成就,源於對正面心態的了解和運用,無論你做什麼事,你的心態都會給你一定的力量。抱著正面心態,意味著你的行為和思想有助於目標的達成;而抱著負面心態,則意味你的行為和思想不斷地抵消你所付出的努力。當你將欲望變成執著,並且在設定明確目標的同時,也應該建立並發揮你的正面心態。但是設定明確目標和建立正面心態,並不表示你馬上就能得到你所需要的資源,你得到這些資源的速度,應視需求範圍的大小,以及你控制心境使其免於恐懼、懷疑和自我設限的情形而定。

朋友們,如果你還沒有一個明確的目標,那你就應該放下手上的其他事情,坐下來,認真思考一下適合自己的目標了。

另一方面,如果你的目標太多的話,只會令你眼花撩亂,你也得坐下來,把它們都寫在紙上,然後逐個分析它們,將不重要的刪掉,留下對你最重要也最適合你去發展和追求的目標。然後,就把它作為你的努力方向去奮鬥吧。如果中間發現這個目標和你的大方向有出入,你可以隨時調整你的目標。這好比你一個人對著好幾個箭靶在射擊。想想看,你是指哪裡打哪裡,還是打哪裡指哪裡?成功只光顧專心致志的老實人。

目標是指想要達到的境地或標準，有了目標，努力便有了方向。一個人有了明確的目標，就會精力集中，每天想的、做的基本上都與之所要實現的目標相吻合，避免做無用功。為了實現目標，他能始終處於一種主動求發展的競技狀態，能充分發揮主觀能動作用，能精神飽滿地投入學習和工作，能夠脫離低階趣味的影響，而且為達到目標能夠有所棄，一心向學，因此，能夠盡快地實現優勢累積。這就像登泰山一樣，漫無目標者是隨便走走，一會兒參觀廟宇，一會兒選幾個美景攝影留念，東遊西逛，還沒有走到一半天就黑了。相反，如果你把目標確定為盡快登頂，你就會像參加登山比賽一樣，中途無心四處張望、逗留，熱鬧、美景全不去看，甚至帽子被風吹跑了也不肯花費時間去撿，當然會比較快地到達極頂。

從實踐看，往往是奮鬥目標越鮮明、越具體，就越有益於成功。正如作家高爾基所說：「一個人追求的目標越高，他的才能就發展得越快，對社會就越有益。」

西元前 300 多年，雅典有個叫臺摩斯頓的人，年輕時立志做一個演說家。於是，四處拜師，學習演說。為了練好演說，他建造了一間地下室，每天在那裡練嗓音；為了迫使自己不能外出郊遊，一心訓練，他把頭髮剪一半留一半；為了克服口吃、發音困難的缺陷，他口中銜著石子朗誦長詩；為了矯正身體某些不適當的動作，他坐在利劍下；為了修正自己的臉部表情，他對著鏡子演講。經過苦練，他終於成為當時「最偉大的演說家」。

中國東漢時期的思想家、哲學家王充，少年喪父，家裡很窮，但他立志要學有所成。首先，他透過優異成績獲得鄉里保送，進入了當時的全國最高學府 —— 太學，利用太學裡的藏書來豐富自己的頭腦。其後，當太學裡的書不能滿足他而自己又無錢購買時，便把市上的書鋪當

## 第二章　突破自我，培養迎難而上的勇氣

書房，整天在裡面讀書，透過幫人家打工來換取免費讀書的資格。就這樣，他幾乎讀遍了洛陽城的所有書鋪。由於他累積了豐富的知識，終於成為中國歷史上著名的學者，並寫出了至今仍有重要價值的《論衡》。

明末清初著名的史學家談遷，29歲開始編寫《國榷》。由於家境貧困，買不起參考書，他就忍辱到處求人，有時為了蒐集一點資料，要帶著鋪蓋和食物跑一百多里路。經過27年艱苦努力，《國榷》初稿寫成了，先後修改6次，長達500多萬字。不幸的是，初稿尚未出版卻被盜了。這一沉重打擊，令他肝膽欲裂，痛哭不已。然而卻沒有動搖他著書的雄心壯志。他擦乾了眼淚，又從頭寫起。他不顧年老多病，東奔西走，歷時八、九載，終於在65歲時，寫成了這部卷帙浩繁的巨著。目標會使我們興奮，目標會使我們發憤圖強，因為走向目標便是走向成功，達到目標便是獲得成功！成功是人的高級需求，世界上還有什麼能比成功對人有更巨大而持久的吸引力呢？

目標有長短高低之分。比如，一生的目標、青少年時期的目標都屬於長期目標，一天的目標、一個月的目標、一學期的目標屬於短期目標。做一個對家庭、對社會都有突出貢獻的人，做一個有所建樹的人，這是高級目標；做一個在經濟上、生活上依賴社會、依賴家庭的人，做一個只知道吃喝玩樂的人，這是低階目標。

每個人都應該根據自己的實際，制定出自己不同階段的奮鬥目標，包括較高一點的「期成目標」和較低一點的「必成目標」。比如對於青少年學生來說，取得較好的學習成績，是每位中小學生的近期的必成目標；將來考上大學，成為對家庭、對親友、對國家、對社會有用之人，成為有所建樹、有所發明、有所創造之人，是每一位中小學生長遠的期成目標。

# 確定你的目標

　　一開始心中就懷有最終目標，意味著一開始就清楚地知道自己的目的地。它意味著你知道自己要去哪裡，這樣你就比較清楚你現在在哪裡，你邁出的每一，步總是朝著正確的方向前行。

　　目標對成功的人有多麼重要？目標來自哪裡？你應該確立什麼樣的目標？

　　一個人要成功，就要達成自己預先所設定的目標。不管你對成功所下的定義，是要成為行業中的頂尖，是要賺取非常多的財富，是要成為一個非常稱職的家庭主婦，是要建立良好的人際關係，是要擁有一個健康的身體，是要擁有寧靜的心靈還是對社會有所貢獻。這些都可以歸納成為自己的目標。

　　有些人的成功依靠的是唯一的卓越的目標。1953年，耶魯大學調查了畢業生的人生目標。當被問及是否有清楚明確的目標以及達成的書面計畫時，結果只有3%的學生作了肯定的回答。20年後，相關人員又調查了這些畢業多年的學生，結果發現那些有達成目標書面計畫的3%的學生在財務狀況上遠高於其他97%的學生。

　　有些人擁有不斷湧現的卓越想法，有些人沒有任何明確的新主意，只以創造性的方式解決他們的問題，還有一些人實際上似乎全然不利用創造力──他們在與某種邏輯方法相應的領域利用這種方法，並且真的獲得了成功。

　　一開始心中就有最終目標，最根本的一點是，從今天開始就要把你生命最後的景象、圖畫或模式作為檢查其他一切的參考物或標準。你生命的每一部分──今天的所作所為，明天的所作所為，下週的所作所

## 第二章　突破自我，培養迎難而上的勇氣

為，下個月的所作所為──都可以從整體來檢查，從什麼確實對你最重要來檢查。只要明確地記住最終目標，你就能肯定，不管哪一天做哪一件事都不會違背你所確定的最重要的標準，你生命的每一天都會為你設想的終生目標做出有意義的貢獻。

一開始心中就懷有最終目標，意味著一開始就清楚地知道自己的目的地。它意味著你知道自己要去哪裡，這樣你就比較清楚你現在在哪裡，你邁出的每一步總是朝著正確的方向前行。

我們都是習慣性的動物，所以應該偶爾測定一下自己的能力範圍。隨著成長、發育和進步，你會發現以往認為做不到的事，現在已有改變。所以偶爾做點白日夢，想想看如果你能做任何想做的事，你會選擇做些什麼？只要制定確立適當的目標和達成目標的計畫，你會發現你的夢想是可能成真的。

絕大多數在人世浮沉的人，並不了解他們的未來是自己造就的。少數有卓越成就的人，都是了解自己追求什麼，並且有完整計畫的人。這些人很清楚自己要什麼，而且要如何獲取。你的目標應當明確清晰，可以測量評估，確定完成日期，並且要分成多個較易處理的部分。

確定自己想達成的目標，限定日期，明列方法，定時檢閱進度，若有必要則修正方向，並且絕對不要放棄。

沒有目標是可怕的。陷入事務性的圈子，為生活忙碌，在成功的階梯上日益奮力地攀登，到頭來發現梯子靠錯了牆，出現這些情況簡直太容易了。可能忙──很忙──而且成效並不很高。

人們發現自己取得的勝利毫無價值，是在犧牲他們忽然意識到對他們重要得多的東西的情況下取得的成功。各行各業的人──醫生、演員、政治家、企業專業人員、運動員──常常為了得到更高的收入、更

多的承認或者某種程度的專業能力而奮鬥，最後發現他們的追求使他們沒有看到真正對他們最重要的東西，發現時卻為時已晚。

如果我們真正知道什麼對我們極為重要，並且把它牢記在心上，每天的一言一行都以什麼對我們最重要為標準，我們的生活會發生多大的變化啊！如果梯子靠錯了牆，那麼我們每走一步就向錯誤的地方接近一步，我們可能很忙，看起來「效率」很高，但只有從一開始心中就懷有最終目標，我們才會有真正的「效果」。

一開始心中就有最終目標，是建立在這樣一種原則的基礎之上的 —— 所有事物都經過兩次創造。所有事物都要經過腦力的（第一次的創造）和實際的（第二次的創造）兩個部分。

以蓋房為例。在你釘下第一顆釘子以前，你已經把它詳細地在腦中和紙上構造出來了。你對你需要什麼樣的房子有一個非常明晰的概念。如果你要一幢以家庭為中心的房子，你就計劃把一家人聚集的房間放在自然聚集的地方。你計劃滑門和孩子室外遊玩的院子。你冥思苦想，考慮各種方案，直至你對要蓋的房子有了一個清晰的影像。

然後你把它濃縮成一個藍圖，訂出建造計畫。所有這些都應該在破土動工前完成。如果不是這樣的話，那麼在第二次創造即實際創造的過程中，你就不得不花費昂貴的代價進行修改，那樣的造價可能比計畫高出一倍。

木匠的規矩是「量兩次，鋸一次」。你必須確信藍圖，即第一次創造，確實是你所需要的，每件事都已考慮周全。然後你再開始付諸實施。你每天到工棚，拿出藍圖，下達一天的工作命令。一開始你心中就應有最終目標。

讓我們來看另一個例子 —— 創辦企業。如果你希望創辦一個成功

## 第二章　突破自我，培養迎難而上的勇氣

的企業，就要確立自己努力爭取達到什麼目標。你要從市場的角度仔細考慮你要提供的產品或勞務，然後調動各方面的因素──資金、產品開發、經營、推銷、人員、機器設備等──來達到這一目標。你一開始對最終目標考慮的程度往往決定你是否能建立一個成功的企業。多數企業的失敗始於第一次創造：資金不足、對市場缺乏判斷或判斷錯誤、缺乏企業經營計畫等。

養育孩子也是這樣。如果你希望培養出負責而有自制力的孩子，那你每天同孩子接觸時必須牢記這一目標。你的言行不能破壞他們的自制或自尊。

人們在不同程度上把這一原則用於生活的許多不同領域。你在旅行前先確定目的地，計劃好最佳路線。你在菜園裡栽種以前，先在腦子裡，或許在紙上作好計畫。你在發表演講以前先把演講稿寫在紙上。你先設想庭院如何美化，然後再實際美化。你把服裝設計好，然後再穿針引線。

如果我們理解兩次創造的原則並接受兩次創造的責任，我們就能在影響圈內活動並且擴大影響圈。如果我們的行動不能與這條原則一致，不能進行第一次創造，我們就會縮小影響。

# 分解目標助成功

　　想做大事業，先要做好小事情；要實現宏大目標，先得從實現小目標開始。一步一腳印地走向成功。

　　日本長跑運動員山田本一曾在1984年、1987年的國際馬拉松邀請賽中兩次奪魁。當記者問他憑什麼取得如此出色成績時，他的回答是：「憑智慧戰勝對手。」對於他的這種回答，人們有些疑慮，認為山田本一似乎有些故弄玄虛或招搖誇張之嫌，因為每個人都知道，馬拉松比賽主要是運動員體力和耐力的較量，爆發力、速度的技巧都在其次，怎麼能說靠智慧取勝呢？

　　後來，人們讀山田本一的自傳，才對他所說的「憑智慧戰勝對手」有所領悟，了解到這確實是他取得成功的經驗之談。山田本一在自傳中寫道：每次比賽之前，我都要搭車將比賽路線仔細勘察一遍，並把沿途比較醒目的標示畫下來，比如第一個標示是一家銀行，第二個標示是一棵大樹，第三個標示是一座公寓……這樣一直畫到賽程終點。比賽開始後，我以衝刺的速度向第一個目標衝去；到達第一個目標後，又以同樣的速度向第二個目標衝去……40多公里路程，就這樣被我分成若干個小目標而輕鬆地跑完。起初，我並不是這樣做的，而是把目標一下子定在終點的那面旗幟上，結果還沒跑完幾公里就覺得疲憊不堪，因為我被前面那段遙遠的路程嚇倒了。

　　山田本一馬拉松比賽的經驗之談，包含著深刻的哲理，有著普遍的借鑑意義。成功，如同一次漫長而艱難的馬拉松賽，其中包含著一個個自然延續、不可分割的路段。最終取得成功，要靠一個路段一個路段地不懈打拚和衝刺。如果一開始就把目標定在最終的勝利上，往往容易因

## 第二章　突破自我，培養迎難而上的勇氣

目標過遠而感到高不可攀，產生畏難情緒，甚至在心理上產生一種恐懼感，成為沉重的精神負擔。帶著這樣沉重的包袱，是很難到達終點取得最後勝利的。如果把通往成功的路程分解成若干路段，然後一段一段地去完成，情況就會大不相同。每當完成一個路段時，就會產生一種勝利的喜悅。這種勝利的喜悅會削減精神上的重負和疲憊，從而轉化為繼續前進並完成下一段路程的巨大力量。如此持續下去，自然就會不斷產生新的喜悅和動力，直到順利實現既定目標。

其實，這個道理並不複雜。有的心理學家曾經總結出這樣一個公式：快樂指數＝實際實現值÷內心期望值。這個公式明確告訴我們，內心期望值越高，得到的快樂便越少；反之，內心期望值低一些，就容易達到目標，得到的快樂就會多一些。快樂多，情緒高，自然有利於發揮內在的潛力去完成既定的目標。

俄國作家托爾斯泰，從青年時代起，就為自己定下了人生的目標。托爾斯泰既有一輩子的目標，也有某一時段的目標，甚至一年的目標、一個月的目標、一個星期的目標、一天的目標……這樣，隨時都有目標，隨時都有完成目標的喜悅，就會始終情緒高漲，對未來充滿信心，自然有利於實現遠大的目標。托爾斯泰的成功，與他善於把大目標分解成若干個階段性小目標不無關係。

西方成功學家有一種「進步10％說」，認為成功靠日積月累，循序漸進。這是很有見地的。想做大事業，先要做好小事情；要實現宏大目標，先得從實現小目標開始。這樣一步一腳印地前進，一個目標一個目標地去實現，成功就會向我們招手。

# 事前「不猶豫」事後「不後悔」

　　一個人能否成功，固然要靠天才，要靠努力，但善於創造時機，及時把握時機，不因循、不觀望、不退縮、不猶豫，想到就做，有嘗試的勇氣，有實踐的決心，這許多因素加起來才可以造就一個人的成功。

　　居禮夫人說：「弱者等待時機，強者創造時機。」這真是一句至理名言。

　　記得林語堂博士當年的一段故事：

　　有一天，一位先生宴請美國名作家賽珍珠（Pearl Sydenstricker Buck）女士，林語堂先生也在被請之列，於是他就請求主人把他的席次排在賽珍珠旁邊。席間，賽珍珠知道座上多為中國作家，就說：「各位何不以新作供美國出版界印行？本人願為介紹。」

　　座上人當時都以為這是一種說詞而已，未予注意，獨林博士當場一口答應，歸而以兩日之力，蒐集其發表於中國之英文小品成一巨冊，而送之賽珍珠，請為斧正。賽因此對林博士印象至佳，其後有乃以全力助其成功。

　　據說，當日座上客中尚有其他先生，以英文造詣言，均不下於林博士，如他們亦若林氏之認真，而亦能即日以作品送給賽氏，則今日成功者未必為林氏也。

　　由這段故事看來，一個人能否成功，固然要靠天才，要靠努力，但善於創造時機，及時把握時機，不因循、不觀望、不退縮、不猶豫，想到就做，有嘗試的勇氣，有實踐的決心，這許多因素加起來才可以造就一個人的成功。所以，儘管有人的成功在於一個很偶然的機會，但認真

## 第二章　突破自我，培養迎難而上的勇氣

想來，這偶然機會的能被發現，被抓住，而且被充分利用，卻又不全是偶然的。

因循等待是人們失敗的最大原因，所以「弱者等待時機，強者創造時機。」所謂「創造時機」，不過是在萬千因子執行之間，努力加上自己萬千分之一的力量，希望把「機會」的執行造成有利於自己的一剎那而已。林語堂博士的故事，可以說是一個最好的證明。

另外還有一個廣為流傳的故事。

有位知名哲學家，天生一股特殊的文人氣質。某天，一個女子來敲他的門，她說：「讓我做你的妻子吧！錯過我，你將再也找不到比我更愛你的女人了！」哲學家雖然也很中意她，但仍回答說：「讓我考慮考慮！」

事後，哲學家用一貫研究學問的精神，將結婚和不結婚的好壞所在分別列下來，發現好壞均等，真不知該如何抉擇？於是，他陷入長期的苦惱之中，無論他找出什麼新的理由，都只是徒增選擇的困難。最後，他得出一個結論──我該答應那女人的請求。

哲學家來到女人的家中，問女人的父親：「你的女兒呢？請你告訴她，我考慮清楚了，我決定娶她為妻！」女人的父親冷漠地回答：「你來晚了十年，我女兒現在已是三個孩子的媽了！」

哲學家聽了，整個人幾乎崩潰，他萬萬沒想到，向來引以為傲的哲學頭腦，換來的竟是一場悔恨。爾後，哲學家憂鬱成疾，臨死前，只留下一段對人生的批註──如果將人生一分為二，前半段的人生哲學是「不猶豫」，後半段的人生哲學是「不後悔」。

機會是在紛紜世事之中的許多複雜因子，在執行之間偶然湊成的一個有利於你的空隙。這個空隙稍縱即逝，所以，要把握時機確實需要眼

明手快地去「捕捉」，而不能坐在那裡等待或因循拖延。

西方諺語說：「機會不會再度來叩你的門。」這並非說它架子大，而是它也被操縱擁擠在萬事之間，身不由己。

徘徊觀望是我們成功的大敵。許多人都因為對已經來到面前的機會沒有信心，而在猶豫之間把它輕輕放過了。「機會難再」，即使它肯再來，光臨你的門前，但假如你仍沒有改掉你那徘徊瞻顧的毛病的話，它還是照樣要溜走。

第二章　突破自我，培養迎難而上的勇氣

## 行動慢，等於沒有行動

　　能夠超越你競爭對手的關鍵，能夠幫助你達成目標的關鍵，能夠幫助你成功致富的關鍵，能夠幫助你譜寫精彩人生的關鍵，只有兩個：一是行動，二是速度。

　　可能你具備了知識、技巧、能力、良好的態度與成功的方法，懂的比任何人都多，但你還可能不會成功。因為你必須要行動，一百個知識不如一個行動。

　　假如你終於行動了，但還不一定會成功，就是因為太慢了。

　　在 21 世紀，行動慢，等於沒有行動。

　　你只能快速行動，立刻去做，比你的競爭對手更早一步知道、做到，你才有成功的機會。

　　因為 21 世紀是資訊時代，資訊的傳遞，天涯若比鄰，昨天遠在天邊發生的事情，今天就近在眼前。

　　任何時候，任何地方，你都可以輕易得到任何你所需要的知識與資訊，你也會知道昨天晚上，你的競爭對手是否比你多掌握了一些你不知道的資訊。所以說，必須掌握時間，立即行動！

　　失敗的主要原因是拖延，失敗者最大的特點是猶豫不決，這些人天天在考慮、在分析、在判斷，遲遲不下決定，總是優柔寡斷。

　　好不容易做了決定之後，又時常更改，不知道自己要的是什麼。

　　終於決定要實施了，他們第一件事就是拖延，不行動，告訴自己：「明天再說」、「以後再說」、「下次再做」。這樣的人，不曉得多不多？也許讀者身邊就有這種人，這樣的人怎麼可能成功呢？

　　必須知道拖延與猶豫是失敗的原因，行動與速度是致勝的關鍵。

# 拖延是成功的最大殺手

　　有的人能在瞬間果斷地戰勝惰性，積極主動地面對挑戰；而有的人卻深陷於「掙扎」的泥潭，自己被主動性和惰性拉來拉去，不知所措，無法定奪……時間就這樣被一分一秒地浪費了。

　　美國歷史上著名的總統林肯，小時候生長在偏遠的鄉村叢林邊，他居住在一所地處曠野的簡陋的小木屋，無窗無門，遠離學校、教堂、鐵路，那裡沒有報紙、圖書，甚至連日常生活的必需用品都很匱乏，更談不上生活中的種種享受了。每天他必須步行幾個小時到「鄰近」的另一處簡陋的學校裡去念書；他必須在荒野中跋涉幾十里才能借到一些他想看的書。然後，不顧一天的艱苦勞累，藉著木柴的火光閱讀。然而，林肯從不消極地等待機會，就是在這種嚴酷的生活環境中，造就了美國最偉大的總統。

　　很多時候，消極等待，是對生命的一種浪費。

　　無謂拖延，是成功的最大殺手。

　　很多人都有拖延的習慣。清晨，鬧鐘把你從睡夢中驚醒，想著自己所訂的計畫，同時卻感受著被窩裡的溫暖。一邊不斷地對自己說該起床了，一邊又不斷地替自己尋找藉口——再等一會。於是，在忐忑不安的掙扎之中，又躺了 5 分鐘，甚至 10 分鐘。

　　拖延是一種習慣。我曾經把一天的時間記錄了一下，驚訝地發現，「拖延」耗掉了我們一天四分之一的時間，甚至更多。

　　很多情況下，拖延是因為人的惰性在作怪，每當自己要付出勞動或要做出抉擇時，每當自己對某項工作產生畏難情緒，想逃避某項我們不願意去面對的事情時，我們總會為自己找出一些藉口、理由，總想讓自

## 第二章　突破自我，培養迎難而上的勇氣

己輕鬆些、舒服些。有的人能在瞬間果斷地戰勝惰性，積極主動地面對挑戰；而有的人卻深陷於「掙扎」的泥潭，自己被主動性和惰性拉來拉去，不知所措，無法定奪⋯⋯時間就這樣被一分一秒地浪費了。

其實拖延就是縱容惰性，也就是給了惰性機會，如果形成習慣，它會很容易消磨人的意志，使你對自己越來越失去信心，懷疑自己的毅力，懷疑自己的目標，懷疑自己的能力，甚至會使自己的性格變得猶豫不決，養成一種辦事拖拉的工作作風。

千萬不要給別人拖延的印象，那樣你會失去很多的機會。沒有一個人願意與一個拖拖拉拉、猶豫不決、言行不一的人合作。如果讓你的對手知道你有拖延的毛病，他會抓住一切有利的時機，毫不客氣地擊垮你。

我們要想盡一切辦法不去拖延。最好的辦法是逼迫法，也就是在知道自己要做一件事的同時，立即讓自己動手，絕不留給自己一秒鐘的思考餘地，千萬不能讓自己拉開和惰性開戰的架式。對付惰性最好的辦法，就是根本不讓惰性出現。在事情的開始，總是積極的想法先有，然後當頭腦中一出現「我是不是可以⋯⋯」這樣的問題，惰性就出現了，「戰爭」也就開始了。一旦開戰，結果就難說了。所以要能在積極的想法一出現，就馬上行動，那麼惰性就沒有乘虛而入的可能了。

愛默生教授說：「緊驅他的四輪車到星球上去的人，倒比在泥濘的道上追蹤蝸牛行跡的人，更容易達到他的目標地。」

雖然成果大多無法百分之百完美，但我們的目標只是盡力做到最好，從經驗中學習，記取教訓，才能一次比一次做得好，一次又一次堅韌不拔地向著自己確立的目標努力前進。

某大學有兩位同學，是從同一個地方考到大學來的，他們住在同一

間寢室裡，既是同學又是室友，兩個人的感情非常好。他們約定，一定要一起讀到博士。

大學畢業的時候，兩個人分別分到了兩處待遇非常優越的公司。其中一人仍然堅持讀書，準備應考，另一人卻認為應該工作幾年，等有了一些積蓄再說。

過了幾年，其中的一人考取了碩士，另一人當了科長。兩人見面時，說起當年的理想，讀書的同學勸當上了科長的同學繼續讀書，可是他說，等當上處長再說吧！

又過了幾年，讀書的同學博士畢業後，去了美國。

又過了幾年，他從海外學成歸來，在一所知名的大學裡當上了博士生導師，成為這所大學裡的學術帶頭人。

可是當年那位當官的同學卻因涉嫌職務犯罪被審查。

讀書的同學非常痛心地說，做官的同學很聰明，如果是他們兩個人一起讀書的話，今天成為學科帶頭人的，一定是他，而不是自己。

人一旦決定要做的事情，就應該堅持不懈地去努力，不應該隨意改變目標。俗話說：有志者立長志，無志者常立志。

我們一直在等待機遇。但是，機遇不能消極等待，更不能拖延。如果你寄望於等待，寄望於運氣，那麼，你最初的熱情和你已經花費的精力都將在消極等待中消磨殆盡。如果因為拖延，你將會失去眼前的機遇，最終則導致失敗。

第二章　突破自我，培養迎難而上的勇氣

# 珍惜你的時間

　　對於活著的人來說，時間是生命；對於從事經濟工作的人來說，時間是金錢；對於做學問的人來說，時間是資本；對於無聊的人來說，時間是債務。

　　如果你有3萬塊，丟掉了300元，你會很心疼；然而，你在無聊中浪費掉了300天，卻可能沒往心裡去。你可曾想過，前者是財富的1%，而後者是生命的1%。如果沒有意識到這一點，那就太遺憾了！按82歲的壽命計算，人的一生只有3萬天。去掉童年、晚年、生病、吃飯、睡覺的時間，真正用於工作、讀書的時間就更少了。人生的路是漫長的，然而關鍵的地方只有幾步。對於高中生而言，能否升大學是關鍵的一步，而能否邁好這一步的關鍵是能否合理地花費自己的時間。

　　法國思想家伏爾泰曾出過一個意味深長的謎：「世界上哪樣東西最長又是最短的，最快又是最慢的，最能分割又是最多的，最不受重視又是最值得惋惜的；沒有它，什麼事情都做不成；它使一切渺小的東西歸於消滅，使一切偉大的東西生命不絕。」這是什麼？眾說紛紜，捉摸不透。

　　這就是時間。

　　最長的莫過於時間，因為它永遠無窮無盡；最短的也莫過於時間，因為它使許多人的計畫都來不及完成。對於在等待的人，時間最慢；對於在作樂的人，時間最快。它可以無窮無盡地擴展，也可以無限地分割；當時不加重視，過後才表示惋惜；沒有時間，什麼事情都做不成；時間可以將一切不值得後世紀念的人和事從人們的心中抹去，時間能讓所有不平凡的人和事永垂青史。

　　時間到底是什麼呢？

對於活著的人來說，時間是生命；對於從事經濟工作的人來說，時間是金錢；對於做學問的人來說，時間是資本；對於無聊的人來說，時間是債務。

歷數古今中外一切有大建樹者，無一不惜時如金。古書《淮南子》有云：「聖人不貴尺之璧，而重寸之陰。」漢樂府〈長歌行〉有這樣的詩句：「百川東到海，何時復西歸？少壯不努力，老大徒傷悲。」晉朝陶淵明也有惜時詩：「盛年不重來，一日難再晨，及時當勉勵，歲月不待人。」唐末王貞白〈白鹿洞〉詩中更有「一寸光陰一寸金」的妙喻。法國作家巴爾札克把時間比作資本。德國詩人歌德把時間看成是自己的財產。魯迅先生對時間的了解更深刻，他說：「時間就是生命。無端地空耗別人的時間，其實無異於謀財害命。」法拉第（Michael Faraday）中年以後，為了節省時間，把身心都用在科學創造上，嚴格控制自己，拒絕參加一切與科學無關的活動，甚至辭去皇家學院主席的職務。居禮夫人為了不使來訪者拖延拜訪的時間，會客室裡從來不放座椅。76 歲的愛因斯坦病倒了，有位老朋友問他想要什麼東西，他說：「我只希望還有若干小時的時間，讓我把一些稿子整理好。」

當代青少年多數都很羨慕美國、日本富裕的生活及其轎車、電器，然而，你知道他們是多麼珍惜時間嗎？早在 200 多年前美國還沒獨立的時候，美國啟蒙運動的開創者、科學家、實業家和獨立運動的領袖之一富蘭克林就在他編撰的《致富之路》一書中收錄了兩句在美國流傳甚廣、擲地有聲的格言：「時間就是生命」、「時間就是金錢」。

1990 年代初，某參觀團去日本出席一個會議，出國前，團長準備了厚厚一疊發言稿，可是屆時日方官員遞上的會序表卻寫著：「發言時間：10 點 17 分 20 秒至 18 分 20 秒。」發言時間僅為一分鐘。這在那些「一杯茶水一支菸，一張報紙看半天」的人看來，似乎不可思議，而在日本

## 第二章　突破自我，培養迎難而上的勇氣

卻是極為平常的。

日本從工人到學者，時間觀念都非常強。他們考核職位工人稱不稱職的基本標準就是在保證品質的前提下單位時間的勞動量，時間一般精確到秒。

做最重要的事情。在人才成長的諸規律中，有一條聚焦成材規律。它告訴人們要依據自己的最佳才能，選準成材目標，然後過濾資訊，集中精力，目標始終如一。這樣，精神世界的智慧光芒會在聚焦效應之下形成突破性的成材能量。因此，要想使自己在一生中「有所為」，必須「有所不為」。有些事情雖然是一生中應該做甚至是必須做的，但現在不應該做或者沒有必要做，如果你做了，那就是不明智之舉，甚至會使自己陷於被動地位。

對於某些中小學生來說，主觀上想去做但現在不應該去做的事主要有貪玩、追求時髦等等。

貪玩，是少年兒童的天性，玩可以鍛鍊身體、啟迪智慧。撲克牌、象棋、麻將、撞球、遊戲機等都很好玩，甚至使人上癮，但對於中小學生來說，玩畢竟不是主業，過於貪戀而影響課業就屬於不務正業。光學不玩，不利於提高學習效率，也不利於身體健康；光玩不學，則是本末倒置，輕則誤事，重則喪志。科學的做法是：心中時刻想著課業、事業，而不被貪玩的惡魔所驅使，對於各種健康的娛樂活動，可以涉足，但不迷戀。在學習累了或者應該學習的內容融會貫通之後，適當玩玩。

愛美之心，人皆有之。但不從實際出發，好虛榮、講時髦就不應該了。學生的根本就是讀書。用知識、成就的光環妝飾自己比用脂粉或漂亮的服裝妝飾自己所產生的魅力大百倍。服飾和化妝品妝點出的美，是表面的美，膚淺的美，靜止的美，短暫的美；知識、智慧煥發出的美，

是內在的美，深沉的美，律動的美，永恆的美。

「人最美的裝飾是知識」，這是古代阿拉伯人關於知識的格言。下面的兩個故事或許能說明這一道理。一個朋友在紐約街頭見愛因斯坦穿著舊大衣，勸他添置件新的。愛因斯坦說：「這有什麼關係？反正紐約也沒人認識我。」愛因斯坦成名後，仍穿著那件舊大衣，那位朋友又勸他添置新大衣。愛因斯坦又說：「何必呢？反正這裡的人都認識我了。」

童話作家安徒生穿著儉樸。一次他戴著舊帽子在街上走，有人嘲笑他：「你頭上那個是什麼？能算是帽子嗎？」安徒生回敬道：「你帽子下是什麼？能算腦袋嗎？」

聽起來這是兩個笑話，但細想一下卻包含著深刻的道理。舊大衣、舊帽子並沒有影響兩位偉人在人們心目中的光輝形象，而那些以衣冠取人者，充其量有個錦繡皮囊罷了。

對於中小學生來說，不把課業放在主要位置，而是為穿著時髦而自豪，實在是可笑而且可悲的。當然，不追求時髦不等於不修邊幅，學生還是應該講究儀表的。

關於美，培根有一段論述，同學們應將其記在心間：「就形貌而言，自然之美要勝於粉飾之美，而優雅的行為之美又勝於單純的儀容之美。」

學最需要的東西。有的同學聽說專家、學者都知識廣博，於是自己也如飢似渴地見知識就學，世界之最，天下奇觀，三俠五義，逮著什麼看什麼。學到的這些知識支離破碎，沒有什麼實際用途，而且把「記憶的口袋」裝得挺亂，影響了正常學習。這是嚴重的精力流失！人才的成長，大多是階梯式的。從小學到大學。每上一個層級，幾乎都伴隨著競爭和淘汰，而前一個層級都是為後一個層級奠定基礎的。基礎不好就要

## 第二章　突破自我，培養迎難而上的勇氣

成為淘汰對象，一旦在哪個層級被淘汰，再想彌補就需要付出雙倍乃至更大的代價。一個人的才能很重要，能夠把握機遇、創造條件使自己的才能得到充分發揮更為重要。對於中小學生來說，打牢躍進的基礎，是掌握個人命運的關鍵。

同樣是知識，應先挑有用的學；同樣是有用的知識，應先挑基礎性的和急用性的學。對於中小學生來說，起碼的生活常識，課本上所規定的內容，多屬於工具性、基礎性和急用性的知識，都是生存和發展所必需的知識，應該作為現在學習的中心。對基本知識必須爛熟於心，運用自如；必須熟知基本技能，無論解題還是寫文章，都要成竹在胸，得心應手。只有這樣，才能使自己在成長過程中始終踩在時代生活的「點」上。

古詩云「少年易老學難成，一寸光陰不可輕，未覺池塘春草夢，階前梧葉已秋聲。」人一生中學習知識的黃金時期是 6～25 歲。這 20 年如果用天來計算，僅為 7,300 天。一生的命運如何、成就大小，相當程度上取決於這段時間如何利用。而人又多是「少壯輕年月，遲暮惜光陰」，這就往往造成人生事業上的悲劇。因此，你如果想在有生之年學有所成，就應該珍惜地花費每一天時間。

熱愛你的身心，這是時間之泉源。昨天浪費的時間就浪費了，我們也不要過多地計較和自責，看準明天要做的事情，趕快去做。同時要珍惜你的身心，使其保持良好的健康的狀態，那麼，你的生命或許就在某種意義上得到了延長，你的時間也就得到了延續。身體是革命的本錢，這話是至理名言。

## 心動不如行動

等什麼？想好了，你就做，你才會有機會。只停留在「想」字上的人，他的願望也只是幻想。

機會只會眷顧那些有準備而且一直在行動著的人。

前年，小王隻身闖蕩大都市。當他得知一家刊物應徵記者，立刻攜作品集趕了過去。

到現場一看，僅有的一個職位，競爭者竟達125人！而且其間不乏學歷、資歷、年齡、口才諸方面勝過自己者。見此陣勢，小王本欲打退堂鼓，可又一想既然來了，長長見識也是好的，便耐著性子坐下來。

面試的人太多，而且主考官正是該公司的老闆，小王又被安排在後面，看著應徵者一個接一個面色沉重地走出考場，他已預感到形勢對自己越來越不利，必須採取獨特的面試方式打動老闆才能出奇制勝。

這時候，在會客室裡坐等的幾位應徵者開始閒聊。其中有這麼幾句牢騷話引起了他的注意：「來的都是有經驗的人，小小一個面試還搞這麼複雜！」、「肯定要當面出題讓應徵者動筆，都帶了作品集來，還說明不了問題？」

小王心裡一動，以「求賢若渴」為題寫下一篇現場短新聞。回到會客室時，正好輪到自己出場了。

面試的內容有些出乎他的意料，神色已略顯疲憊的老闆既沒提業務，也不問應徵者經歷，而是要他從自己的角度談談如何當好記者。小王當即遞上剛列印完的那篇新聞稿說，自己的角度就是「敏銳」。

最終小王成了應徵人員中百裡挑一的幸運兒。老闆說：「其實正確的

第二章　突破自我，培養迎難而上的勇氣

方法大家都注意到了，但心動不如行動，你要把當時大家都注意到的東西先做在前面。」

是呀，心動不如行動，只有你當時把大家都注意到的東西先做在了前面。

我們還等什麼？想好了，你就做，你才會有機會。只停留在「想」字上的人，他的願望也只能是幻想。

機會只會眷顧那些有準備而且一直在行動著的人。

# 寧可做錯

在人生的長河中，你不願主動地去做一些事情，看上去你沒有損失什麼，但實際上你在原地踏步，你的精神天天在萎縮，你天天聽到別人的成功與失敗，就是與你無關。當你勇敢地面對生活與工作中的每一個難題時，不迴避，你失去的是狹隘的小我；當你跨過這些問題時，你會感覺到自己的成長，還會感覺到天地的寬廣，人生的意義。

現實中，我們經常陷入「寧可不做，千萬別錯」的論調中。

一個人做得越多，犯錯的次數就越多，挨罵的次數也就越多。並且由於事物的多面性，可能你認為正確的，他人以為是謬誤。世界上沒有絕對正確的東西，陽光的背面是黑暗。多做多錯，理之必然。曾國藩曾云：「名滿天下，謗亦隨之。」不做不錯，因為錯的對象都不存在了。

現代的說法是，人要有正面的心態。

美國總統小布希的就職演講有這樣兩段話：

「正處於鼎盛時期的美國，重視並期待每個人擔負起自己的責任。鼓勵人們勇於承擔責任不是讓人們充當替罪羊，而是對人的良知的呼喚。雖然承擔責任意味著犧牲個人利益，但是你能從中體會到一種更加深刻的成就感。

在生活中，有時我們被召喚著去做一些驚天動地的事。但是，正如我們時代的一位聖人所言，每一天我們都被召喚帶著摯愛去做一些小事情。一個民主制度最重要的任務是由大家每一個人來完成的。」

一個企業何嘗不是如此。只有每個人恪盡職守，擔負起自己應當承擔的責任，卡住每一個細節，這個企業才是有生命力的。

| 第二章　突破自我，培養迎難而上的勇氣

在人生的長河中，你不願主動地去做一些事情，看上去你沒有損失什麼，但實際上你在原地踏步，你的精神天天在萎縮；你天天聽到別人的成功與失敗，就是與你無關。當你勇敢地面對生活與工作中的每一個難題時，不迴避，你失去的是狹隘的小我；當你跨過這些問題時，你會感覺到自己的成長，還會感覺到天地的寬廣，人生的意義。

# 直逼你的目標

　　抱怨是於事無補的。抓住抱怨的時間，勤奮學習，確立自己的奮鬥目標，然後圍繞目標，千方百計，突破瓶頸，仍然不失為走向成功的一個好方法。

　　一位作家在他人生的艱難征途上走過 83 個年頭。從 1928 年在芝加哥大學醫學研究院的實驗室做試驗，小腦受到流行性腦炎病毒感染起，他和病魔頑強地鬥爭了整整 60 年。在 1939 年全身癱瘓之前，他根據自己的健康狀況和所擁有的醫學、生物學知識，堅定地選擇「研究」作為自己的事業。他是一位科學家，又成了一位傑出的作家。在全身癱瘓，手不能握筆，腿不能走路，連正常說話的能力也喪失，口授只有祕書聽得懂的艱難情況下，從事創作 50 多年，用通俗的語言、生動的筆調、活潑的形式寫了大量獨具風格的作品。

　　現在有些人總是抱怨自己缺乏書本知識，抱怨自己沒有開發新領域的機遇，抱怨命運的不公平。要知道抱怨是於事無補的。抓住抱怨的時間，勤奮學習，確立自己的奮鬥目標，然後圍繞目標，千方百計，突破瓶頸，仍然不失為走向成功的一個好方法。這就要求：直接對準選定的創造目標，直接進入創造狀態，建立知識輸入、知識累積的有序性。

　　愛因斯坦為什麼年僅 26 歲時就在物理學的幾個領域做出一流的貢獻？美國波士頓大學生化教授艾西莫夫 (Isaac Asimov) 為什麼能夠令人難以置信地寫出 200 餘部科普著作？達文西為什麼能成為「全才」？僅僅是因為他們的天賦嗎？可以說，許多科學家能迅速取得成功都在不同程度上使用過這種「直接法」。試想，當時愛因斯坦 20 多歲，學習物理學的時間不算長，作為一個業餘研究者，他的時間更是極為有限。而物理

## 第二章　突破自我，培養迎難而上的勇氣

學的知識浩如煙海，如果他不是運用直接目標法，就不可能在物理學的三個領域都取得一流的成就。他在《自述》中說：「我看數學分成許多專門領域，每一個領域都能費盡我們所能有的短暫的一生，物理學也分成了各個領域，其中每一個領域都能吞噬短暫的一生……可是，在這個領域裡，我不久就學會了辨識出那種能導致深邃知識的東西，而把其他許多東西撇開不管，把許多充塞腦袋，並使它偏離主要目標的東西撇開不管。」

直逼目標有哪些好處呢？其一是可以快出成果；其二是有利於高效地學習，有利於建立自己獨特的最佳知識結構，並據此發現自己過去未發揮的優點，使獨創性的思想產生。直逼目標還可以使大膽的「外行人」毅然闖入某一領域並使之得以突破。DNA 雙螺旋結構分子模型的發現就是有力的例證。被譽為「生物學的革命」這個 20 世紀以來生物科學最偉大的發現者是沃森（James Dewey Watson）和克里克（Francis Crick），兩人當時都很年輕（沃森當時僅 25 歲），而且都是半路出家。他們從認識到合作，從決定著手研究到提出 DNA 雙螺旋結構分子模型，歷時僅僅一年半。可以說，如果沃森他們不是直逼目標，是不可能在短短的時間內獲得如此巨大的成功的。

人類知識的發展是具有「可壓縮性」與「可跳躍性」兩種性質的。學習不是把前人的路再走一遍；我們不需要從甲骨文、收音機學起，而只需直接學習現代漢語與積體電路。數學中的那些千奇百怪的因式分解題足以使人神經衰弱，但如果學了高等數學的羅必達法則，一切則輕而易舉。有些知識不見得非要學透、學懂，有個大概印象即可，用時再細學。有心理學家認為：「就一般情況而論，多數人都是等到開始工作的時候，才到處請教學習。」講的也是這個道理。

直逼目標雖然是把握機遇、創造機遇的好方法，但也要運用得當。對準創造目標並不意味著沒有一點知識也可以進入創造狀態，而是指只有在階段時間內集中精力掌握某一領域所必備的知識，才能較快地取得成功。

第二章　突破自我，培養迎難而上的勇氣

## 不妨試一試

　　一個人懷抱的信念，絕對可以影響他的人生。我們來到這個世上，最怕喪失的就是勇氣，一種面臨機遇時勇於試一試的勇氣。如果喪失了勇氣，那就喪失了人生許多美麗的風光和機遇。

　　從前，有個國王老了，便想從幾個出眾的兒子中挑選一個繼承王位。他暗中囑咐一位大臣親自帶兵到城外通往關隘的一條官道上設了特殊的路障。然後把幾個最有希望的兒子叫來，交代他們火速出城到關隘送一封急信。

　　幾天後，幾個王子都高高興興地回來了。國王便問他們走的是那條道，怎麼走的。有的王子說自己見官道上被巨大的岩石堵塞了，便繞小道跑到關隘送了信；有的說自己如何奮勇地從巨大的岩石上爬了過去，只有最後出發的小王子說他輕輕鬆鬆地就從官道上走了過去。

　　老國王問小王子：「難道沒有岩石擋住你的去路？」

　　小王子說：「有啊！但我用力一推，它就翻滾到旁邊的深崖下了。」

　　「那麼大的岩石，你怎麼會想到用手去推它呢？」

　　「我只不過試一試罷了。」

　　後來，這個小王子就繼承了王位。

　　人生中，許多的障礙似乎很嚇人，彷彿此路不通，但是，只要你有勇氣試一試搬掉它，它就乖乖地滾到一邊去了。可惜，還是有無數的人，在這種時候依然沒有試一試，結果就繞著道躲著機會走上了平庸之路。

　　有個朋友，原先在一家公司上班，後來被開除了。他對這個倒沒有什麼想不開的，知道這個半死不活的公司再待下去也是沒有多大出息，於是他決定自己創業了。

起初,他計劃開一個餐廳。他覺得自己家鄉的風味小吃一定能在這個城市裡出名。他徵求了一位朋友的意見,朋友大吃一驚地告訴他:你也不到街上看看,關門的餐廳有多少,可不要賠了血本啊!他回來想了一個晚上,還是覺得朋友說得對,就放棄了開餐廳的念頭。

第二天,他來到街上,走進服裝批發市場,看到那裡挺熱鬧的,便找著一個熟人,想問問行情和買賣怎麼樣,果然有賺頭,心中一動,回家趕忙跟老婆商量。老婆也拿不準主意,就打了個電話,把岳父請到家裡商量這個事。他們覺得岳父在商場做了一輩子,應該清楚這件事。誰知岳父聽了女婿的打算卻連連搖頭:還是不要冒險比較好,雖然目前有利潤,但是你剛開始經商,一個不小心,就栽得起不來了。

就這樣,半年過去了,這個朋友打了許多念頭,最後都沒有實行,整天還是沒事做,心裡自然喪氣,似乎天底下他就是最無用的人了。

最後,他灰溜溜地去拜訪一個老同學,希望在他的公司下混碗飯吃。那位董事長看著自己的老同學落魄到這個地步,連忙答應。不過,老同學同時還給了他一個關係到他命運的忠告:「老同學,你缺少的不是聰明才智,而是一種信念,一種試一試的勇氣。我敢說,如果你勇於一試,將來的成就,絕對不在我之下。」

後來,他在這位老同學的幫助下,創辦了一個自己的小公司,專門經銷一種建築上用的材料。由於盡心竭力地經營,居然在短短的三年時光裡,不僅還清了所有的債務,而且還讓自己的公司走上了產供銷一條龍的規模,企業效益連年上升,到如今已經是千萬富翁了。

一個人懷抱的信念,絕對可以影響他的人生。我們來到這個世上,最害怕喪失的就是勇氣,一種面臨機遇時勇於試一試的勇氣。如果喪失了勇氣,那就喪失了人生許多美麗的風光和機遇。

第二章 突破自我，培養迎難而上的勇氣

## 開始你的表現吧

如果你不想做一個庸人，不想做一個被別人輕視、歧視、壓迫的人，不想做一個對家庭、對社會都是累贅的人，那麼，你就應該確立發展目標，制定達到這些目標的計畫，用實際行動來保證計畫的完成，目標的實現。

19世紀英國生物學家赫胥黎說：「人生偉業的建立，不在於能知，乃在於行動。」沒有行動，一切目標、計畫都將落空，成功也就無從談起。老子在《道德經》中說：「合抱之木，生於毫末；九層之臺，起於壘土；千里之行，始於足下。」可見行動是完成計畫、奔向目標、獲得成功的保證。

什麼是行動的保證呢？行動主要靠自己來保證，任何外界的壓力只是暫時的。與人的自覺行動相關的因素主要有以下幾方面：一是興趣，包括直接興趣和間接興趣；二是習慣；三是意志，它是人的理想、信念、情感、需要的合金，堅強持久的意志便是毅力。興趣、習慣和意志三者往往是綜合發揮作用的。多數情況是從間接興趣出發，比如，有些人對學習本身不感興趣，但對考大學、獲得大學學歷感興趣。因此，也投身於學習，久而久之便養成了愛學習的習慣。當學習太苦太累時，當學習令人感到枯燥厭倦時，當學習壓力大產生畏難情緒時，當學習成績不好、自信心不足時，當心境不好、情緒波動無心學習時，都需要意志力。

為了保證自己的行動有益有效，有始有終，應注意以下三點：

邁出第一步。凡事開頭難，邁出第一步便是行動的開始。眼是懶人，手是好漢，一些看似很難的事，真正做起來就不那麼難了。因此，

邁出第一步很重要。美國的希爾（Napoleon Hill）博士在他所著的《人人都能成功》一書中寫了這樣一個故事：63歲的菲莉皮亞夫人，決定從紐約市步行到佛羅里達州的邁阿密市去，當她到達邁阿密時，記者問她是如何鼓起勇氣徒步旅行的？她回答說：「走一步路是不需要勇氣的，我就是邁出一步，再邁一步，不停地邁，就到這裡了。」在這段故事中，從紐約徒步到邁阿密是菲莉皮亞夫人的目標，一步接一步地走是她的計畫，然後邁出第一步，再邁第二步、第三步……這就是她的行動。如果她不去「邁步」，她就永遠也不能到達邁阿密。

立即行動。許多人有一種惰性，做什麼事情缺乏一種只爭朝夕的精神。結果是「明日復明日，明日何其多！我生待明日，萬事成蹉跎。」為了克服這種惰性，做事情應該雷厲風行，凡是看準了的事就立即行動。同學們一定都熟悉並敬佩美國那位使黑奴獲得解放的林肯總統，你可知道他怎麼雷厲風行做事的嗎？青年時期的林肯，在和別人合夥開店時意外地從廢物堆裡撿到一部《足本法律評註》，讀完這本書以後，林肯受到了啟發，他確立了目標——當一名律師。為此，他穿越草原，到20英哩（1英哩≈1.6公里）外的春田鎮向一位律師借閱其他法律書籍。他刻苦鑽研，心無旁騖。白天，他在小店的榆樹下看書；晚上，他用廢料點燈，在店裡讀書。無論何時何地，他的手中或腋下總有一本法律書籍。有一天，有人對林肯說：「若想在政界和法律界發跡，非懂文法不可。」林肯便立即詢問到哪裡去借這類書。當他聽說6英哩外的農夫約翰·凡斯有一本《科克罕文法》之後，便立刻戴上帽子去借書。就是靠這種立即行動，林肯很快成為一名出色的律師。

雷打不動。人的行動容易受主客觀因素的干擾，或中斷、或放棄，造成前功盡棄。要使目標能得以實現，必須確保自己的行動雷打不動，天天如此。古人云：「苟有恆，何須三更睡五更起；最無益，莫過一日曝

## 第二章　突破自我，培養迎難而上的勇氣

十日寒。」齊白石畫的蝦，栩栩如生，清潤透明。他曾說：「余之畫蝦已經數變，初只略似，一變逼真，再變色分深淺，此三變也……幾十年才得其神。」正是雷打不動的行動準則才造就了他那爐火純青的畫藝。齊白石替自己定的規矩是每天作一幅畫。在他過 90 歲生日的時候，因為客人多，沒有騰出時間作畫，就第二天多畫一幅補上。

如果你不想做一個庸人，不想做一個被別人輕視、歧視、壓迫的人，不想做一個對家庭、對社會都是累贅的人，那麼，你就應該替自己確立發展目標，制定達到這些目標的計畫，並且用實際行動來保證計畫的完成，目標的實現。

# 第三章
## 提升自我,掌握化解難題的智慧

第三章　提升自我，掌握化解難題的智慧

# 提高自己的辦事能力

　　「磨刀不誤砍柴工」是我們每個人都知道的一句諺語。這裡所說的「磨刀」就是修練自己各方面的功力，提高辦事能力和效率。

　　一個人的能力有大小，辦事效率有高低。對大多數人來講，最頭痛的問題就是──自己缺乏能力，想多做事，但常常是力不從心，半途而廢。怎麼解決這個問題呢？首先必須提高自己的能力，把所有的時間和精力都投入到自己的專項上。結果會怎樣？結果你會發現自己突然強大起來了，做成了自己想做的事。這就是「多努力一點」的成事之道。

## 多努力一點，提高自己的辦事能力

在長年累月的勞動下，一名挖沙工人萌發了必須要成就自己的人生事業的欲望——想成為研究南非樹蛙的專家。按照哈特葛倫所受的教育，本來他不具備這方面的才能，但他從 1969 年開始，就把大部分時間和精力用在了研究的專項上。他每天都收集 150 個標本，共做了大約 300 萬字的筆記，終於找到了南非樹蛙的生活規律，並從這些蛙類身上提取了世界上極為罕見的一種能預防皮膚傷病的藥物，從而一舉成名，獲得了哈佛大學的博士學位，並成為美國《時代》週刊的封面人物。他曾經問過一位年輕人是否了解南非樹蛙，年輕人坦白地說，不知道。

博士誠懇地說：「如果你想知道，你可以每天花 5 分鐘的時間閱讀相關資料，這樣，5 年內你就會成為最懂南非樹蛙的人，成為這一領域中最具權威的人。」

年輕人當時不置可否，但他後來卻常常想起博士的這番話，覺得這番話真的道出了許多人生哲理。這位年輕人開始像博士一樣把時間和精力投入到自己的專項上，終於成就了一番大事業。他的名字叫伍迪·艾倫（Woody Allen）。

我們大多數人都不願意每天投資 5 分鐘的時間（與 5 個小時的時間相比實在是少之又少），努力成為自己理想中的人。

伍迪·艾倫說過：「生活中 90％ 的時間只是在混日子。大多數人的生活層次只停留在為吃飯而吃、為搭公車而搭、為工作而工作、為回家而回家。他們從一個地方逛到另一個地方，事情做完一件又一件，好像做了很多事，但卻很少有時間去追求自己真正想要達成的目標。就這樣，一直到老死。估計很多人臨到退休時，才發現自己虛度了大半生，剩餘

## 第三章 提升自我，掌握化解難題的智慧

的日子又在病痛中一點一滴地流逝。想要成就自己的事業，這樣做是絕對不行的，必須把時間和精力投入到專項上，你就能非同尋常。」

成大事者與未成事者之間的差距，並非如大多數人想像是一道巨大的鴻溝。成大事者與不成大事者的區別在於一些小小的行動上：每天花 5 分鐘閱讀、多打一個電話、多努力一點、表演上多費一點心思、多做一些研究，或在實驗室中多實驗一次。

這就是說，比別人多努力一點，你就擁有更多的成功機會。兩個同齡的年輕人同時受僱於一家店鋪，並且拿同樣的薪水。可是叫阿諾德的小夥子青雲直上，而那個叫布魯諾的小夥子卻仍在原地踏步。布魯諾很不滿意老闆的不公正待遇，終於有一天他到老闆那裡發牢騷了。老闆一邊耐心地聽著他的抱怨，一邊在心裡盤算著怎樣向他解釋清楚他與阿諾德之間的差別。「布魯諾先生，」老闆開口說話了，「您今早到集市上去一下，看看今天早上有什麼賣的。」布魯諾從集市上回來向老闆彙報：「今早集市上只有一個農民拉了一車馬鈴薯在賣。」

「有多少？」老闆問。

布魯諾趕快戴上帽子又跑到集市上，然後回來告訴老闆一共有 40 袋馬鈴薯。

「價格是多少？」

布魯諾又第三次跑到集市上問來了價錢。

「好吧，」老闆對他說，「現在請您坐到這把椅子上，一句話也不要說，看看別人怎麼說。」

阿諾德很快就從集市上回來了，並彙報說到現在為止只有一個農民在賣馬鈴薯，一共 40 袋，價格是多少，馬鈴薯品質很不錯，他還帶回來一個讓老闆看看。這個農民一個小時以後還弄來了幾箱番茄，據他看價

格非常公道。昨天他們店裡的番茄賣得很快。庫存已經不多了。他想，這麼便宜的番茄老闆肯定會進一些的，所以他不僅帶回了一個番茄作樣品，而且把那個農民也帶來了，他現在正在外面等回話呢。

此時老闆轉向布魯諾，說：「現在您肯定知道為什麼阿諾德的薪水比您高了吧？」

布魯諾跑了三趟，才在老闆的不斷提示下，了解了菜市場的部分情況；而阿諾德僅一趟，就掌握了老闆需要和可能需要的資訊。現實生活中也有不少人像布魯諾那樣，上司吩咐什麼就做什麼，自己從不用腦，結果長期不被重用，還感嘆命運的不公。而像阿諾德那樣辦事高效、靈活的人，不僅能圓滿地完成主管交代的任務，還能主動提供參考意見和盡可能多的資訊給主管。自然會得到主管的賞識和青睞。

在辦任何一件事情時，你必須與自己做比較，看看明天有沒有比今天更進步──即使只有一點點。

只要再多一點能力；

只要再多一點敏捷；

只要再多一點準備；

只要再多一點注意；

只要再多培養一點精力；

只要再多一點創造力。

一般只有遇到實際狀況後，才能分辨你的能力是不是足以勝任一份工作。如果你是一個外科醫生，動手術時卻手腳笨拙，說明你醫術不佳；如果你是一個廚師，只有在你準備了一頓餐點讓人品嚐後，人們才會曉得你的廚藝高不高明。

## 第三章　提升自我，掌握化解難題的智慧

評斷你能力的最佳裁判不是你的老師、消費者或你的朋友——而是你自己！

在行動之前你自己就知道你是否能勝任這一個任務。你可以想盡辦法掩飾你的無能，並祈禱沒有人會發現你知道得很少、動作多麼不熟練。但終究你還是得面對自己的無能。也必須自己想辦法修正。

沒有任何藉口可以解釋你為什麼長時間仍然無法勝任一項工作。第一天你可能什麼都不知道，第二天你應該懂點什麼。第一次嘗試一份工作，你可能沒辦法表現得很完美，但經過一兩天的練習。你應該要比第一天做得更好。這樣堅持下去，你就會成為專家，離成事的時間不遠了。

怎樣才能「盡快」在本行中成為「專家」呢？以下幾點可供參考：

(1) 選定你的行業——你可以根據所學來選，如果你沒有機會「學以致用」、「學非所用」也沒有關係，很多有成就的人所取得的成就與其在學校學的並沒有太大關係。不過，與其根據學業來選，不如根據興趣來定。而不管根據什麼來選，甚至隨緣也好，一旦選定了一個行業，最好不要輕易轉行，因為這樣會讓你中斷學習，降低效果。每一行都有苦和樂，因此你不必想得太多，關鍵是要把精力放在你的工作之上。

(2) 勤奮苦學——行業選定後，接下來要像海綿一樣，廣泛攝取、拚命吸收行業中的各種知識。你可以向同事、主管、前輩請教，加班不算錢也沒關係，這也是一種學習。另外還可以蒐集各種報紙、雜誌的資訊，此外，專業進修班、講座、研討會也可參加。也就是說，要在你所做的這一行業中全方位地深入發展。

(3) 制定目標——你可以把自己的學習分成好幾個階段，並限定在一定的時間內完成學習。這是一種壓迫式的學習方法，可逼迫自己向前

> 多努力一點，提高自己的辦事能力

進步，也可以改變自己的習性，訓練自己的意志，效果相當好！然而，你不必急於「功成名就」，但一段時間之後，假若你學有所成。你可以開始展現自己學習的成果，並在自己的工作中表現出來，從而引起他人的注意。當你成為專家後，你的身分必會水漲船高，也用不著你去自抬身價，這便是你「賺大錢」的基本條件。因為你不一定能當老闆，但有了「專家」的身分，人人都會看重你，過個日子總是不成問題的！

　　不過，成了「專家」之後，你還必須注意時代發展的潮流，並不斷提高自我，否則，你也會像其他人一樣原地踏步，「專家」之色也會褪掉。

## 第三章　提升自我，掌握化解難題的智慧

# 別找任何藉口

　　一個人要成就事業，必須毫不留情，不找任何藉口，而要像獵豹一樣盯住獵物——唯一的目的就是擒住它。看一看我們周圍，總有一些人在做事之前，先找藉口，不能做這，也不能做那，實際上就是不能做自己。的確，在做事的過程中，有些人因各種藉口造成的負面心態，就像瘟疫一樣毒害著他們的靈魂，並且互相感染和影響，極大地阻礙著他們正常潛能的發揮，使許多人未老先衰，喪失鬥志，消極處世。對於這些人來說，藉口已經「吃掉」了他們做事的希望。

　　阿春和阿軍曾是同學，不久前，兩人在街上偶遇，十幾年未見面，大家都頗為感慨，於是親切地聊起來。然而，在談到未來打算時，阿軍竟說自己已經「老」了，「現在只是為了孩子賺錢，還有十幾年就要退休養老了，沒有其他想法了」。阿春卻興奮地講了一大串的計畫設想。

　　阿軍他才三十五、六歲，怎麼就等待退休養老呢？怪不得我們這個社會有那麼多失敗者，他們不努力去追求成功，卻隨意找藉口，迎接和等待人生的失敗。

　　阿軍在年輕時是一個聰明的人，家境也不錯，父親是公務員，母親也有工作，在當年可是一個讓人羨慕的家庭。他現在在公司當職員，當過兵，老婆在公家機關工作，他們有一個小孩在讀小學。按理說，他現在最具有條件去設立某個目標，努力攀登。遺憾的是，他竟然放棄了一切追求。年齡的藉口顯露了他失敗的心態。

　　三十五、六歲是最有作為、精力最旺盛的時候。因為這個時候，人們因吸收廣泛的生活養分而比較成熟，比較容易了解和掌握自己。許多成功者，大都是在 30～60 歲的年齡階段完成的。

據拿破崙·希爾（Napoleon Hill）針對 2,500 人進行分析，反映出很少有人在 40 歲以前取得事業上的成功。美國著名的汽車大王福特（Henry Ford），40 歲還沒有邁出成功的重要步伐。美國鋼鐵大王安德魯·卡內基（Andrew Carnegie）在取得巨大成就之時，已過 40 歲。希爾本人出版第一本成功學著作時已是 45 歲，之後他為成功事業還工作奮鬥了 42 年，當他 80 歲的時候還在出書。

當然，現代社會發展比較迅速，40 歲之前成功的例子已比比皆是（這也說明「我還年輕」的藉口同樣站不住腳）。由於各人的條件、目標、成功的內容和起始點不同，40 歲以後成功的例子也仍然相當普遍。

年齡，絕不能成為不成功的藉口。

「我沒有受過良好的教育」、「我沒有文憑」，這是不少人常用的藉口。事實上，學習知識的途徑有許多種，教育僅僅是千百萬條求知途徑中的一種。其實，從學校的書本上學東西，常常有很大的局限性。真正的教育來自社會大學和自學。

我們來看看一些成功人物的教育與文憑情況：美國鋼鐵大王安德魯·卡內基，13 歲開始工作，幾乎沒接受什麼正規教育；美國石油大王洛克斐勒（Rockefeller），高中輟學；日本「經營之神」松下幸之助，小學四年級的學歷；香港富商李嘉誠，國中二年級的學歷。這些成功者的知識與能力全靠自學而來。

受到良好的學校教育，當然對成功有幫助（可惜的是，有無數受到良好教育，獲得高等學歷文憑的人同樣無所作為），沒有受到良好的學校教育的人，只要願意，自學永遠不晚。現在越來越多的成人教育和職業培訓，為自學成材的人提供了廣闊的天地。

「我沒有資金，所以我不能成功……」事實是，有資金可以幫助我們

## 第三章　提升自我，掌握化解難題的智慧

成功，但沒有資金，只要想辦法同樣可以創業賺錢，同樣可以成功。當代千萬富翁、億萬富翁，幾乎全是白手起家。國外白手起家的富翁也到處可見。其實，資金來源途徑很多：積少成多，大雪球是從小雪球滾成的；向親朋好友借錢集資；尋找一個能生財的門路；抓住機會找銀行貸款；找有錢人和個人合夥；集資入股──許多做大生意的人，都不是靠個人的資金，而是充分利用了銀行和社會的閒散資金。

失敗者大都喜歡找藉口，成功者卻大都拒絕找藉口，向一切可以作為藉口的原因或困難挑戰。富蘭克林‧羅斯福（Franklin Delano Roosevelt）因患小兒麻痺症而下身癱瘓，他是最有資格找藉口的。可是他從來不找任何藉口，而是以信心、勇氣和頑強的意志向一切困難挑戰，居然衝破美國傳統束縛，連任四屆美國總統。他以病殘之軀在美國歷史上，也在人類歷史上寫下了光輝燦爛的成功篇章。

此外，還有「運氣」藉口、「健康」藉口、「出身」藉口、「人際關係」藉口等等。拿破崙‧希爾在他的《思考致富》裡將一位個性分析專家編的藉口表列出來，居然有 50 多個。拿破崙‧希爾說：「找藉口解釋失敗全是人類的習慣。這個習慣與人類歷史一樣源遠流長，但對成功卻是致命的破壞。」

然而，正像任何傳染病都可以治療一樣，「藉口症」這種做事的心態也是可以想辦法克服的。辦法之一就是用事實將藉口一一駁倒。使它沒有顏面、沒有理由在我們心中立足，從而為我們做成事情打開成功的通道。

# 戰勝自卑心理

　　凡是做不成事情的人，心中都有自卑感。這種人在無心無力做一件有挑戰性的事情時，常用的藉口是：「唉，我能力太差！」這種人無法擺脫自卑的「糾纏」，也根本無法實現自己的理想。而成大事者。首先要做的一項工作就是拒絕與自卑糾纏，一腳把自卑踩得粉碎。我們可以稱之為「戰勝自卑法」。做不到這一點，即使你是神仙。也會終身平庸。

　　有句話說：「天下無人不自卑。無論聖人賢士，富豪王者，抑或貧農寒士，販夫走卒，在孩提時代的潛意識裡，都是充滿自卑感的。」但你若想成大事，就必須戰勝自卑感。

　　一個人自卑的特點是感覺己不如人，低人一等，輕視、懷疑自己的力量和能力。而這正是成大事者最蔑視的！那麼如何在成大事的過程中，拒絕自卑心理的糾纏呢？

　　自卑作為一種負面的心理狀態，人人都或多或少有些。輕微的自卑心理很容易超越，它可以很容易地昇華為人的一種良好品格：謙虛謹慎，不驕不躁，從而轉化為一種進取的動力。

　　但能做到這點的人不多，大多數自卑者都碌碌無為。自卑心理重者更是如此。

　　自卑心理較重的人，大致有以下三條出路：

　　一是消極認命，讓自卑的感覺化為現實：承認並接受自己的確不如別人，相信自己沒有能力。持這種負面態度的人，容易放棄個人的努力與奮鬥，聽任命運的擺布，以各種藉口自欺欺人，為自己的失敗辯護。

　　二是自暴自棄，侵犯他人，危害社會。這種人看不到一點光明前

## 第三章　提升自我，掌握化解難題的智慧

途，便鋌而走險，以錯誤的方式去補償自己的自卑心理。這種與他人為敵的反社會行為最終必以更大的失敗而收場，許多罪犯都是因為自卑心理很重而選錯道路的。

三是發憤圖強，超越自卑。承認自卑的感覺，絕不讓這種感覺成為控制自己的事實。與其為自卑而悲觀喪氣，庸碌一生，不如化自卑的弱點為奮鬥的力量，扼住命運的咽喉，打拚一生，爭取成功。一旦有幾個小成功的紀錄，自卑就可以逐漸被超越，自信就會建立起來。持這種態度的人，不管原本多麼自卑，必將贏得成功，贏得一個光明的前途。

第三條路是最佳選擇。這是一條從自卑到自信，從失敗到成功，從渺小到偉大的光輝燦爛之路。這條路人人都可以走，只要你相信自己並願意改變自己，你就能走上一條成功大道。

世界上許多成功人物之所以能做成大事，走的就是這條超越自卑的路。事實上，自卑的超越需要動力的昇華。對由挫折、自卑到成功卓越的人士來說，是互相關聯、互相依存的。

羅先生在少年時代曾為自己出身於資本家的家庭而自卑過。

從學生時代起，他就承受被歧視、被批判的屈辱。20歲時，他的父親辭別了人世，母親只好幫人顧孩子、洗衣服以維持生活，母親被迫做這種低賤的工作，使敏感的他深深感覺到人生的恥辱；25歲時，他被分配到一家小工廠工作，「師傅」竟譏笑他：「會讀書有什麼用，還不是在我這個不會讀書的人底下當學徒？」

命運的不公、屈辱和刻薄，使他深感難以擺脫的自卑。一次，他在長江邊徘徊，一待就是一天。他真想往長江中一跳，以死來解脫這折磨人的「自卑」與屈辱。

正是這個自卑得不想活的年輕人，開始尋找人生的新道路。當他40

歲時，他從頭開始，學習經商，不畏失敗挫折，頑強奮鬥十多年，終於成為億萬富翁。

從自卑中超越走向成功的例子，在世界知名人物中比比皆是。法國偉大的啟蒙思想家、文學家盧梭，曾為自己出身孤兒，從小流落街頭而自卑；存在主義大師、作家沙特，兩歲喪父，左眼斜視，右眼失明，失去親情與身體的殘疾使他產生了極重的自卑；法國第一帝國皇帝、政治家、軍事家拿破崙年輕時曾為自己的矮小和家庭的貧困而自卑；美國英雄總統林肯出身農莊，9歲失母，只受過教育一年就下田勞動，林肯曾深深為自己的身世而自卑；日本著名企業家松下幸之助，9歲輟學謀生，11歲亡父。自卑一直是他們前進的動力。正因為戰勝了自卑，他們才有了最後的成功。

獲諾貝爾化學獎的法國科學家維克多·格林尼亞（Victor Grignard）卻是從另一種自卑走向成功的。格林尼亞出生於一個千萬富翁之家，從小過著優裕的生活，養成了遊手好閒、裝闊逞強、盛氣凌人的放蕩公子惡習。仗著自己長相英俊，揮金如土，任意地玩弄女人，直到遭到一次重大打擊。一次午宴上，他對一位從巴黎來的美貌女伯爵一見傾心，像見了其他漂亮女人一樣追上前去。此時，他只聽到一句冷冰冰的話：「請站遠一點，我最討厭被花花公子擋住視線！」女伯爵的冷漠和譏諷，第一次使他在眾人面前羞愧難當。突然間，他發現自己是那樣渺小，那樣被人厭棄，一種油然而生的自卑感使他感到無地自容。

他滿懷恥辱地離開了家庭，隻身一人來到里昂，在那裡他隱姓埋名，一心求學，進入里昂大學插班就讀，並謝絕一切社交活動，整天泡在圖書館和實驗室裡。他的鑽研精神贏得了有機化學權威的器重。在名師的指點和他自己長期的努力下，他發明了「格式試劑」，發表了200多篇學術論文，被瑞典皇家科學院授予1912年度諾貝爾獎。

| 第三章　提升自我，掌握化解難題的智慧

　　受自卑心理折磨的朋友，請你好好想想上面這些傑出人物的例子。諸如此類的例子還有很多，自卑如能被超越，便成了我們成功做事的本錢。

　　只要改變心態，將自卑變為前進的動力，就能走向成功和卓越。戰勝自卑的心態，其實就是戰勝一種喪失信心的自我。喪失自信通常可分為兩種情形：一種是前面所說暫時性喪失信心，一種則是從小養成的根深蒂固的自卑感。自卑感並非無法克服。就怕你不去克服。綜觀世上，許多成功者都是在克服了自己的自卑後走向成功的。他們可以，你也可以。

　　譬如，你在與比你強的人相處時總覺得自己矮半截而坐立不安，這便是自卑心理所造成。若不設法克服，這種想法會經常替你帶來困擾。

　　曾經有一位業務員，他在開始從事這份工作之前，也常為自卑感到苦惱。每當他站在某位大人物面前，就會變得局促不安，結結巴巴地不知道在說什麼。但最後他終於利用下面的方法克服了這種困難。

　　他在開始從事推銷工作之初，非常膽怯，雖然對方親切地款待他，但他總覺得站在人家面前自己變得很渺小。他透露當時的心情：「在那些人面前，我覺得自己好像是個小孩。由於自卑心理作祟，當時我腦袋裡一片空白，原已演練多遍的推銷辭令變成亂無章法的喃喃自語。坐在大人物面前，我只覺得自己不斷地縮小，他們一個個都變成了可怕的巨人！」

　　「但這種現象我沒讓它持續下去，因為我警覺到如果不想辦法扭轉逆勢，這種工作再做下去也沒什麼意思。而且那時候我也快被自卑感逼至崩潰邊緣，但我又一想，把大人物看成是小孩子又會是什麼情況？」

　　「從我開始有了這種想法，便開始嘗試，沒想到效果出奇地好。當

然，他們並不是真正變成了小孩子，只是在我眼裡他們都成了十四、五歲的毛頭小夥子。不過，事情真的是有所轉變，他們都像朋友一般。說起話來非常自然。我也一樣，自從能站在平等立場與他們交談之後，我的心情就變得輕鬆自然多了。從此之後，我的觀念就有了180度的大轉變，自卑感也不見了！」

自卑是自信的俘虜，當你樹立了自信之後，自卑也就自然而然地煙消雲散了。你若想在自己內心建立起自信心，就應該像清掃街道一樣。首先將相當於街道最潮溼角落的自卑感清除乾淨，然後再樹立信心，並加以鞏固。如果信心得以樹立，則新的工作機會就會伴隨而來。

在樹立信心的過程上，首先你應觀察自己的自卑感相當於前面所提到的哪一種，找到相似之處，便應馬上溯其根源。你發現原來自己的自我主義、膽怯心、憂慮及自認比不上他人的感覺小時候就已存在，而自己和家人、同學、朋友之間的摩擦即為這些否定感覺充塞敏感之心所導致。

若對此能有所了解，你就等於踏出了克服自卑感的第一步。為了證明你不再是孩子，你若能將小時候不愉快的記憶從內心消除，即表示你又向前邁進了一步。

成長需要經歷一個過程，在掃除自卑障礙的同時，你不妨將自己的興趣、嗜好、才能、專長全部列在紙上，這樣你就可以清楚地看到自己所擁有的東西。另外，你也可以將做過的事製成一覽表。譬如，你會寫文章，記下來；你善於談判，記下來；另外，你會打字，你會彈奏幾種樂器，你會修理機器等，你都可以記下來，知道自己會做哪些事，再去和同年齡的人做比較，你便能了解自己的能力程度。

世界是多彩的，生活面臨著一個又一個挑戰。你願意在家當懦夫，

## 第三章　提升自我，掌握化解難題的智慧

還是希望出去闖一闖呢？當然你希望自己能出去闖。有計畫地闖！想想看，做好一件工作時，你便能獲得進一步的信心，同時又可為自己帶來物質上的報酬，獲得別人的讚美，進而得到心理上的滿足。這些連續美好的反應，難道不值得你去闖嗎？此外，這些反應也成為你走向成功的動力，使你爬得更高、看得更遠，徹底發揮所長，並做成自己想要做的事情。

建議你不妨利用以下所提供的方法開始消除自卑，以便成就己事。

1. 正確地了解自卑感的利與弊。有的人把自卑心理看作是一種有弊無利的不治之症，因而感到悲觀絕望，自暴自棄。這是一種不正確的認知，它不僅不利於自卑者的前途，反而會加重自卑心理。其實，比起狂妄自大的人，自卑者更加討人喜歡。因為，自卑的人都很謙虛，善於體諒人，不會與人爭名奪利，安分隨和，善於思考，做事小心謹慎，穩妥細緻，重感情，重友誼。自卑者應當充分利用這一有利位置，增加生活的勇氣和信心。還應了解到，若克服了心理上的這種障礙，自己將更有前途。

2. 正確地評價自己。不僅要看到自己的短處，也要客觀看到自己的長處；既要看到自己不如人之處，也要看到自己的過人之處。俗話說，「比上不足，比下有餘」。任何人都有缺點和不足，只要能想方設法克服缺點和不足就行。這樣就可以增強自信心，減輕心理壓力，扔掉包袱輕裝上陣。

3. 正確地表現自己。有自卑感的人不妨多做一些力所能及的事情，並竭盡全力爭取成功。成功後，及時鼓勵自己：「別人能做到的事，我也做到了！」當面對某種情況感到信心不足時，可以用「豁出去」的自我暗示來放鬆心理壓力，反倒能夠充分發揮自己的潛力，獲得成功。

4. 正確地補償自己。為了克服自卑感，可採取以下補償途徑：以勤補拙。知道自己在某些方面趕不上別人，就不要背包袱，而應以最大的決心和頑強的毅力，勤奮努力，多下苦功。
5. 正確地對待挫折。遭受挫折和打擊，這是人人難免的。但人的承受能力不同。性格外向的人過後即忘，性格內向的人容易陷入其中。這時就應當注意凡事不要期望過高，要善於自我滿足，知足常樂。無論學習或工作，目標不要定得太高太死，不然就容易受挫折。

第三章　提升自我，掌握化解難題的智慧

## 學會承受壓力

　　一個人要想做成自己的事。必須面臨競爭壓力的考驗，因為這是一個競爭的社會，無論在競爭中獲得成功還是遭受失敗，人人都要承受壓力。現實生活之中，誰也逃脫不了這種壓力。欲成大事者，因目標高遠，壓力可能會更大。但若欲成大事，就必須能承受這種壓力，把壓力當成推進人生的動力。這就是說，壓力最能反映你做事能力的強弱。我們可以把這種成事之道歸結為「推動法」。

　　林肯在進入美國政壇之前，不過是小鎮上一個微不足道的律師。在他最初爭取國會議員候選人提名時，他的政敵因他不屬於任何教會而指責他為異教徒。又因為他與高傲的陶德和愛德華家庭聯姻而罵他是財閥和貴族的工具。這些罪名儘管可笑，卻足以替林肯的前途帶來傷害。結果，林肯落選了。這是他政治生涯中所遭遇的第一次逆流。

　　兩年後，林肯和許多自由黨人一起，在國會中大膽發言，譴責總統發動一起「掠奪和謀殺的戰爭，搶劫和不光榮的戰爭」，宣布上帝已「忘了照顧無辜的弱者，容許凶手、強盜和來自地獄的惡魔肆意屠殺男人、女人和小孩，使這塊正義之土飽受摧殘」。

　　林肯是個默默無聞的議員，政府將這篇演說置之不理，可是它在春田鎮卻掀起了一陣颶風。伊利諾州有 6,000 人從軍，他們相信自己是為神聖的自由而戰。如今，他們選出的代表竟在國會中說這些軍人是地獄來的惡魔，是凶手。激憤的軍人公開集會，指責林肯卑賤、怯懦、不顧廉恥。

　　聚會時，大家一致決議，宣稱他們從未見過「林肯所做的這些丟臉的事」，「對勇敢的生還者和光榮的殉國者濫加惡名只會激起每一位正直

的伊利諾人的憤慨。」

這股恨意鬱積了十幾年,直到 13 年後,林肯當選總統時,還有人使用這些話來攻擊他。

林肯對合夥的律師說:「我等於是政治自殺。」此刻,他怕返鄉面對選民。他想謀求「土地局委員」之職以便留在華盛頓,卻未能成功;他想叫人提名他為「奧勒岡州州長」,指望在該州加入聯邦時可以成為首任參議員,不過這件事也失敗了。

於是他又回到了春田鎮那間髒兮兮的律師事務所,再度將愛駒「老公鹿」套在搖搖欲墜的小車前頭,駕車巡迴第八司法區。

《林肯傳》中說:

「我們住鄉下小客棧時,通常都共睡一張床。床鋪總是短得不適合林肯的身長,因此他的腳就懸在床尾板外頭,露出了一小截脛骨。即使如此,他仍然把蠟燭放在床頭的一張椅子上,連續看好幾個小時的書。我和同室的另外幾個人早就睡熟了,他還以這種姿勢苦讀到凌晨 2 點鐘。每次出巡,他都這樣手不釋卷地研究。後來,6 冊歐氏幾何學中的所有定理,他都能輕輕鬆鬆地加以證明。」

「幾何學讀通之後,他研究代數,接著又讀天文學,後來甚至寫了一篇談語言發展的演講稿。不過,他最感興趣的仍是莎翁名作。他養成的文學嗜好依然存在。」

度過辛酸的 6 年之後,突然發生了一件事,改變了林肯一生的方向,也使他開始往「白宮」出發。

的確,假如林肯面對暫時的挫折、失敗就不再前行,不再奮鬥,那麼他只能是一個微不足道的小律師,而不可能成為美國歷史上偉大的總統。

## 第三章　提升自我，掌握化解難題的智慧

　　奇蹟多是在厄運中出現的。許多事在順利的情況下做不成，而在受挫折後，在經受悲痛的「浸染」後，卻能做得更完美、更理想。壓力能使人產生奇異的力量。人們最出色的工作往往是在處於逆境的情況下完成的。思想上的壓力，甚至肉體上的痛苦都可能成為精神的興奮劑。

　　壓力，為人創造了值得思考思索的機會，使人盡快成熟起來。木以繩直，金以淬剛。世上成大事的人無不是經過艱苦磨練的。艱難的環境一般是會使人沉沒下去的，但是在試圖成大事的人眼裡，困難終會被克服，這就是所謂「艱難困苦，玉成於琢」，即經過艱辛的雕琢，玉可成器。

　　壓力，能使成大事者在思想感情上受到多方撞擊，從中感悟人生的真諦，自覺掌握人生的方向。人要有所為就要有所不為。該做的一定要做好，不該做的堅決不做。人要有所得，就要有所失。該失去的東西就要毫不吝嗇，甚至忍痛割愛。得到並不一定就值得慶幸，失去也不完全是壞事情。能否從容對待、恰當地處理這些問題。就看你的成事之道了。人若是太幸運了，缺乏壓力，就會沉於懶惰。而不知挑戰人生的意義和快樂。對於那些善於成事的大師而言，他們不懼怕壓力，因為壓力會降臨在每個人的頭上；相反地，他們更喜歡「壓力推動法」，在壓力中做大人生局面。

# 走出迷思

　　正面心態與成事是相輔相成的。毫無疑問，一個不想當元帥的士兵，一輩子都是兵卒。這說明，只要你擁有正面的心態，就沒有解決不了的難題，就沒有做不成的事情。仔細觀察比較一下成功者與失敗者的心態，尤其是關鍵時候的心態，我們就會發現「一念之差」導致的驚人的不同。

　　在業務員中，廣泛流傳著這樣的一個故事：兩個歐洲的業務員到非洲去推銷皮鞋。由於炎熱，非洲人向來都是打赤腳。第一個業務員看到非洲人都打赤腳，立刻失望起來。「這些人都打赤腳，怎麼會要我的鞋呢？」於是放棄努力，失敗沮喪而回。另一個業務員看到非洲人都打赤腳，驚喜萬分：「這些人都沒有皮鞋穿，這裡的皮鞋市場大得很呢！」於是他想方設法，引導非洲人購買皮鞋，結果發了大財。

　　這就是因一念之差而導致的天壤之別。同樣是非洲市場，同樣面對打赤腳的非洲人，由於一念之差，一個人灰心失望，不戰而敗；而另一個人信心滿懷，大獲全勝。

　　想要改變失敗的命運，就要改變負面錯誤的心態。永遠記住，一念之差決定做事的成敗。

　　卡內基曾講過一個故事，對我們每個人都有啟發：塞爾瑪陪伴丈夫駐紮在一個沙漠的陸軍基地裡，她丈夫奉命到沙漠裡去演習，她一人留在陸軍的小鐵皮房子裡，天氣熱得受不了──在仙人掌的陰影下也是華氏125度。她沒有人可聊天，只有墨西哥人和印第安人，但他們不會說英語。她太難過了，就寫信給父母，說要丟開一切回家去。她父親的回信只有兩行字，這兩行字卻永遠留在了她心中，完全改變了她的生活：

## 第三章　提升自我，掌握化解難題的智慧

兩個人從牢中的鐵窗望出去，

一個看到泥土，一個卻看到星星。

塞爾瑪一再讀這封信，覺得非常慚愧。她決定要在沙漠中找到星星。

塞爾瑪開始和當地人交朋友，他們的反應使她非常驚奇。她對他們的紡織、陶器表示興趣，他們就把最喜歡，捨不得賣給觀光客的紡織品和陶器送給了她。塞爾瑪研究那些引人入迷的仙人掌和各種沙漠植物，又學習有關土撥鼠的常識。她觀看沙漠日落，還尋找海螺殼，這些海螺殼是幾萬年前當這沙漠還是海洋時留下來的……原本難以忍受的環境變成了令她興奮、流連忘返的奇景。

是什麼使這位女士內心有了這麼大的轉變？

沙漠沒有改變，印第安人也沒有改變，但是這位女士的念頭改變了，心態改變了。一念之差，使她把原先認為惡劣的情況變為一生中最有意義的冒險。她為發現新世界而興奮不已，並為此寫了一本書，以《快樂的城堡》為書名出版了。她從自己造的牢房裡看出去，終於看到了星星。

成功最大的敵人就是我們自己的負面心態。這種心態常常把我們嚇倒。要想成功，必須牢固樹立正面成功的心態，徹底清除和控制負面失敗的心態。

自卑症、藉口症、恐懼症和憂慮症是負面心態的幾種具體表現。其他負面失敗的心態表現在悲觀、壓抑、偏見、固執、僵化、自我意識太強，過分追求十全十美、急躁、不講方法地蠻幹，衝動心理，畏難而退的心理，內疚悔恨，沮喪洩氣，憤怒嫉恨。

這些負面心態常常不請自來，光顧我們的頭腦，像毒菌一樣侵害我們的心靈。如果不加抵制，它們便會迅速繁殖擴散，使我們的整個人生走向失敗。

長期受多種負面心態影響的人，幾乎像得了癌症一樣，從裡到外，都表現出「我不能」、「我不行」、「我不要」等無能的癌症症狀。

我們往往不知道，我們常常是負面心態的受害者。那麼，你可能會問，為什麼會有這麼多負面心態呢？問得好。你還可以進一步問，有沒有對策對付這些負面心態呢？

當我們能較清楚地思考上面兩個問題的時候，負面心態就開始害怕我們了，它要準備逃遁了。只要我們找出造成負面心態的原因，就不難找出對策。有了對策，負面心態就會被我們控制而不是控制我們，就會被我們清除消滅而不是侵害消滅我們。

假如你是負面的人，無心戀戰，無所事事，還有誰能幫助你積極起來呢？樂觀的心態就是從正面看問題，為自己定下做事目標並不停地進取。許多人難以成事，關鍵就在於一念之差，無法讓自己走出負面心態造成的心理迷思，很難以積極主動的態度做自己的事。

### 第三章　提升自我，掌握化解難題的智慧

## 培養你的親和力

　　作為一個人，無論你的性格多麼內向，多麼喜歡獨處，都不可能將自己完全封閉起來，與周圍的一切斷絕任何來往。你總是在不知不覺地與人打著交道，而人們的思想、習俗也在潛移默化地影響著你。假如你一個人獨居，看似不與人接觸，其實不然，房東來收水電費、房租，你勢必要與他們說上兩句。你的食物、衣服、家具，也必須去商場購買，為了爭取貨真價實，物美價廉，還要陪上幾句好話。你若沒有正式公司，必是私營，為了賺錢，你要與許多人來往；你若進公司，就要面對上下級的關係；你若兩者都沒有，也得有人供養你，你要與他相處。總之，能夠完全脫離社會、脫離群體的人是不存在的，也是無法存在的。社會中的絕大多數人，往往願意或喜歡與他人來往，以朋友多而自豪。這種願意或喜歡與他人來往的本能，就是親和力。它是人類普遍具有的渴望與他人親近、和諧相處的心理狀態，是人類最基本的需求，也是最主要的需求。兒童依戀父母，老人眷念兒女，兄弟姐妹相幫相助，人們就是在這種相親相偎的關係中，培養才智，增強力量，戰勝困難，取得成績，最終走完自己的人生旅程。這種親和力，既是使情感歸依的起因，也是激發人際互動的動力，它對平衡人類心理，克服勢單力薄之不足，發揮很好的調節作用。

　　在現實生活中，人們之間總要或多或少，或直接或間接地發生著連繫。獨立自主、自力更生雖然可以解決一部分衣、食、住、行等方面的問題，但更多時還是要依靠他人的幫助。荀子曾說過：「人力不若牛，走不若馬，而牛馬為之用，何也？曰：人能群，彼不能群也。」荀子的這段話，道出了人類在社會中，團結就是力量的真理。人類憑藉親和力，

使自己堅強而有力地屹立在大自然的面前。人的這種求生動機，是親和力的表現之一。

人類在向外界索取自身需求時，將會遭致自然或社會各方面的阻力，單憑個人的力量是難以抵禦外界的干擾或侵害的，此時必須藉助他人的助力，方能求得安全的保護。這種安全意識，在現代社會中顯得尤為重要。當人們沒有多少財富時，希望能夠獲得好的職業或收益，以便生活得更好；當人們有了錢財時，又希望社會各項措施到位，為自己提供財產保護。人們無時無刻不在關注著自身的安全，財產的安全。這種對安全的需求，使人們自願融入群體之中，希望透過集體的力量來戰勝對於不安全的恐懼。人的這種安全動機，是親和力的表現之二。

人類有七情六欲，情感有喜怒哀樂，豐富的感情世界使人類產生歸屬動機。當人們有了喜悅與悲傷，往往急欲找人傾吐，以求得到理解與寬慰，使情感有所寄託。歸屬動機，是親和力的表現之三。

總之，人類的親和力不是單一化的，而是多重的，複雜的，上述三種只是其中的一部分，此外還有社會比較動機、自我實現動機等。人們衡量自己，常常是透過與他人的對比來實現的，這就產生了社會比較。有人工作成績突出，事業蒸蒸日上；有人經濟富裕，生活等級極高，人們自然產生比較心理。比較心理的正面效果是——比事業，工作更加努力；比經濟，生活更有追求。透過與他人的比較，衡量出自己的成就與不足，確立今後的奮鬥目標。社會比較動機的實現，增強了親和力。人們為了展現自己的能力與才華，渴望在群體中尋覓最佳立足點，以獲得他人的首肯與讚許，從而實現自我的價值。這種自我實現動機，敦促人類發展和完善自己，向親和群體進一步邁進。

那麼，親和力義是怎樣產生的呢？心理學家史丹利·沙赫特（Stanley

## 第三章　提升自我，掌握化解難題的智慧

Schachter）曾做過一項實驗，將 5 名自願者分別隔離在 5 間屋子裡，在提供住宿的情況下，使其與外界隔絕。結果堅持時間最短的是 20 分鐘，堅持時間最長的是 8 天 8 夜。他們都感到孤獨。很難受，心理很緊張。這項實驗表明，親和傾向源於人的本能，是人類與生俱來的。人類喜好合群，組織家庭，建立各種社會組織，便是極好的明證。孤獨使他們恐懼，離群使他們害怕，長久的隔離，會使他們的心理狀態變異，成為不正常的人。出於本能，人們相互親近，其目的是為了生存。生存的需求，是親和力產生的條件。

心理學家赫布（Donald Olding Hebb）的「理想水準說」認為，人類的親和傾向是出於目的性目的。人們透過親和，可以達到個人的目的，對自身也是一種報償。暫不論其他，有一點是值得肯定的，人們的親和雖源於本能，但卻是有目的的，人們透過聯合，和自然界、社會鬥爭，為生存創造條件。人與人之間的社交，在付出的同時，也在索取，實際上是進行著時間、金錢、勞動等方面的交換。正是在社會交換的作用下，人類社會才不斷地進步與發展，人與人之間的關係才日益親密合作。

親和力使人類產生巨大的凝聚力。在現實社會生活中發揮著不可估量的影響與作用。人類社會的進步與發展，與人們之間的團結友愛、互相幫助密不可分。就個體而言，親和力加速了一個人的社會化過程，使他從誕生之日起就浸泡在關懷、愛護的親情之中，一點一滴地受到薰染，得到強化與培養。親和力有利於個體的身心健康，減少心理障礙產生的機率。人們社交的範圍越廣，精神生活就越豐富，親和力就越強，心理發展就越平衡。親和力是培養良好個性、求取知識、獲得事業發展必不可少的重要條件，是建立友誼、發展友誼的堅強動力。只要親和力動機純正，就會贏得許多朋友，就會在人生的道路上一帆風順。

## 辦事要有條有理

　　一位商界名家將「做事沒有條理」列為許多公司失敗的一大重要原因。

　　工作沒有條理，同時想把蛋糕做大的人，總會感到手下的人手不夠。他們認為，只要人多，事情就可以辦好了。其實，你所缺少的，不是更多的人，而是使工作更有條理、更有效率。由於你辦事不得當、工作沒有計畫、缺乏條理，因而浪費了大量員工的精力和體力，吃力不討好，最後還是無所成就。

　　沒有條理、做事沒有秩序的人，無論做哪一種事業都沒有功效可言。而有條理、有秩序的人即使才能平庸，他的事業也往往有相當的成就。

　　大自然中，未成熟的柿子都具有澀味。除去柿子澀味的方式有許多種，但是，無論你採用哪一種方式，都需要花一段時間來漤熟。如果你不等一定的時間就剝開，就沒辦法使柿子成熟而除去澀味。這麼說來，叫猴子去等柿子成熟，似乎不可能。因為猴子會經常剝開來瞧瞧，甚至咬一口看看，於是牠就沒有希望嚐到甜柿的滋味了。

　　任何一件事，從計劃到實現的階段，總有一段所謂時機的存在，也就是需要一些時間讓它自然成熟的意思。無論計畫是如何地正確無誤，總要不慌不忙、沉靜地等待其他更適合的機會到來。

　　假如過於急躁而不願等待的話，經常會遭到破壞性的阻礙。因此，無論如何，我們都要有耐心，壓抑焦急不安的情緒，才不愧是真正的智者。假若連最起碼的等待都做不到，和猴子也沒有什麼分別。

　　一位企業家曾談起了他遇到的兩種人。

## 第三章　提升自我，掌握化解難題的智慧

　　有個性急的人，不管你在什麼時候遇見他，他都表現得急急忙忙的樣子。如果要和他談話，他只能拿出數秒鐘的時間，時間長一點，他會伸手把錶看了再看，暗示著他的時間緊張。他公司的業務做得雖然很大，但是開銷更大。究其原因，主要是他的工作安排七顛八倒，毫無秩序。他做起事來，也常為雜亂的東西所阻礙。結果，他的事務是一團糟，他的辦公桌簡直就是一個垃圾堆。他經常很忙碌，從來沒有時間來整理自己的東西，即使有時間，他也不知道怎麼整理、安放。

　　另外有一個人，與上述那個人恰恰相反。他從來不顯出忙碌的樣子，做事非常鎮靜，總是很平靜祥和。別人不論有什麼難事和他商談，他總是彬彬有禮。在他的公司裡，所有員工都寂靜無聲地埋頭苦幹，各樣東西安放得有條不紊，各種事務也安排得恰到好處。他每晚都要整理自己的辦公桌，對於重要的信件立即就回覆，並且把信件整理得井然有序。所以，儘管他經營的規模要大過前述商人，但別人從外表上總看不出他有一絲一毫的慌亂。他每件事都辦理得清清楚楚，他那富有條理、講求秩序的作風，影響著全公司。於是，他的每一個員工，做起事來也都極有秩序，一片生機盎然。

　　你工作有秩序，處理事務有條有理，在辦公室裡絕不會浪費時間，不會擾亂自己的神智，辦事效率也極高。從這個角度看，你的時間也一定很充足，你的事業也必能依照預定的計畫去進行。

　　廚師用鍋煎魚不時翻動魚身，會使魚變得爛碎，看起來就不會好吃。相反，如果只煎一面，不加翻動，將可能黏住鍋底或者燒焦。

　　最好的辦法是在適當的時候，搖動鍋子，或用鏟子輕輕翻動，待魚全部煎熟，再起鍋。

　　不僅烹調需要祕訣，做其他任何事也是如此。當準備工作完成，進

行實際工作時，只需適度更正，其餘的應該讓它有條不紊、順其自然地發展下去。

人的能力有限，無法超越某些限度，如果能對準備工作盡量做到慎重研究、檢討的地步，至少可以更大地發揮能力。

今天的世界是思想家、策劃家的世界。唯有那些辦事有秩序、有條理的人，才會成功。而那種頭腦錯亂，做事沒有秩序、沒有條理的人，成功永遠都和他擦肩而過。

第三章　提升自我，掌握化解難題的智慧

## 學會利用自己的時間

　　每人每天擁有的時間都是相等的，但是不同的人在相同時間內所做的工作卻相差懸殊。不會利用時間的人總是事倍功半，會利用時間的人則可事半功倍。

1. 管理時間。對時間的使用不能做了再算，而要算了再做。把要完成的工作，按小時、按天、按周的先後時序排好，然後按計畫逐個完成。在自己可控的時間內工作安排緊張而有節奏，並盡力把不可控時間轉化為可控時間，善於在不可控時間內處理事務。使用時間最忌諱把時間切成零星的碎片，要盡量把自己的時間集中起來使用。集中時間的多少要依工作的需求而定，集中得過多，也會造成浪費。一般來說，時間集中較多的人，往往是時間利用率最高的人。

2. 對時間的使用也要計算成本。凡是勞而無功或得不償失的事盡量不去做。計算時間的單位不要用小時，而要用分鐘。越小越有助於督促自己珍惜時間，抓緊時間，充分利用時間。

3. 善於區分重要工作和一般工作。一個人的精力有限，因此工作要分輕重緩急。工作一般分三類：急件，必須馬上辦；優先件，盡量去辦；普通件，有空去辦。應把主要時間花在重要的事情上，抓住了關鍵性的工作，才能有效地提高時間的利用率。

4. 利用最佳狀態去辦最難和最重要的工作。一個人在一天的不同時間裡，精力狀況是不一樣的。根據生物學家的研究，人和其他生物的生理活動都有明顯的時間規律。人的智力、體力和情感都顯現出一種週期性的變化，也就是人體內「生理時鐘」的作用。管理者應該找出自己在一天中，什麼時間工作效率最高。要充分利用自己效率最

佳的工作時間，來處理最重要和最難辦的工作，而把精力稍差的時間，用來處理例行公事的事情上。

5. 把常規的工作標準化。經常性辦理的工作，應在規章制度中明確規定，照章辦事。同樣的問題出現後，把具體情況和處理辦法寫下來作為日後處理同樣問題的範例。這些範例經過逐漸修訂改進而形成標準化，可以擺脫瑣事的糾纏。高層要保持優化的工作秩序，考慮好先做什麼，後做什麼，使自己的工作有條不紊，逐步規範化。

6. 抓住今天，不唱明日歌。只有當天完成當天的任務，而不是拖延到明天，時間利用率才能提高。日本效率專家桑名一央指出：「昨天已是無效的支票，而明天是預約的支票，只有今天才是貨幣，只有此時此刻才具有流動性。」

立足「今天」，珍惜「今天」，凡今天能做的事，絕不能推到明天。明朝文嘉有〈今日〉詩：「今日復今日，今日何其少！今日又不為，此事何時了？人生百年幾今日，今日不為真可惜！若言姑待明朝至，明朝又有明朝事。為君聊賦〈今日〉詩，努力做人今日始。」

7. 有效地利用零碎時間。所謂零碎時間是指不構成連續時段，在兩件事之間的空餘時間。有效地利用零碎時間，可以增加工作密度，加快工作節奏。

8. 提高單位時間的利用率。做任何事情，都要高度集中注意力，以便縮短時間。有成效的主管並不覺得肩上的擔子壓得自己喘不過氣來，相信自己的時間是充分的，總認為還可以擠出更多的時間來。

9. 複合工作法。人的大腦是劃分區域的，如聽覺區、視覺區、語言區……各個區域有不同的使命，據說兩個以上的區域可以同時興奮起來，因此有些工作可以同時進行。有些應酬或不重要的會議，不

去又不行，去了又覺得失去不少寶貴時間。這時一方面表面應酬，另一方面可思考其他工作。

10. 有效地利用節約時間的工具。如個人備忘錄、日曆、工具書、通訊簿、計算機、電話、電子郵件、錄影機等。工具齊全、適用，用起來方便、順手，就有助於提高工作效率。

## 積極結交各行各業的人

　　你必須努力地與自己毫無關係的行業人員接觸，並學習其他行業的知識。只固守在自己的同行之中，你就無法建立多層面的人際關係。雖然你具備了完整的專業知識，但在這個複雜的社會中，只具備自己工作領域的知識是不夠的，這樣並不能成為一個完全的生意人。

　　若一點也不了解其他行業的人的想法與行為，就無法達到自我成長的目的。

　　心胸狹窄的人無法交遊廣闊。如果沒有豐富的知識與悟性，或情感與智慧的完善結合，你就不能成為一個有魅力的人。吸收自己本行的專業知識，這是不用說的事，但藉著了解不同性質行業中的生活方式，不但可以增加自己的見聞，更可以交到許多不同的朋友，這便是重要的交際技巧。

　　日本的綜合性貿易公司之所以能在世界上獨占鰲頭，就是因為這些綜合性的貿易公司不只是銷售產品，更重要的是知識的供應。由於他們能夠提供多元化的知識與商品，所以能夠發揮出獨特的效果，吸引更多的顧客上門。

　　除了自己的本行之外，來往的對象還必須擴及其他各行各業的職業高手。以增加自己的知識及人脈。

　　然而，這並不是說特意地結交各種行業的人。最簡單可行的是和自己以往的故友保持聯絡，所以必須踴躍地參加同學會。只可惜現代人多居住在空間狹窄的都市，沒有更多的機會與人來往。

　　為了積極地與人們來往，應多參加各項活動，比如從事業務活動，可以藉著與顧客的密切來往，輕易地與顧客建立起友好的情誼。而從事

## 第三章　提升自我，掌握化解難題的智慧

內勤工作的專業人員，就很少有機會和公司同事以外的人接觸。這時，就得利用自己的另一半——丈夫(或妻子)。

或許你的另一半是個不擅交際的人。若是這樣，就得努力地培養興趣，多參加各項體育活動或旅行、野營活動等都是很好的辦法。無論如何，具有一項獨特的嗜好是一個積極者不可或缺的條件。

利用嗜好建立起來的人際關係，更遠遠超過了年齡、職業、地位的效果。即使是因為工作關係而結交的朋友，如果能夠有共同興趣，就容易在下班的時間以輕鬆的心情在和諧的氣氛中互動。

# 做人互助才能辦事順利

　　做人的互助原理是：你在關鍵時刻幫人一把，別人也會在重要時刻助你一臂！初看起來似乎是等價交換。其實，不管你是一個什麼樣的人。都不可能像魯賓遜那樣獨自一人闖天下，尤其是要擴大自己的人生局面，更離不開與各式各樣的人打交道。要想讓別人將來幫助你，你就必須先付出精力去關心別人、感動別人，這樣才能贏得別人回報的資本。因此，高明地做人，必須信守「相互幫襯」之道。

　　人與人之間離不開相互維護、相互幫襯。人抬人，人幫人，人要辦的事才會順利，人的事業才會發達。

　　話雖如此，真正窺得其妙、並加以運用的人卻並不多。在某些特定的情況下，想成就一番事業，少不了要藉助眾人之勢。複雜的人際關係有時是個包袱，但只要用得巧妙，也可以成為一塊成功之路的叩門磚。「相互幫襯」正是一個幫人幫己的訣竅。

　　當年，胡雪巖扶助王有齡做了湖州知府，他在創辦錢莊之初就有讓自己的錢莊代為打理府庫銀兩的打算，也有了著落。但是，真正要使這一打算變成現實，還要過一關，就是要打通錢穀師爺的路。舊時的州縣衙門，都有錢穀師爺和刑名師爺。師爺名義上雖只是州縣的幕友，但由於這些人都師承有自，見多識廣，常常是州縣官們也不敢輕易得罪的角色。師爺向來獨立辦事，不受東家干涉，表面平和的還與州縣老爺敷衍一下，專斷的甚至對州縣老爺置之不理。所以，胡雪巖要代理湖州府庫，也就不能不籠絡他們延請的錢穀師爺。

　　在籠絡師爺的過程中，胡雪巖和王有齡就演了一齣絕好的雙簧。王有齡署理湖州正是端午期間，這個時間提供了胡雪巖一個機會。他打聽好已

## 第三章　提升自我，掌握化解難題的智慧

經接受延請到湖州上任的刑名、錢穀兩位師爺在杭州的家眷所在，送去節下正需要的錢糧。不過他是以王有齡的名義送的。這兩位師爺自然要感激王有齡的好意，但等到他們拜謝王有齡時，王有齡卻說這原是胡雪巖的心意。這一來，師爺不僅見了胡雪巖的情分，自然也知道了大人的意思。好事做了一件，交情卻落了兩處。一幫一襯不過言辭之間，卻使得極巧。事實上，這齣雙簧也並不是胡雪巖和王有齡事先商量好要這樣演的，而他們卻不約而同地如此做了，可見胡雪巖、王有齡兩人都深諳相互幫襯之道。

相互幫襯往往不在於你出的力是大是小，有時候甚至也不過是些惠而不費的小節，比如王有齡、胡雪巖演的那齣雙簧，也不過就是一句話的事情。然而知道這其中的道理，心思用得巧，往往能夠事半功倍。比如胡雪巖和王有齡之間一幫一襯，一下子就收服了人心。例如當胡雪巖和王有齡找到湖州錢穀師爺楊用之，提出要以自己的阜康錢莊代理湖州府庫和烏程縣庫時。楊用之不僅毫不為難地一口答應，還為他引見了另一個關鍵人物——湖州徵納錢糧絕對少不了的，也絕對不能得罪的「戶書」鬱四。而鬱四後來實際上也成為了胡雪巖生意上的牢固夥伴和得力幫手。

的確，一個人精力到底有限。經手的事情太多，表面上看來似乎沒有什麼疏漏，也許失察疏漏的地方在不知不覺中已經留下很多。比如胡雪巖對於宓本常的失察，在典當業上的疏漏，都是在他經手事情太多、生意場面太大的情況下，由於實在顧不過來而發生的。這些疏漏的地方，某些時候都可能產生不良後果，而且，由於一個人所有的生意動作常常是環環相扣、相互牽連的，有一些因失察留下的疏漏所產生的後果，常常是關鍵性的，並不只是影響某一樁或某一個行業的生意的成敗，它可能使辛辛苦苦建立起來的大廈整個徹底坍塌。

所以，幫襯是多方面的，既需要朋友同行的幫襯，也需要內部人員的幫襯，這是一個訣竅，也是現代商戰中重要的經營策略。

# 無意的助人卻帶來成功

　　做人的互助原理，按照古人所說，即「投之以木瓜，報之以瓊瑤」。在日常生活中，有許多偶然的事情將會決定你的未來命運，但前提是你必須助人和受助。下面這個故事，已經成為這方面的經典。

　　柏年在美國的律師事務所剛開業時，連一臺影印機都買不起。移民潮湧進美國的豐田沃土時，他接了許多移民的案子，常常三更半夜被喚到移民局的拘留所領人，還不時地在黑白兩道間周旋。他開一輛掉了漆的小車，在小鎮間奔波，兢兢業業地做職業律師。終於媳婦熬成婆，電話線換成了四條，擴大了辦公室，又僱用了專職祕書、辦案人員，氣派地開起了賓士，處處受到禮遇。

　　然而，天有不測風雲，他一念之差將資產投資股票，卻幾乎盡虧。更不巧的是，歲末年初，移民法又再次修改，職業移民名額削減，頓時門庭冷落。他想不到從輝煌到倒閉幾乎只在一夜之間。

　　這時，他收到了一封信，是一家公司總裁寫的：願意將公司 30% 的股權轉讓給他，並聘他為公司和其他兩家公司的終身法人代理。他不敢相信自己的眼睛。

　　他找上門，總裁是個 40 歲左右的波蘭裔中年人。「還記得我嗎？」總裁問。

　　他搖了搖頭，總裁微微一笑，從碩大的辦公桌的抽屜裡拿出一張皺巴巴的 5 塊錢匯票，上面夾的名片印著柏年律師的地址、電話。他實在想不起還有這樣一樁事情。

　　「10 年前，」總裁開口了，「我在移民局排隊辦工卡，排到我時，移民局已經快關門了。當時，我不知道工卡的申請費用漲了 5 美元，移民

## 第三章 提升自我，掌握化解難題的智慧

局不收個人支票，我又沒有多餘的現金，如果我那天拿不到工卡，僱主就會另僱他人了。這時，是你從身後遞了5美元上來，我要你留下地址，好把錢還給你，你就給了我張名片。」

他也漸漸回憶起來了，但是仍將信將疑地問：「後來呢？」

「後來我就在這家公司工作，很快我就發明了兩個專利。我到公司上班後的第一天就想把這張匯票寄出，但是一直沒有。我單槍匹馬來到美國闖天下，經歷了許多冷遇和磨難。這5塊錢改變了我對人生的態度，所以，我不能隨隨便便就寄出這張匯票。」

這個故事似乎有點離奇，但是世上所有的離奇都帶有偶然性，只要這種偶然性再次發生，就會成為人生的重大轉機。試想一下，如果故事中的柏年不去用5美元去助人，他怎麼可能會受到總裁那麼大的恩惠呢？儘管他起初不是有意的，但是無心插柳柳成蔭。這種無意的助人行為，帶來的是受助後的成功。

# 幫助別人才能幫助自己

做人之道並非不可解，就拿「助人亦助己」來說，我們都看到了這樣的事實：每一個事業有成的人，在成功的道路上，都曾經得到別人的許多幫助。因此，我們應該幫助別人作為回報，這是公平的規則。所以做人一定要拋開自私，不能心中只有一個自己，應該從別人那裡求得有益的幫助，啟迪自己的心智。

歷史上有很多獲得成功的人，都曾受到一個心愛的人或一個真誠的朋友的鼓勵。如果沒有一個自信十足的妻子蘇菲亞，我們在偉大的文學家中就找不到霍桑（Nathaniel Hawthorne）的名字。當他傷心地回家告訴她，他海關的工作丟了，他是一個大失敗者時，她卻很高興地說：「現在，你可以寫你的書了！」

「沒錯，」霍桑說，「可是我寫作時，我們怎麼維生？」

她打開抽屜，拿出一堆錢來。

「錢從哪裡來的？」他問道。

「我知道你是天才，」她回答道，「我知道有朝一日你會寫出一本名著來，所以我每週從家用中省下一筆錢，這些錢足夠我們用一年的。」

由於蘇菲亞的幫助，美國文學史上最偉大的一本小說──《紅字》在霍桑筆下誕生了。難怪霍桑後來說：「人與人之間的互助是絕對重要的，可以關係到一個人是凡人還是巨人。」

由此，我們看到這樣的一個做人之本：幫助別人成功，是追求個人成功最保險的方式。每個人都有能力幫助別人，一個能夠為別人付出時間和心力的人，才是真正富足的人。

## 第三章　提升自我，掌握化解難題的智慧

如果一個人頂尖的成就讓你感到有自己的一份，你能夠自豪地說「是我讓他有今天」。這將是你最值得驕傲的事情。

幫助別人不僅利人，同時也提升了自己生命的價值。不論對方是否接受你的幫助，或是否感激，想想看，如果每一個人都幫助另外一個人，世界將變得多麼和諧與美好！當然，我們每一個人也都會得到別人的幫助。

所有善於做人者都有一個共同的特性──他們都懂得如何有效地與別人打交道。我們中有些人在這方面有可貴的直覺，他們學到了這方面的技能。人們應當懂得如何去影響別人的思維方式，任何事情的失敗常常都可以歸結為與他人打交道的失敗。

對於我們生存的這個世界來說，人是最寶貴的。對於生存於世的每一個個體來講，人也是最重要的。只要你生存在這個世界上，不管你願意與否，你都必須與人打交道，如今再沒有人能夠到森林山洞去隱居，去忍受魯賓遜式的孤獨生活。為了讓自己的努力換來更大的成功，我們離不開社會環境，離不開周圍的人。

任何人際關係，無論是私人來往，還是業務關係，如果它是以成年人的互利觀念來支配，對雙方來說只會有益。你為別人提供急需的東西，人家也會滿足你的需求。

蜜雪兒是一位青年演員，剛剛在電視上嶄露頭角。他英俊瀟灑，很有天賦，演技也很好，開始扮演小配角，現在已成為主要角色演員。從職業上看，他需要有人為他包裝和宣傳以擴大名聲。因此他需要一個公關公司為他在各種報刊雜誌上刊登他的照片及有關他的文章。以增加他的知名度。不過，要建立這樣的公司，蜜雪兒拿不出那麼多錢來。偶然的一次機會，他遇上了莉莎。莉莎曾經在紐約一家最大的公關公司工作

過好多年，她不僅熟知業務，而且也有較好的人緣。幾個月前，她自己創辦了一家公關公司，並希望最終能夠打入有利可圖的娛樂領域。到目前為止，一些比較出名的演員、歌手、夜總會的表演者都不願與她合作，她的生意主要還只是靠一些小買賣和零售商店。兩人一拍即合，聯合了起來。蜜雪兒成為了她的代理人，而她則為他提供出頭露面所需要的經費。他們的合作達到了最佳境界，蜜雪兒是一名英俊的演員，並正在時下的電視劇中出現，莉莎便讓一些較有影響的報紙和雜誌把眼睛盯在他身上。這樣一來，她自己也變得出名了，並很快為一些有名望的人提供了社交娛樂服務，他們付給她很高的報酬。而蜜雪兒不僅不必為自己的知名度花錢，而且隨著名聲的擴大，也使自己在業務活動中處於一種更有利的地位。

透過莉莎和蜜雪兒的相互合作與需要，我們可以看到這樣一種格局：蜜雪兒需要求助於莉莎，獲得為自己宣傳的開支；莉莎為了在她的業務中吸引名人，需要蜜雪兒做自己的代理人。你看，他們互相滿足了對方的需求。

2003 年，有名教授在哈佛大學陳述了一個別有人生哲理的事實：世上僅存的植物當中，最雄偉的，當屬美國加州的紅杉。紅杉的高度大約是 90 公尺，相當於 30 層樓以上。

科學家深入研究紅杉，發現了許多奇特的事實。一般來說，越高大的植物，它的根理應扎得越深。但科學家卻發現，紅杉的根只是淺淺地浮在地面而已。

理論上，根扎得不夠深的高大植物，是非常脆弱的，只要一陣大風，就能將它連根拔起。紅杉又如何能長得如此高大，且屹立不倒呢？

研究發現，紅杉必定是一大片在一起生長，並沒有獨立長大的紅

## 第三章　提升自我，掌握化解難題的智慧

杉。這一大片紅杉彼此的根緊密相連，一株接著一株，結成一大片。自然界中再大的颶風，也無法撼動幾千株根部緊密連接、占地超過上千公頃的紅杉林。除非颶風強到足以將整塊地掀起，否則再也沒有任何自然力量可以動搖紅杉分毫。

紅杉的淺根，也正是它能長得如此高大的利器。它的根浮於地表，方便快速並大量地吸收賴以生長的水分，使紅杉得以快速成長壯大。同時，它也不需耗費能量，像一般植物那樣扎下深根，它用扎深根的能量來向上成長。

造物主在世界各地為人們留下成功的啟示，只看我們是否擁有智慧去體會與領悟。

紅杉提供了我們一個很好的方向，讓我們廣泛地伸出自己的學習觸角，和眾多的資訊結合，去吸收更豐富的成功知識及經驗，來提供自己賴以迅速成長的養分，而不必耗費能量去獨自盲目地鑽研。

成功不能只靠自己的強大。成功需依靠別人，只有幫助更多人成功，你自己才能更成功。如紅杉林根部相連，以充分而緊密的合作關係，創造出不可動搖的偉業。

如果你尚未壯大，不妨伸出你學習的根，和成功者緊密連結，加入成功、積極的團體，閱讀成功者撰述的書籍，吸收他們的經驗。了解成功者的態度，讓自己更快速地成長。

只要你熟諳這項借力與合作的訣竅，很快你將會成為成功之林的雄偉巨木。

教授最後發了一份調查問卷給在座的學生，其中的第一個問題就是：「你相信做人的互助原理嗎？」

> 幫助別人才能幫助自己

每個人都渴望實現自己的人生目標,但是如果不善於借別人的幫助走向成功,不善於幫助需要幫助的人,這是最低等的做人之術,與大師級的成功人物相比,可謂渺小。因此最智慧的做人之道是 ——「助人亦助己」。如果你不相信這一點,甚至嘲笑這一點,那麼你早晚會成為一個渺小之徒。

第三章　提升自我，掌握化解難題的智慧

## 巧借他人成事

　　世界上有三借：借人、借勢和借錢。這都是成事之道。借人、借勢是聰明人常用的一種成事之道，它可以利用對方的優勢來彌補自己的不足，至少可以彌補自己的才智、人力之不足。這很容易令人想起《三十六計》中的「借刀殺人」，此計告訴人們：「借」字為利用他人成事之訣竅。

　　「利用」一詞似乎帶有貶義，但與朋友合作，互相幫助的確是成就事業的一種方式。如果能養成「他山之石亦可攻玉」的合作之道，這樣的人定會大有作為。

　　俗語說，「多個朋友多條路」。「朋友」是兩彎相映的明月，講求一個肝膽相照，義字當先。朋友在競爭激烈的現代社會裡顯得日益重要，善於利用朋友關係往往使你的生活自在快樂，而且會有更多機遇。因此，培養一種利用朋友關係的習慣，實際上就等於成功有了希望。

　　南方某地有個很成功的商人，朋友無數，三教九流都有。他也曾逢人就誇，說他朋友之多，天下第一，並且因人而異，加以利用。後來有人問他，朋友這麼多，他都同等對待嗎？

　　他沉思了一下說：「當然不可以同等對待，要分等級的，要因人而用！」

　　他說雖然自己交朋友都是誠心的，但別人來和他做朋友卻不一定都是誠心的。在他的朋友中，人格高尚的固然很多，但想從他身上獲取一點利益，心存二意的朋友也不少。

　　「對存有壞意、不夠誠懇的朋友，我總不能也對他推心置腹吧？」這位商人說，「那樣只會害了我自己。」

所以，在不得罪「朋友」的情況下，他把朋友分了「等級」，有「刎頸之交級」、「推心置腹級」、「可商大事級」、「酒肉吃喝級」、「嘻嘻哈哈級」、「保持距離級」等等。和對方來往的密度和自己打開心扉的程度往往由這些等級來決定。因為不同的朋友有不同的作用。可以借他們各自的能力和特點，成就自己的事情。

下面是一個利用「朋友」除掉了隱患並借人借勢成事的案例：

三國赤壁大戰之時，不習水戰的曹操大軍，由於重用了熟悉水戰的荊州降將蔡瑁、張允，使曹軍的水戰能力有了很大提高。當周瑜乘船查看時，發現曹軍設定水寨，竟然「深得水軍之妙」。於是，周瑜暗暗下決心，「吾必計先除此二人，然後可以破曹」。

真是無巧不成書，正在周瑜絞盡腦汁謀定策略之時，曹操手下的謀士、周瑜的故友蔣幹來訪，周瑜一眼就看出蔣幹的來意。一是說降，二是刺探軍情。於是，他就想出了一條利用「朋友」的妙計。

周瑜當晚大擺筵席，盛情款待蔣幹。席間，周瑜大笑暢飲。夜間，周瑜佯作大醉之狀，挽住蔣幹的手說：「久不與子翼（蔣幹的字）同榻，今宵抵足而眠。」當軍中打過二更，蔣幹起身，見殘燈尚明，周瑜卻鼻鼾如雷。在桌上堆著的一疊書信的公文中，蔣幹發現了「蔡瑁，張允謹封」等信，蔣幹大吃一驚，急忙取出偷看。其中寫道：「某等降曹，非圖仁祿，迫於勢耳。今已賺北軍困於寨中，但得其便，即將操賊之首，獻於麾下，早晚人到，便有關報。」蔣幹尋思，原來蔡瑁、張允竟然暗結東吳，於是將書信藏在衣內，到床上假裝睡覺。

大約在四更時分，有人入帳低聲呼喚周瑜，周瑜故作「忽覺之狀」。那人說：「江北有人到此。」周瑜喝道：「低聲！」又轉過頭來衝著蔣幹喊了兩聲，蔣幹佯裝熟睡沒有作聲。於是，周瑜偷偷走出營帳，蔣幹趕

緊爬起來偷聽，只聽得外面有人說：「張、蔡二都督道，『急切間不得下手』……」後面的話聲音更低，什麼也聽不清楚。不一會，周瑜回到帳內又睡了起來。

蔣幹在五更時分，趁著周瑜熟睡未醒，悄悄離開，溜回江北，向曹操報告了所見，並交上那封偽造的書信。曹操勃然大怒，立即下令斬了蔡瑁和張允，當兩顆血淋淋的人頭獻上之時，曹操方才恍然大悟說：「吾中計矣！」

周瑜利用蔣幹這個老朋友，巧妙地借曹操之手，一舉除掉了兩個最大的隱患。這樣，才有了流傳至今的赤壁大戰火燒曹營的壯舉。

## 學會恭維別人

人性的弱點決定了人是最經不住恭維的動物。對主管來說也是如此，你求他辦事，恭維他是理所當然的。你恭維了他，他也會反過來重視你，得到恭維的人是不會放著對方的難題不管的。

在這個社會上，會說恭維話的人，肯定比較吃香，辦事順利也就順理成章了。當一個人聽到別人的恭維話時，心中總是非常高興，臉上堆滿笑容，口裡連說：「哪裡，我沒那麼好，你真是很會講話！」即使事後回想，明知對方所講的是表面話。卻還是沒辦法抹去心中的那份喜悅。

因為，愛聽恭維話是人的天性，虛榮心是人性的弱點。當你聽到對方的吹捧和讚揚時，心中會產生一種莫大的優越感和滿足感，自然也就會高高興興地聽從對方的建議。

相信大家都有到攤販買衣服的經歷，在你試衣時，肯定會受到老闆的恭維：「啊，真漂亮！穿起來非常合身，樸素、大方、有風度。你比以前年輕了好幾歲。」

本來你是不想買那件衣服的，卻買回來了。

第二天，你神氣起來，可是穿了不到 2 小時，某條縫線斷了，裂開了一個洞。此時，你才曉得，是商家的恭維使你上了當。

要想在辦事時求人順利，首先就要澄清自我的主觀意識，盡快地養成隨時都能恭維別人的習慣。當恭維別人已經變成你的習慣時，你辦事的能力就會相應提高。

要想求主管辦事，就必須掌握會說恭維話這一條。會說話和辦事是相輔相成的。話說得好聽，說得到位，主管便易於接受你提出的條件和要求，否則即便是一件簡單的事情，也很容易搞砸。所以要學會說恭維

## 第三章 提升自我,掌握化解難題的智慧

的話,就必須學會順勢說好話。順勢說好話一般叫做讚美或者頌揚,世俗的說法即是阿諛奉承和拍馬屁之類。要想把事情辦成功,總得挑對方愛聽的話說,才有利於解決事情。所以,要學會說讚美的話。

幾乎任何人都愛慕虛榮。其特點往往是他們覺得做沒有多大把握的事情時,極樂意看到自己在這些沒什麼把握的事情上表現不凡,獲得別人的稱讚。當你對他們這些沒把握的事情中的任何一樁加以頌揚時,都會發生你所預期的功效。

恭維不等於奉承,欣賞不等於諂媚。恭維與欣賞主管的某個特點,意味著肯定這個特點。只要是優點、是長處,對集體有利,你就可以毫無顧忌地表達你的讚美之情。主管也需要從別人的評價中,了解自己的成就以及在別人心目中的地位。當受到稱讚時,他的自尊心會得到滿足,並對稱讚者產生好感。你的聰明才智需要得到賞識,但在他面前故意顯示自己,則不免有做作之嫌。主管會因此認為你是一個自大狂,恃才傲慢,盛氣凌人,而在心理上覺得難以相處,彼此間缺乏一種默契。

學會說恭維的話,當你託人辦事時,你將會領悟到其中的妙用。

# 求同事辦事要誠懇

　　請求同事辦事,要掌握好恰當的時機,對方時間寬裕,心情舒暢時,請求他做點事得到答應的可能性很大;相反,對方心境不佳時,你的請求可能只會令他心煩,一般很難得到確定的答覆。因此要適應對方的心理需求而提出誠懇的請求,利用情義打動同事,這是你辦事取得成功的一個很重要的辦法。

　　某部門接到主管分配下來的植樹任務,機關幾十名同事都主動承擔一些任務,唯有幾位「老屁股」,任憑主管怎麼動員都不願認領任務,搞得主任很難堪。

　　下班後主任把這幾位「老屁股」叫到辦公室,輕聲地說:「我只講最後一遍,我現在很為難,請你們幫個忙。」奇怪的是,剛才態度很強硬的幾個人聽了這句語重心長的話,紛紛表示:「主管,我們不會讓你為難了!」說完立即回去認領自己的任務。

　　一句充滿人情味的請求話,比通盤大道理更有說服力,看來人還是比較重情義的。主管用請求的話打動了他們,讓他們覺得:主管看得起我,怎麼能不給面子呢?

　　託同事辦事也是一樣,求同事辦事時態度一定要誠懇,要動之以情。曉之以義。需將事情的前因後果、利害關係說個清清楚楚。要說明為什麼自己不辦或辦不了而去找他辦。總之,要讓同事了解得十分清楚,知根知底。你的態度越誠懇,同事也就越不可能拒絕你。另外託同事辦的事,一般還應有一個明確的目標,成則成,不成則不成,這樣的話同事才能有的放矢。不要託同事辦一些目的不明確、比較籠統的事,

### 第三章 提升自我,掌握化解難題的智慧

應該託同事辦一些難度不大、目標明確、效果顯著的事,這樣有利於你向他致謝。

同事之間,關係微妙,個性相差很大;同事之間,只有以誠相交,才有可能在關鍵時刻幫得上你。

人的個性千差萬別,有的含蓄、深沉,有的活潑、隨和,有的坦率、耿直。含蓄、深沉者可以表現出樸實、端莊的美。活潑、隨和者可以表現出熱忱、活潑的美,坦率、耿直者也有透明、純真之美。人生的美是多姿多彩的。在各種美的個性之中,有一種共同的品性,那就是真誠。

真誠的低層次要求是不說謊,不欺騙對方,但在複雜的社會活動中,目的和手段要有一定的區別。醫生為了減輕病人的痛苦,以利於治病救人,往往向病人隱瞞病情,編造一套謊話給病人。這樣才能使病人早日康復。它表現的不是虛偽,而是更高、更深層的真誠,是出於高度的社會責任感的真誠。只有智慧、德性和能力達到高度統一的人,才能表現出這種深層次的真誠美。

情與義就是一種真誠,同事相交需要真誠!

日本大企業家小池曾說過:「做人就像做生意一樣,第一要訣就是誠實。誠實就像樹木的根,如果沒有根,樹木就別想有生命了。」

這段話也可以說概括了小池成功的經驗。

小池出身貧寒,20歲時就替一家機器公司當業務員。有一段時期,他推銷機器非常順利,半個月內就跟33位顧客做成了生意。之後,他發現自己所在公司賣的機器比別的公司生產的同樣效能的機器昂貴。他想,和他訂約的客戶如果知道了,一定會對他的信用產生懷疑。於是深感不安的小池立即帶著契約書和訂金,整整花了3天的時間,逐門逐戶

去找客戶，老實向客戶說明，他賣的機器比別家的機器昂貴，為此請他們廢棄契約。

這種誠實的做法使每個訂戶都深受感動。結果，33 人中沒有一個與小池廢約，反而加深了對小池的信賴和敬佩。

誠實真是具有驚人的魔力，它像磁鐵一般具有強大的吸引力。後來，人們就像小鐵片被磁鐵吸引似的，紛紛前來他的店購買東西或訂購機器，沒多久，小池就成為「鈔票滿天飛」的人了。

日本專門研究社會關係的穀子博士有一次說：「大多數人選擇朋友都是以對方是否出於真情而決定的。」他說有一個富翁為了測驗別人對他是否真誠，就偽裝病重住進醫院。

結果，富翁說：「很多人來看我，但我看出其中許多人都是希望分配我的遺產而來的，特別是我的親人。」

穀子博士問他：「你的朋友也來看你嗎？」

「經常和我有來往的朋友都來了，但我知道他們不過是當作一種例行的應酬罷了。」

「還有幾個平素和我不睦的人也來了，但我知道他們只是樂於聽到我病重，所以幸災樂禍地來看我。」

照他的說法，他測驗的結果或許是，根本沒有一個人在「真誠」方面及格。

穀子博士就告訴他：「我們為什麼苦於測驗別人對自己真誠？測驗一下自己對別人是否真誠，豈不更可靠？」

與其試探別人的真誠，不如問問自己是否真誠，因為我們都有一種莫名其妙的思想，總是希望別人為自己赴湯蹈火，而自己對別人則樣樣三思而後行。這樣的思想確實要不得。

## 第三章　提升自我，掌握化解難題的智慧

請求同事幫助時，應當帶著深情厚義的誠懇態度。

向別人提出請求，無論請求別人做什麼，都應當「請」字當頭，即使是在自己家裡，當你需要家人為你做什麼事時，也應當多用「請」字。向別人提出較重大的請求時，還應當掌握恰當的時機。比如，對方正在聚精會神地思考問題或操作實驗，對方正遇到麻煩或心情比較沉重時，最好不要去打擾他。如果你的請求遭到別人的拒絕，也應當表示理解，而不能強人所難，更不能給人臉色。不能讓人覺得自己無禮。

請求同事，還要端正態度，注意語氣，雖然請求時無須低聲下氣，但也絕不能居高臨下，態度傲慢，非要別人答應不可，而應當語氣誠懇，平等對待，要有協商的語氣。如「不好意思，我過一下」、「請別抽菸，好嗎？」、「什麼時候打打球，怎麼樣？」同時，還要體諒對方的心理。「我知道這件事對你來說不好辦，但我實在沒有辦法，只好難為你了。」

當有客觀原因，你的同事不能答應請求，你不能抱怨、憤怒甚至是惡語相對，還得還禮道謝：「謝謝你！」、「沒關係，我可以找別人」、「沒事，你先忙你的吧！」這樣你的同事在有條件的情況下肯定會鼎力相助。如果你不能體諒對方，甚至對同事加以抱怨，就等於堵死了再次向同事提出請求的通路。

# 愛惜同事的面子

聰明人在與同事來往的過程中，從不把話說死、說絕，說得自己毫無退路。例如，「我永遠不會辦你所搞砸的那些蠢事」、「誰像你那麼不開竅，要是我幾分鐘就做完了」、「你跟某某一樣，看他那巴結的嘴臉」這些話無論是誰聽了都不會痛快。人人都很愛惜自己的面子。而這樣絕對的斷言，顯然會大大損人面子。

《聖經・馬太福音》中說：「你希望別人怎樣對待你，你就應該怎樣對待別人。」這句話被多數西方人視為工作中待人接物的「黃金準則」。

真正有遠見的人不僅在與同事一點一滴的日常互動中為自己累積最大限度的「人緣」，同時也會留給對方相當大的迴旋餘地。替別人留面子，實際也就是為自己賺面子。

人人都有自尊心和虛榮感，甚至連乞丐都不願受嗟來之食。因為太傷自尊、太沒面子，更何況是原本地位相當、平起平坐的同事。

但很多人卻總愛掃別人的興——當面令同事面子掛不住，以致撕破臉皮，互不相讓，反目成仇。

湯姆・韋恩原先在電氣部門時，是個一級人才，但後來調入計算部門當主管後，卻被發現非其所長，不能勝任。但公司主管不願傷他的自尊，畢竟他是個不可多得的人才——何況他又十分敏感。於是，當局給了他一個新頭銜：通用公司顧問工程師，工作性質仍與原本一樣，而讓別人主管那個部門。

湯姆很高興，通用公司當局也很高興，因為他們終於把這位易怒的明星造就成功，而沒有引起什麼風暴——因為他仍保留了面子。

## 第三章　提升自我，掌握化解難題的智慧

　　時時想到保留他人的面子，這是何等重要的問題！而我們卻很少有人考慮到這個問題。許多人常常喜歡擺架子、我行我素、挑剔、恫嚇，在眾人面前指責同事或下屬，卻沒有考慮到是否傷了別人的自尊心。其實，只要多考慮幾分鐘，講幾句關心的話，為他人設身處地想一下，就可以緩和許多不愉快的場面。

　　尼瑪小姐是一位食品包裝業的行銷專家，她的第一份工作是一項新產品的市場測試。可是，她卻犯了一個大錯，整個測試都必須重來一遍。當她開會向老闆報告時，她恐懼得渾身發抖，以為老闆會狠狠訓她一頓。可是老闆不是她想像的那樣，而是謝謝她的工作，並強調在一個新計畫中犯錯並不稀奇，他有信心等待第二次測試。老闆替尼瑪留了面子，使她深為感動。果然第二次測試她進行得十分成功。

## 要善加利用同窗之誼

　　大千世界茫茫人海，成為同學，實是緣分不淺。雖相處時間不長，但這中間的關係值得珍惜，值得持續下去。如果你與同學分開後，還能保持一種相互聯絡、愈久彌堅的關係，對你的一生，或者對你將來所要達到的目標與理想是會很有好處的，這其中的有利方面，也許是你所從未想到的。

　　同學有時會在很關鍵的時刻幫上你一個大忙。但是值得注意的是，平時一定要注意與同學培養、維繫感情。只有平時經常聯絡，同學之情才不至於疏遠，同學才會甘心情願地幫助你。如果你與同學分開之後從來沒有聯絡過，你去託他辦事時，一些比較重要的關於他的利益的事情，他就不會幫你。

　　有人說：「同學之情只有幾年，一旦緣盡則情盡，沒有什麼值得留戀的。」其實這是很錯誤的一種看法。

　　無論從實用主義，或從情感價值角度去看，同學的友誼都值得我們保持和維繫。

　　三國時蜀國的建立者劉備的一段經歷就告訴了我們同樣的道理。劉備還在讀私塾時，由於講義氣、聰明，因此成了同學中的頭頭。在幾年中，他經常幫助其他同學，與他們的關係處得非常好。後來長大了，大家都有自己的道路要走，劉備與這些要好的同學也就各奔東西了。

　　雖然大家分開了，劉備卻很注重經常與同學保持聯絡。其中有一位叫石全的人，是劉備讀書時最合得來的朋友。石全讀完書後，回家繼續供奉自己的老母親，以盡孝道，靠打柴賣字畫為生。劉備不嫌其清貧，經常邀請石全到他家做客，共同探討當時的天下形勢。這樣的聚會每次

## 第三章　提升自我，掌握化解難題的智慧

都很融洽，劉備與石全的關係也不斷地加強，情若手足。

後來，劉備為了實現自己心中宏偉的目標，就帶領一支隊伍參加了東漢末年的大混戰。初時，劉備軍事實力很小，不得不依附其他人，在一次交戰中，劉備所帶的軍隊被全部殲滅。只他一人逃脫，被石全隱藏了起來，逃過了一劫。

可見，同學關係有時在危急關頭能幫上大忙，發揮排憂解難的作用。但是，一定要記住的一點是，這中間的好處是來自於自己的努力，如果你在與同學分開之後並沒有經常性的相聚，關係之好從何談起，從中受益則更是一紙空文了。所以，只要你有這份心、這份情，真誠地維持分開之後的同學關係，你的人際面會更加的廣泛，路也會比別人多出幾條。

人都是有感情的，感情來自交流。獲得感情的唯一方法，在於平時多加聯絡。經常聚會就是加強聯絡、加深感情的一種方法。

人是有情之靈物，人人都難逃脫一個「情」字。儘管當今社會流行一句話：「認錢不認人」，但是「人情生意」從未間斷過。人既然能夠為情而死，那麼為情而做生意又有何不可？

所以，同學之間在平時人際互動中也需「感情投資」。

讓我們以做生意為例。所謂「感情投資」，說簡單點，就是在生意之外多了一層相知和溝通，能夠在人情世故上多一分關心，多一分相助。即使遇到不順當的情況，也能夠相互體諒，「生意不成人情在」。

你在生意場上遇到了比較投緣的人，有了成功的合作，感情也自然融洽起來，這就是我們常說的「有緣」人。有緣自然有情，關係好起來，互相付出自然不在話下。問題在於如何保護和持續這種關係，繼續愛護它，使其天長地久。

其實，就算是有「緣」，彼此能夠一拍即合，要保持長期的相互信任、相互關照的關係也不容易，仍然需要不斷地進行「感情投資」。

在商場上，各自都有各自的利益，彼此都曉得商人多詐多奸，人與人來往不能不防，所以很容易互相起疑心。結果「緣」就會由合作轉為對立，人情變成了敵意。情場上，最愛的人常常會變成最恨的人，這在商場上也屢見不鮮。相互最仇視的對手，往往原先是最親密的夥伴。反目成仇的原因，恐怕也說不清，留下的都是互相指責和怨恨。

為什麼走到這一步？往往是因為忽略了「感情投資」。

很多人都有這種毛病，一旦關係好了，就不再覺得自己有責任去保護它了。往往會忽略雙方關係中的一些細節問題。例如該通報的消息不通報，該解釋的情況不解釋，總認為「反正我們關係好，解釋不解釋無所謂」，結果日積月累，形成難以化解的矛盾。

而更不好的是人們關係親密之後，總是對另一方要求越來越高，總以為別人對自己好是應該的；但是稍有不周或照顧不到，就有怨言。由此很容易形成惡性循環，最後損害雙方的關係。

可見「感情投資」應該是經常性的，也不可似有似無，從生意場到日常來往，都應該處處留心，善待每一個關係夥伴，從小處著眼，事事落在實處。

## 第三章　提升自我，掌握化解難題的智慧

# 善用激將法求同學

　　激將法也是一種說服人的技巧。使用激將法往往能夠使被說服者感情衝動，從而去做一件他在平常情況下——比如請求他或和他商量——可能不會去做的事：激將法還可以激起對手的憤怒、羞恥感、自尊感、嫉妒感或羨慕感等等，在這種情況下，處於激動之中的對象是想不到怎麼上了激將者的當的。

　　唐天佑占年間（西元 904～907 年），叛臣朱全忠用計誘騙五路兵馬反駐守太原的唐晉王李克。叛軍中的一員猛將高思繼異常勇猛，且善用飛刀，百步取人，後來被晉王李克的十三太保李存孝生擒。本意留他在帳前聽用，可高思繼卻執意要回山東老家過「苦身三頃地，付手一張犁」的田園生活，改惡從善。後來李存孝被奸臣康君立、李存信所害，朱全忠聞李存孝已死，又發兵來犯，帳前王彥章不僅勇猛蓋世，且智謀過人。晉王將士皆啞然相對，無人請戰，晉王見狀，痛哭一場。還是長子李嗣源說道：「昔日降將高思繼閒居山東鄆州，何不請他迎敵？」晉王聞言大喜。遂命李嗣源前往山東求將。

　　李嗣源來到山東農村，直奔高家莊尋高思繼。提起前事，高思繼說道：「自勇南公李存孝饒了我性命，回到老家，『若身一頃地』與世無爭，今已數年，早把兵家征戰之事置之身外。今日相見，別談這些。」李嗣源見高思繼已無相從出山之意，心想，自古道：文官言之，武將激之。對高將軍好言相求，難以收效，必須巧用激將之法，激其就範。於是，他編出一通謊言，說道：「天下王位，各鎮諸侯，皆聞將軍之名，如雷貫耳，稱羨不已。我與王彥章交戰被他趕下陣來，我對王彥章說：『今來趕我，不足為奇，你如是好漢，且暫時停戰，我知道山東渾鐵槍白馬高思

繼,蓋世英傑,有萬夫莫當之勇。待我請來,與你對敵。』王彥章見我陣營前誇耀將軍,憤然大叫:『就此停戰,待你去請他來,不來便罷,若到我寶雞山來,看我不把他剁成肉醬!』」高思繼經此一說,不禁被激得心頭火起,口中生煙,大叫家丁:「快備白龍馬來,待我去生擒此賊!」遂披掛上馬,辭家出山,往寶雞山飛馳而去。

　　高思繼和李嗣源快馬加鞭,日夜兼程,趕到唐營,不但唐晉王喜出望外,三軍將士亦是異常振奮。第二天,王彥章又來挑戰,唐晉王引高思繼出馬迎戰,高思繼與王彥章廝殺起來,連鬥 300 回合。難分勝負,直戰到天黑,雙方見天色已晚,才鳴金收軍。這次戰了平手,但卻是唐營軍民出師以來的第一次,軍威大振,信心大增,個個摩拳擦掌,準備來日再戰。

　　高思繼本來已經看破紅塵,決心棄武從耕,安度田園生活。李家雖對他有再生之恩,但正面動員他出山,重返軍旅時,他卻以「與世無爭」相拒。然而,當李嗣源借用謊言激他時,他卻毅然披掛上馬。重返戰場,一鬥就是 300 回合。可見,激將法的確是遊說的一個重要手段。

　　同學之間。血氣方剛,好感情用事,如果求同學辦事時,摸透其心理,不妨採用一下激將法,也許他會動用其所有關係,盡力幫你把事辦好,以顯示其威力。

第三章　提升自我，掌握化解難題的智慧

# 多個同鄉多條路

隨著歷史的發展，交通開始便利起來，人類的不斷遷移也促使了交通工具的進步。因此，人們越來越需要與許多人進行交流，迫切想到外面去走一走、看一看，就連儒家的傳統也提倡讀書人多出外走走，「行萬里路，讀萬卷書」。就這樣，人不斷地出去，就在異鄉停留下來，定居繁衍，時間久了，同在異鄉的人便根據地域自然形成一種關係，那就是同鄉關係。但這種關係，深挖起來，其中還有一層也許近、也許遠的血緣關係。

宋某是清朝末期安徽人，參加科舉屢試未中，最後總算得了一個秀才頭銜，在偏僻的小山溝裡當一個私塾先生，教村裡幾個兒童以換取日常之糧食與衣物。

宋某雖說不能金榜題名，但博學多聞，對自己學生的教育非常重視，千方百計地教學生些「格物致知」之學，雖說山村偏僻，但在那時，西方的知識傳來，宋某非常欣賞，遂經常教學生這些知識。

有一次，為了建一間動植物標本室給學生，他想方設法地去籌錢，村裡借完了去鄰村，鄰村借完了就到鄉里……最後，在實無出路的情況下，他到了城裡，希望找幾個同鄉想想辦法。

當聽說有一個同鄉現已有萬貫家財之時，他欣喜若狂，滿懷希望地前去借錢，不料這位老鄉吝嗇異常，一點錢也不給就把宋某趕了出來。

宋某原乃清高之人，遇到這種屈辱，叫他如何嚥得下。不過，冷靜之後，宋某想到這個同鄉對村裡兒童教育非常有用，跟他關係打好了，以後的教育經費就好辦了。於是，他想出了一計去見這位老鄉。

那時的親屬輩分非常嚴格。爺是爺、叔是叔，就算你比一個人大了十幾歲甚至更大，但人家輩分比你高，你就得叫人家爺。

　　宋某找來族譜，經過認真尋找，他發現自己比這位同鄉高了一輩，這位老鄉應叫宋某為「叔」，儘管宋某只有31歲，而那位同鄉的年齡58歲。

　　最後，在族譜的面前，這位同鄉再也不敢如此囂張了，在自己的長輩面前，他只能遵循幾千年來的禮節，而宋某這時說什麼話都有用多了，輕鬆地借到了所需的經費。

　　宋某在這裡可以說是出奇制勝，耍了一個花招，鑽了漏洞，但根本來說，就是他與這位同鄉續上了血緣關係，在此壓迫下，那位同鄉的吝嗇之心也不得不低頭了，或許，漸入老態的他也想以後落葉歸根吧！

## 第三章　提升自我，掌握化解難題的智慧

## 建立關係

要找一份好工作，建立關係乃是最有效的方法。這包括把你本人的志願透露給親戚、朋友知道，跟以往的同事、上司、老師及其他公司的人員等保持良好關係。

當有人向你求助的時候，千萬不要左推右搪，盡己所能幫助對方。由於人類社會主要建立在「餽贈關係」之上，有來才有往。你幫助別人，他欠你一個人情，日後你求他，他才會反過來幫助你。有一點需特別注意，對所有人都不應採取「無事不登三寶殿」的態度，平日注意與人保持聯絡——哪怕是一個電話也好——讓別人知道，他們在你心目中占有一席之地。如果到有事才找人，未免顯得太過功利主義，徒然惹人反感。但如果你失業，不要立刻打電話給與你有關係的人士，請他們介紹工作給你，因為短時間內未必有職位空缺，這會使別人很難做。

你可以婉轉地向素來跟你有聯絡的人提及你目前的狀況，詢問一下他們找工作的意見，或者問他們是否願意為你充當介紹人。

你這樣做，無形中已告訴了他們你目前隨時可以應徵，但同時，卻沒有向別人施加太大壓力。

除了跟別人直接接觸外，你還可以透過一些間接方法，讓同事知道你的存在。例如替某些專業雜誌撰稿，讓業內人士知道你的實力，到有需要時，他們可能會首先想起你。

懂得打好關係的人會不斷發揮和建立新的關係，擴大本身的影響力。到自己有條件開創事業時，跟你有關係的人士，往往會成為你的首批顧客。還有一點要留意，在建立關係時，不要只與「重量級人物」打交

道，不妨也跟行業內的中下階層人員保持聯絡，因為你永遠難以料想到他們什麼時候可幫助你。

換工作並不是一件很難為情的事情，無須故作神祕，如果你希望有更多選擇工作的機會，你需要多聽取朋友的意見，把自己的意願明明白白地說出來，讓大家替你留意一下，須知道向人求助是一件很平常的事，不必擔心人家會看不起你。

第三章　提升自我，掌握化解難題的智慧

## 幫人做事要真誠

　　一些比較不錯的朋友託我們辦事時，我們為了保全自己的面子，或為了給對方一個臺階，往往對對方提出的一些要求，不加分析地加以接受。但不少事情並不是你想辦就能辦到的，有時受各種條件、能力的限制，一些事是很可能無法完成的。因此，當朋友提出託你辦事的要求時，你首先得考慮，這件事你是否有能力辦成，如果辦不成，你就得老老實實地說，我不行。隨便誇下海口或礙於情面都是無濟於事的。

　　當然，拒絕別人的要求也的確是件不容易的事。日本一所「說話技巧大學」的一位教授說：「央求人固然是一件難事，而當別人央求你，你又不得不拒絕的時候，亦是令人頭痛萬分的。因為，每個人都有自尊心，希望得到別人的重視，同時我們也不希望別人不愉快，因而，也就難以說出拒絕的話了。」

　　的確，在承諾與拒絕兩者之間，承諾容易而拒絕困難，這是大家都有過的經驗。

　　有人來拜託你一件事，這人必有計畫而來，最低限度，他已準備好怎樣說。如果你在這方面，一點準備都沒有，那麼，他可能穩占上風。

　　他拜託的事，可為或不可為，或者是介於兩者之間，你的答覆是怎樣呢？許多人都會採取拖延的手法。「讓我想想看，好嗎？」這話常常會被運用。

　　但有些時候，許多人會作一種不自覺的承諾，所謂「不自覺的承諾」，就是「自己本來並未答允，但在別人看來，你已有了承諾」。這種現象，是由於每一個人都有怕「難為情」的心理，能夠避免「拒絕」更好。

但要記住，現在大多數人都喜歡「言出必行」的人，卻很少有人會用寬宏的尺度去諒解你不能履行某一件事的理由。我們常常聽見某甲埋怨某乙，說：「某乙明明答應了我……但……」事實上，某乙可能答應過某甲，但那不過是某乙怕難為情，不好意思拒絕而已，過後他仔細一想，便覺得這件事根本不可能辦成，甚至某甲自己也知道這件事實在是強人所難。但是某甲真的會自責而不責人嗎？恐怕不會的，而在旁人看來，也總是覺得某乙不對，因為到了那個時候，已經沒人注意當初的一切了。

拿破崙說：「我從不輕易承諾，因為承諾會變成不可自拔的錯誤。」

當我們在朋友面前，被逼得「非答應不可」，而實際上明知這件事不該答應時又該怎麼辦呢？

人際關係學家告訴我們：「我們需要在聆聽別人陳述和請求完畢之後，輕輕搖搖頭，而態度並不強烈。」

輕輕搖搖頭，代表了否定，別人一看見你搖頭，知道你已拒絕，跟著你可以從容說出拒絕的理由，使別人易於接受你不能「遵辦」的苦衷，就不會對你記恨在心。

有許多事情往往是這樣的，看來應該做，但一做起來很麻煩，比如你有一位好友做了人壽保險經紀，他來向你說了一大堆買人壽保險的好處，然後請你向他買 100 萬元保險。你也明知此舉真有益處，但是，後來當你細心一想，如果照他的要求，你每月要付出的保險費等於你收入的 1/3，而目前你的收入也不過是僅可敷衍日常生活所需。你心裡清楚這件事很難辦到，你就不妨「輕輕地搖頭」，然後說出上述的理由。

有些人喜歡拖，或要人家跑幾次來聽他的最後答覆，這都不是很好的應酬之道。我們不是常常聽見這樣的怨言：「他不答應，早該對我說

## 第三章　提升自我，掌握化解難題的智慧

呀！」

這樣一來，你在別人眼裡就成了一個言而無信的偽君子。

有時，出於難為情，對於別人提出的請求沒辦法一口回絕。在這種情況下，許諾就要掌握分寸，應根據不同的具體情況採取不同的許諾方式和方法。這裡有三種方法可資借鑑：

一是對把握不大的事可採取彈性的許諾。如果你沒把握，就應把話說得靈活一點，使之有伸縮的餘地。例如，使用「盡力而為」、「盡最大努力」、「盡可能」等有較大靈活性的字眼。這種許諾能留給自己一定的迴旋餘地，但一般會讓對方留下疑慮。

二是對時間跨度較大的事情，可採取延緩性的許諾。有些事情，由於時間長了，情況會發生變化。這時，你在許諾中可採用延緩時間的辦法。即把實現許諾結果的時間說長一點，留給自己為實現許諾創造條件的餘地。比如，有人要求老闆替自己加薪，老闆可以這樣說：「要是年終結算，廠裡經濟效益好，我可以替你加薪。」用「年終結算」一語表示實現許諾時間的延緩，顯得既留有餘地，又合情合理。

三是對不是自己所能獨立解決的問題，應採取隱含前提條件的許諾。這即是說，如果你所作的承諾，不能自己單獨完成，還要謀求別人的幫助，在許願中可帶一定的限制詞語。

為人處事，應當講究言而有信，行而有果。因此，許諾不可隨意為之，信口開河。明智者事先會充分地評估客觀條件，盡可能不做沒有把握的許諾。

許了的承諾，就應努力做到。千萬不可因一時事急，亂開「空頭支票」，愚弄對方。一旦自食其言，對方一定會特別惱火。

萬一因情況有變而沒實現自己的許諾。也應向對方如實地說明原因，並誠懇地道歉，以求得對方的原諒和理解。

對於自己根本沒有能力辦到或不想辦的事情，最好及時回絕。拒絕並不是簡單地說一句「不行」，而是要講究藝術——既拒絕了對方的不適當要求，又不致傷害對方的自尊，也不損害彼此的關係。

第三章　提升自我，掌握化解難題的智慧

# 借用他人的智慧

　　一個人有無智慧，往往體現在做事的方法上。山外有山，人外有人。自然，借用別人的智慧，助己成功，是必不可少的成事之道。

　　你應該明白，不嫉妒別人的長處，善於發現別人的長處，並能夠加以利用，協調別人為自己做事，與合作夥伴之間建立良好的信譽，是成大事的基本法則。

　　如果你覺得有必要培養某種自己欠缺的才能，不妨主動去找具備這種特長的人，請他參與相關團體。三國中的劉備，文才不如諸葛亮，武功不如關羽、張飛、趙雲，但他有一種別人不及的優點，那就是一種巨大的協調能力，他能夠吸引這些優秀的人才為他所用。多一樣才華，等於錦上添花，而且透過這種管道結識的人，也將成為你的夥伴、同業、同事、專業顧問，甚至變成朋友。能集合眾人才智的公司，才有茁壯成長、邁向成功之路的可能。

　　能夠發現自己和別人的才能，並能為我所用的人，就等於找到了成功的力量。聰明的人善於從別人身上吸取智慧的營養補充自己。從別人那裡借用智慧，比從別人那裡獲得金錢更為划算。讀過《聖經》的人都知道，摩西算是世界上最早的教導者之一。他懂得一個道理：一個人只要得到其他人的幫助，就可以做成更多的事情。

　　當摩西帶領以色列子孫前往上帝許諾給他們的領地時，他的岳父傑塞羅發現摩西的工作實在過度，如果他一直這樣下去的話，人們很快就會吃苦頭了。於是傑塞羅想法幫助摩西解決了問題。他告訴摩西將這群人分成幾組，每組1,000人，然後再將每組分成10個小組，每組100人，再將100人分成2組，每組各50人。最後，再將50人分成5組，每組

各 10 人。然後。傑塞羅又教導摩西,要他讓每一組選出一位首領,而且這位首領必須負責解決本組成員所遇到的任何問題。摩西接受了建議,並吩咐那些負責 1,000 人的首領,分別找到知己勝任的夥伴。

用心去傾聽每個人對你的計畫的看法,是一種美德,它是一種虛懷若谷的表現。他們的意見,你不見得各個都贊同,但有些看法和心得,一定是你不曾想過、考慮過的。廣納意見,將有助於你邁向成功之路。

萬一你碰上向你澆冷水的人,就算你不打算與他們再有牽扯,還是不妨想想他們不贊同你的原因是否很有道理?他們是否看見你看不見的盲點?他們的理由和觀點是否與你相同?他們是不是以偏見審視你的計畫?問他們深入一點的問題,請他們解釋反對你的原因,請他們給你一點建議,並中肯地接受。

另外,還有一種人,他們對每個人的計畫都會大肆批評,認為天下所有人的智商都不及他們。其實他們根本不了解你想做什麼,只是一味認為你的計畫一文不值,注定失敗,連試都不用試。這種人為了誇大自己的能力,不惜把別人打入地獄。

要是碰上這種人,別再浪費你寶貴的時間和精力,苦苦向他們解釋你的理想一定辦得到。你還是去尋找能夠與你分享夢想的人吧。

第三章　提升自我，掌握化解難題的智慧

## 學會借別人的錢

　　一個初涉商道，手頭資金不足的人，如何才能借別人的錢，賺更多的錢呢？這是一個非常實際的問題。

　　丹尼爾・洛維格，西元1897年生於美國密西根州的小鎮，洛維格的父親是個房地產經紀人。洛維格10歲時，父親和母親因為個性不合離婚了。洛維格跟隨父親離開家鄉，來到了德克薩斯州的小城——亞瑟港，一個以航運業為主的城市。

　　洛維格對船情有獨鍾，幾乎到了著迷的程度，高中沒念完就去碼頭工作了。他先在一些船主手下做幫工，拆裝、修理輪船引擎。洛維格對這一行有出奇的天賦，簡直稱得上是無師自通。

　　由於他手藝出眾，攬的活越來越多，忙都忙不過來。於是他乾脆辭職，獨自開了個修理行。

　　就在洛維格即將30歲的時候，靈感開始出發了。童年的一個小小的賺錢經歷出現在他的腦海裡。

　　在他9歲時，偶然獲悉鄰居有艘柴油機帆船沉在了水底。船主想放棄它，洛維格向父親借了50美元，用其中一部分僱了人把船打撈上來，又用一部分從船主手裡買下了它，然後用剩下的錢請人把那條幾乎報廢的帆船修理好，再轉手賣了出去。這樣他淨賺了50美元。他知道如果沒有父親的50美元，他難以做成這筆交易。洛維格發現，對於一貧如洗的人，要想擁有資本就得借貸。用別人的錢開創自己的事業，為自己賺更多的錢。

　　洛維格能選擇的唯一辦法，就是向銀行申請個人貸款。在相當長的日子裡，紐約的很多家銀行裡都能見到他忙碌的身影。他得說服銀行家

們貸款給他，並且使他們相信他有償還貸款本金及利息的能力。可是銀行對他的請求一一拒絕了，理由很簡單，他幾乎一無所有，貸款給他這樣的人風險很大。希望像一個個肥皂泡泡般破滅。就在絕望之際，洛維格突然計上心來。他有一條尚能航行的老油輪，他把它重新修理改裝，並精心「打扮」了一番，以低廉的價格包租給一家大石油公司。然後，他帶著租約合約去找紐約大通銀行，說他有一艘被大石油公司包租的油輪，如果銀行肯貸款給他，他可以讓石油公司把每月的租金直接轉給銀行，以分期抵付銀行貸款的本金和利息。

經過研究，大通銀行的經理們答應了洛維格的要求。當時大多數銀行家都認為此舉簡直不可思議，把款貸給洛維格這樣一個兩手空空的人，等於是把錢白白扔進大海裡。但大通銀行的經理們自有他們的道理：儘管洛維格本身沒有資產信用，但是那家石油公司卻有足夠的信譽和良好的經濟效益。除非發生天災人禍等不可抗拒的因素，只要那條油輪還能行駛，只要那家石油公司不破產倒閉，這筆租金肯定會一分不差地入帳的。洛維格的思維巧妙之處在於他利用石油公司的信譽為自己的貸款提供了擔保。

他拿到了大通銀行的第一筆貸款，馬上買下了一艘貨輪，再動手加以改裝，使之成為一條裝載量較大的油輪。他採取同樣的方式，把油輪包租給石油公司，獲取租金，然後又以租金為抵押，重新向銀行貸款，然後又去買船，如此循環往復，像滾雪球似的，一艘又一艘油輪被他買下，然後租出去。等到貸款還清，整艘油輪就屬於他了。隨著一筆筆貸款逐漸還清，油輪的租金不再用來抵付給銀行。而轉入了他的私人帳戶。

洛維格擁有的船隻越來越多，租金也滾滾而來，洛維格不斷積聚著資本，生意越做越大。不僅是大通銀行，許多別的銀行也開始支持他，

### 第三章 提升自我，掌握化解難題的智慧

不斷地貸給他數目不小的款項。

洛維格沒有就此滿足，他有了一個新的設想：自己建造油輪出租。

在常人看來，這是極為冒險的舉措。投入大筆的資金，設計建造好了油輪，萬一沒有人來租，怎麼辦？憑著對船特殊的愛好和對各種船舶設計的精通，洛維格非常清楚什麼樣的人需要什麼類型的船，什麼樣的船能為運輸商帶來最好的經濟效益。他開始為一些顧客「量體裁衣」地設計一些油輪和貨船，然後拿著設計好的圖紙。找到顧客，一旦顧客滿意，立即就簽訂協議。船造好後，由這位顧客承租。

洛維格拿著這些協議，再向銀行申請高額貸款。此時他在銀行家心目中的地位已與過去不可同日而語。以他的信譽，加上承租人的信譽，洛維格向銀行提出給予他很少人才能享受的「延期償還貸款」待遇，也就是說，在船造好之前，銀行暫時不收回本息，等船下水正式營運後，再開始歸還銀行貸款本息。這樣一來，洛維格可以先用銀行的錢造船，然後租出，以後就是承租商和銀行的事，只要承租商還清了銀行的貸款本息，他就可以坐收源源不斷的租金，自然而然地成為船的主人了。整個過程他不用投資一文錢。

洛維格的這種賺錢方式，乍看起來有些荒誕不堪，其實每一步驟都很合理，沒有任何讓人難以接受的地方。

如果說洛維格的初步成功是靠了他的天才思維，那麼後來他的事業跨上巔峰，多少還是靠了一定的機遇。

二戰爆發時，也就是洛維格40歲的時候，他已經有了規模不小的船廠和碼頭。隨著太平洋戰爭的開始和加劇，美國政府大量需求船隻。洛維格和政府機構很快打上了交道，政府向他訂購了大量的船隻。洛維格的資本急遽地膨脹起來。

戰後，美國經濟開始走向繁榮。可是洛維格卻逐步陷入了困境。因為政府大大地提高了對造船業的稅率，各式各樣的稅賦像山一般沉重地壓得這一行業的人喘不過氣來。同時，工人薪資提高，原物料價格上漲，形勢逼人。就在此時，洛維格以他的遠見，決定走出美國，向國外輸出資本。

當時，日本政府積極恢復經濟，正急需引進外資，以求發展。野心勃勃的洛維格把目光投向了那裡。日本戰前的海軍重港、從前專門生產其主力艦、航空母艦的地方——吳港，因為戰爭的緣故，被美軍夷為平地。工人們紛紛被遣散，造船廠也關門大吉了。當時日本人一心想重建它，但又不敢驚動美國政府，怕美國把吳港作為美軍的軍事造船基地。精明的洛維格猜透了日本政府的顧慮，便以私人的身分來到這裡，遊說相關部門。他很快贏得了吳港地方官員的信任，跟他簽訂了造船協議，並向他提供了廉價的勞工和平價的鋼鐵。

洛維格租下了碼頭，不僅租金低廉，日本政府還給予他免稅免賦的待遇。吳港的發展為洛維格的產業注入了新的活力。他所造的船噸位越來越大。船隊也越來越龐大。在世界各地的海域裡，都有了洛維格的船隻。

借錢生財，從小到大，從弱到強，洛維格可謂深悟經商之道。

第三章　提升自我，掌握化解難題的智慧

## 打好「借」牌

　　借有幾種方式：或明借或暗借，或正借或反借。但不管怎樣都是為了打出一張「借」的狠牌，以便確保自己心想事成。

　　東漢末年。曹操在平定北方、統一中原之後，統率20萬（號稱80萬）大軍沿長江東進，企圖迫使占有江南六郡的孫權不戰而降，而後一統中國。

　　這時候，屢遭敗績的劉備已退守到長江南岸的樊口。受劉備的委託，諸葛亮隻身一人前往柴桑會見孫權。諸葛亮舌戰群儒，堅定了孫權迎戰曹操的決心，於是，孫權和劉備結為聯盟，聯合抗曹，孫、劉的軍隊與曹操的軍隊在赤壁相遇，拉開了赤壁大戰的序幕。

　　曹操軍隊不善水戰，初次交鋒，孫、劉占了上風。曹操命令荊州降將蔡瑁、張允訓練水軍，周瑜大會群英，巧施離間計，使曹操斬殺蔡瑁、張允。曹操失去善於水戰的指揮，窘迫之際，將大船、小船或三十為一排，或五十為一排，首尾用鐵環鎖在一起，這樣，大江之上，任憑風大浪大，戰船不再顛簸，曹操以為得計。

　　周瑜得知消息，決心用火攻打敗曹軍。但是，時值冬季，江上多西北風，若用火攻，不但燒不了曹軍，反倒要燒了自家戰船，周瑜為此坐臥不寧。諸葛亮能察天文地理，早已測知冬至前後將會有一場大東南風出現，於是自告奮勇，要「借」一場東南大風，助周瑜一臂之力。

　　周瑜驚喜若狂，又得大將黃蓋以死相助，以「苦肉計」騙得曹操的信任。在東南風乍起之時，駕著十餘隻載滿澆上了油和裹有硫磺、乾草等易燃物的戰船，在夜幕降臨之際，迅速接近了曹操的戰船。黃蓋一聲令下，點燃乾草，十餘艘戰船在東南風的勁吹之下，猶如十餘隻火龍，直

撲曹操的戰船。

剎時間，江面上煙火沖天。曹操的戰船連在一起，一船著火，幾十隻船跟著著火，曹操的水軍士兵大部分被燒死、溺死在江中。火從江面蔓延到曹軍岸邊的營寨，岸邊的曹營也變成了一片火海。

孫、劉聯軍趁勢水陸並進，曹操從華容道僥倖逃得性命，20萬大軍損失殆盡。

讓我們再舉一個借勢成事的例子：如果一個人後院起火，正好有風從背後來，結果可想而知。

1980年，美國總統競選的決戰是在共和黨候選人雷根（Ronald Reagan）與民主黨候選人卡特（Jimmy Carter）之間進行，由於二人當時的實力旗鼓相當。因此他們二人展開了美國競選史上最激烈的爭奪戰。

當時的卡特是已經當政4年的在職總統，但政績並不突出。而且內政方面不能令人滿意，國內通貨膨脹加劇，失業人數猛增。人們對這些有關國計民生的問題十分不滿，怨聲載道。而這些正好成了雷根手中的王牌，他集中火力攻擊卡特經濟政策錯誤，並駭人聽聞地宣稱他要消除「卡特大蕭條」。

而這時的卡特也抓住眾多民眾關心的戰爭與和平問題，指責雷根增加防務開支的主張是好戰之舉。

雷根與卡特就是這樣唇槍舌劍，拳來腳往，雙方一時難決雌雄。

1980年代的美國，廣播、電視、報紙等大眾傳播媒介對人們的影響極為廣泛。一個人的形象，在美國民眾的心中往往占有重要位置，有時甚至直接決定了選民投誰一票。所以，總統選舉，與其說是選民在選擇候選人的政策綱領，不如說是在品味候選人的性格、智慧、精力、風度。在這方面，雷根可以說是占據了得天獨厚的優勢。

## 第三章　提升自我，掌握化解難題的智慧

在雷根當選共和黨總統候選人之後，他當年在好萊塢演過的電影。一下子成了熱門，全國各地影劇院、電視臺爭相放映。這股雷根影視熱風，無疑替雷根做了一次絕好的宣傳。人們從影視中看到，當年的雷根英俊瀟灑、精明能幹，而現在仍然生機勃勃、幹勁十足，風度不減當年。這讓人們留下了一個很好的印象。

在雷根影視風興起的同時，雷根還借電視媒體極力展現自己的風采。在與卡特的電視辯論中，雷根表現得能言善辯、妙語連珠。而卡特則相形見絀、呆板遲鈍、結結巴巴。因此在投票之前關鍵性的一場電視辯論後，民意測驗的結果，支持雷根的人上升到67%，支持卡特的人下降為30%。1980年11月4日大選結果，雷根以絕對優勢大獲全勝。

卡特本身就因失業人數猛增等原因，引起後院起火。正趕上與雷根爭奪總統，好萊塢電影之火終於把他燒得遍體鱗傷，「無顏見人」，從而退出了政治舞臺。

可見，「借」是一張狠牌，就看你會不會打！

# 踩在巨人肩上

關於成事之借,有許多經典說法。例如,荀子說:「藉助於車馬的人,不必自己跑得快,卻能遠行千里;藉助於舟船的人。不必自己善水性,卻能渡江河。君子生性與別人無異,只是因為他善於藉助和利用外物,所以就不同了。」荀子有「君子性非異也,善假於物也」的東方智慧,牛頓有「踩在巨人肩上」的西方智慧。

在成功學中,「借」的意義何在?在關係網中,「借」是核心。關係網是人際關係的重要部分。掌握了「借力」這一核心,就掌握了關係網的精髓,就有可能透過借力,完成從沒錢、沒背景、沒經驗向成功的轉化。

古之「借風騰雲」、「借屍還魂」、「借腹懷胎」、「借名釣利」、「借力打力」、「借雞生蛋」,無不是講究一個「借」字,講究藉助外部力量而求得發展。帆船出海,風箏上天,無不是「好風憑藉力,送我上青雲」。而人的成功,也需要借力。

香港,作為東亞四小龍之一,這顆最璀璨的明珠,就是憑藉與外國的大公司合營,借別人的知名品牌,借用外國原材料,借用外國公司的銷售管道和銷售市場,從事加工製造,從事出口貿易。憑藉「借風騰雲」的思維,迅速使香港走向了繁榮。

一個人大部分的成就總是承蒙他人之賜;他人常在無形之中將希望、鼓勵、輔助投入我們的生命中,從而啟用了精神世界,常使我們的各種能力趨於銳利。

生命的生長,總依靠心靈從四處吸收營養,而這種營養,官能的感覺是不能覺察、不能測量的。從耳目中吸收進「力量」,而這種力量的吸收不是取道於官能的視覺、聽覺神經的。一個成功人士,肯定有著良好

## 第三章 提升自我，掌握化解難題的智慧

的人際關係；一個成功人士的背後，肯定有著發達的關係網。

所以，一個人力量有多大，不在於他能舉起多重的石頭，而在於他能獲得多少人的幫助。一幅名畫中最偉大的東西，不在於畫布上的色彩、影子或格式，而是在這一切背後的畫家的人格中——那黏著在他的生命中，那為他們所傳襲、所經歷的一切的總和所構成的一種偉大的力量！

任何人一跨入社會都應該學會待人接物、結交朋友的方法，以便互相提攜、互相促進、互相尊重，否則，單槍匹馬絕對難以發展到成功的地步。

鋼鐵大王卡內基曾經親自預先寫好自己的墓誌銘：「長眠於此地的人懂得在他的事業過程中起用比他自己更優秀的人。」

大部分人都有一種特長，就是善於觀察別人。並能夠吸引一批見識過人的良朋好友來合作，激發共同的力量。這是成功者最重要的，也是最寶貴的借人經驗。

任何人想成為一個企業的領袖，或者在某項事業上獲得巨大的成功，首要的條件是要有一種鑑別人才的眼光，能夠辨識出他人的優點，並在自己的事業道路上利用他們的這些優點。

一位商界著名人物，也是銀行界的領袖曾說：他的成功得益於鑑別人才的眼光。這種眼光使得他能把每一個員工都安排到恰當的位置上，並且從來沒有出過差錯。不僅如此，他還努力使員工們知道他們所擔任的位置對於整個事業的重大意義，這樣一來，這些員工無需人的監督，就能把事情辦得有條有理、十分妥當。

但是，鑑別人才的眼光並非人人都有。許多經營大事業失敗的人都是因為他們缺乏辨識人才的眼光，他們常常把工作分派給不恰當的人去

做。他們本身儘管工作非常努力,但他們常常對能力平庸的人委以重任,反而冷落了有真才實學的人,使他們埋沒在角落裡。

其實,他們一點都不明白,一個所謂的人才,並不是能把每件事情做得很好、樣樣精通的人,而是能在某一方面做得特別出色的人。比如說,對於一個會寫文章的人,他們便認為是個人才,認為他管理人也一定不差。但其實,一個人能否做一個合格的管理人員,與他是否會寫文章是毫無關係的。他必須在分配資源、制定計畫、安排工作、組織控制等方面有專門技能,但這些技能並不是一個善寫文章的人就一定具備的。

世上成千上萬的經商失敗者,都敗在他們把許多不適宜的工作強加到僱員的肩上去,卻不管他們是否能夠勝任,是否感到愉快。

一個善於用人、善於安排工作的人就會在管理上少出許多麻煩。他對於每個僱員的特長都了解得很清楚,也盡力做到把他們安排在最恰當的位置上。但那些不善於管理的人卻往往忽視這個重要的方面,而總是考慮管理上一些雞毛蒜皮的小事,這樣的人當然要失敗。

很多精明能幹的總經理、大主管在辦公室的時間很少,常常在外旅行或出去打球。但他們公司的營業絲毫未受不利因素的影響。公司的業務仍然像時鐘的發條機制一樣有條不紊地進行著。他們如何能做到這樣省心呢?他們有什麼管理祕訣呢?沒有別的祕訣,只有一條:他們善於把恰當的工作分配給最恰當的人。

如果你所挑選的人才與你的才能相當,那麼你就好像用了兩個人一樣。如果你所挑選的人才,儘管職位在你之下,但才能卻要超過你,則你用人的水準真可算得上高人一等。

這不是什麼特別稀罕的事情,有許多僱員的辦事能力往往要在僱主

## 第三章 提升自我，掌握化解難題的智慧

之上，這些人只要機會一到，就可以立即自創事業。有很多本可以大建功業的人都是因為沒有把握好機會，以致一生默默無聞。不少年輕人剛開始工作就顯示出驚人的才能和做事的能力，但後來因為有了家庭、拖兒帶女，便不敢拿出全部的勇氣，去像他們的老闆那樣搏擊一番，闖出一片新的天空。雖然他們也常常想：如果自己獨立奮鬥。成就絕不會在自己的老闆之下。

這種推測是合乎情理的，有許多人之所以有驚人的發展，成就偉大的事業，往往是因為他們承受了很大的壓力。比如，當美國的政治發生重大變故、國內大亂、人民居無定所的時候，像林肯、格蘭特（Ulysses S. Grant）、法拉格特（David Farragut）、薛曼（Roger Sherman）等人便挺身而出，受命於危難之間，擔起了國家的重任。

一個人是唱不了大合唱的，必須借人而成事。由此可見，借人成事是至關重要的，你若忽略這一點，便只能演獨角戲。

# 第四章
## 人脈廣結、自信提升,
## 以方法戰勝困難

## 第四章　人脈廣結、自信提升，以方法戰勝困難

# 多個朋友多條路

　　俗話說，多個朋友多條路。朋友多了，路廣了，辦事情就得心應手，事半功倍；反之，則勞神費力，難上加難。

　　從某種意義上說，朋友的多少決定了我們未來的道路是平坦，還是曲折；是有「貴人相助」，還是要自己苦苦奮鬥。大量的事實表明，誰的朋友越多，來往越密切，他辦起事來就效率更高，成功的機率也更大。

　　當你在物質上或經濟上遇到困難時，好朋友能夠慷慨解囊，傾力相助。

　　北宋政治家范仲淹和石曼卿是至交。一天，范仲淹的兒子范堯夫在蘇州收了一船小麥，在丹陽靠岸休息時，正巧碰見了石曼卿。范堯夫上前問好，發現石曼卿面有憂色。原來石曼卿的老伴去世了，原本打算送到河南南丘縣安葬，但盤纏已盡，只好滯留於丹陽。范堯夫當即把一船麥子送給了石曼卿，並留下同伴幫助處理喪事，自己單身一人回家告知父親。范仲淹對此倍加讚賞。他認為，錢財的多少並不重要，朋友的情義才是最珍貴的。

　　好朋友也可能在你事業困頓時出手相助。

　　唐玄宗天寶元年，李白遊歷到京城長安，遇見了當時已是朝廷三品大官的賀知章，二人一見如故，相談甚歡。賀知章邀李白飲酒，因為忘了帶錢，便把皇帝賞賜的金飾解下來當酒錢，還引用了李白「人生得意須盡歡，莫使金樽空對月」的詩句，二人盡興而別。不久，賀知章又向唐玄宗力薦李白。唐玄宗也久聞李白大名，任命李白為翰林學士。

　　在具體的工作中，更少不了朋友的支持與合作。

　　如果你是跑新聞的，那麼你就更需要四面撒網，廣交朋友，以獲取

各種新聞線索。有一位業餘通訊員被多家報刊雜誌社聘為特約撰稿人，他所寫的稿件也常常被刊物廣泛採用。在他每年所發表的 100 多篇稿件中，其中有 2／3 的稿件不是他生活圈子裡的事，而是他的朋友所提供的素材。他感慨地說，他的成功有大半要歸功於朋友們的大力支持。

要多交朋友，建立一張人際關係網，就要積極主動，找到與朋友溝通的技巧。那麼，怎麼樣才能結交到好朋友呢？

1. 如果你想多結交一些朋友，你就需要主動地了解對方的興趣愛好。你可以透過多種方式得到他們這些方面的資訊。比如：平時相處時多觀察了解，向他的朋友打聽詢問，或者查閱他的個人資料等。
2. 人與人來往中會出現一些交際的好機會。多一些有益的朋友，會有機會轉變你的一生。朋友在關鍵時候幫你一把，可能會直接促成事業的成功。所以，要時刻留意能結交朋友的好機會。
3. 結交朋友不僅要掌握機遇，同時還要創造機遇。如果你想和剛認識的朋友進一步發展關係，你可以請他們到你家做客。人與人之間接觸越多，彼此間的距離就可能接近。交際中的一條重要規則就是：找機會多和別人接觸。
4. 一旦和別人取得聯絡，建立初步關係之後，要設法進一步鞏固和發展。交際中往往會有兩種目的：直接目的就是要達到某項交易或有利於事情的解決，或想得到別人某些方面的指導。間接目的不是為了解決某個問題，不是為了某種利益關係，只是為了和對方加深關係，增進了解，以使你們的朋友關係長期地保持下來。這種間接目的可以使你的人生更豐富、更有價值。

如果你在無事相求時，也能與他人保持親密的朋友關係，那麼，你就到了交朋友的理想狀態。真正可以親密來往的朋友，越是無事相求時，越能盡情地來往。反之，遇上有事相託時，即使三言兩語，彼此也

## 第四章　人脈廣結、自信提升，以方法戰勝困難

能明白對方想說的話。此時，對方會盡己所能來幫助你辦事。

　　5，要想保持與朋友的來往，就要學會與朋友融洽相處。在生活中，經常有人抱怨朋友對自己不夠好，或者因為交不到好朋友而煩惱，這往往是由於不懂得如何與朋友相處造成的。如果遇到類似情況，你不妨捫心自問：我是否接受了他的獨特性？我是否認真地聽他說話？我是否容忍了他的缺點？我是否經常與他聯絡感情？如果答案是否定的，那麼你就該好好改正你的態度了。只有求同存異、共同進步，這樣的朋友關係才能持久。

# 善於尋找和結交朋友

誰能更好地結交朋友，誰便能利用朋友的力量辦成大事。

善於辦事的人本身並不一定有什麼出類拔萃的異能，也許還是個極平凡的人，只不過是善於團結一批人為己所用。所以，在辦事的過程中，要學會尋找和借用朋友的才能來辦事。

常言道：「生意好做，夥伴難找。」夥伴難找，善於運籌帷幄的朋友就更難求了，尋找一位能獨當一面、協助自己成功的朋友尤為困難。

美國著名的百貨公司西爾斯‧羅巴克公司的創始人之一──理查‧西爾斯（Richard Warren Sears）是靠做小生意起家的。他一生最大的長處，也是他成功的最主要因素，就是他善於尋找和結交朋友。

西爾斯剛開始創業的時候，在明尼蘇達州一條鐵路上當運送貨物的代理商。做這種代理商有個共同的煩惱：有時收貨人嫌貨不好，拒收送到的貨物，若再將貨物帶回，就會倒賠一筆運費。西爾斯為了避免這種情況，想出了一個新招──郵寄。這樣不僅退貨率大為降低，也為買主增加了便利。這種「函購、郵寄」的方式，獲得了意外的成功。

西爾斯知道自己的生意必須擴大規模，否則，別人利用他創造的這種經營方法，很可能趕到他前面去。

他飽嘗了「夥伴難找」的滋味。他挑選了將近五年，直到有一天晚上，這個注定要在西爾斯的事業中發揮關鍵性作用的人，自己騎著馬來了。

他叫羅巴克（Alvah Curtis Roebuck），到聖保羅去買東西，不料中途迷了路，已經飢腸轆轆，人困馬乏。在皎潔的月光下，正在徘徊散步的西爾斯看見了羅巴克，他邀請羅巴克到他的小店中休息，兩人一見如

## 第四章 人脈廣結、自信提升，以方法戰勝困難

故，然後隔著桌子熱烈地擁抱在一起。以兩人姓氏為名的世界性的大企業「西爾斯‧羅巴克公司」在擁抱中誕生了。

合作帶來了新的財力和機遇，西爾斯如虎添翼，公司第一年的營業額就比西爾斯一個人時增加將近十倍，達四十萬美元。第二年的發展更快，這種發展速度不僅為二人始料不及，而且使他倆明顯地感到力不從心了。

羅巴克說：「我們何不請一個有才能的人參加我們的生意？」西爾斯一直把當年發現羅巴克視為一大樂事，對他的這個建議由衷讚許：「好吧，我們為我們的生意找個老闆。」

為上百萬元的生意找個經營人，實在比找夥伴困難多了，他們不久就灰了心。這種大將之才，本來就是很稀少的；即使真有這種人才，恐怕也早被別人拉走了。

西爾斯和羅巴克經過幾番謀劃，決定開拓視野，到一般的小商人中去尋找。因為大公司的經理一般不屑於經營他們的「雜貨舖」，而在平凡的人物中選拔適當人才委以重任，他們一定會盡全力報效，不會像重金禮聘的知名人物，即使請來了，也只是抱著「幫幫忙」的心理。

終於有一天，一個布店老闆進入了他們的視線。

那天，西爾斯與羅巴克正好路過一家布店，只見人群擁擠，爭先恐後地在搶購。等他們走近一看，才知道這家布店想出來的主意比任何人想像中的都好。店門前貼著的大紙上寫道：衣料已售完，明日有新貨進來。那些搶購的女人，唯恐明天買不到，預先交錢。夥計解釋說，這種法國衣料原料不多，難以大量供應。西爾斯知道這種布料進的不多，但並非因為缺少原料，而是因為銷路不好，沒辦法再繼續進口。看到布店老闆對女人心理如此巧妙的運用，以缺貨來吊起時髦女人的胃口，他實

在覺得這個老闆手法高人一籌，令人折服。

「雖然不知他長得什麼樣，也不知他是老是少，但我幾乎可以肯定，這個人就是我們要找的人！」西爾斯和羅巴克都這樣認為。然而，當他倆與店主見面時，卻大感意外，不禁面面相覷。原來他就是經常到他們店裡販布的路華德。他們彼此已認識好幾年，從沒有深談過，並且路華德也從未有過什麼特別的舉動，因此西爾斯和羅巴克對他也就沒有什麼特殊的印象，直到這次，他們把對方細細打量一番，才發現他的目光中有一種說不出的神采，給人精明能幹的感覺。

寒暄之後，西爾斯開門見山地對路華德說：「我們想請你參加我們的生意，坦白地說，想請你去當總經理。」

當上總經理的路華德為報知遇之恩，工作非常投入，取得了驚人的成就。西爾斯‧羅巴克公司聲譽日隆，十年之中，營業額竟增加了600多倍。一時間，該公司擁有30萬員工，每年的售貨額將近70億美元。對於零售行業，這簡直是個不可思議的天文數字。

西爾斯就是這樣藉著與朋友的合作，獲得了後來的成功，如果當年他不發現和利用人才，沒有與羅巴克和路華德合作，他的事業就不可能在最短的時間內獲得那麼大的成功。

一項事業的發展，如果有了朋友的幫助，就像往火中添柴，越燒越旺。在大多數的情況下，想成功，必須仰賴合作者的幫助。與你合作的人越多，你的運勢就越旺，如果你又能正確地選擇對你有幫助的人，成功必定指日可待。

世上有不少人獲得了成功，這是因為他們具有獲得成功的條件。除去環境、機遇和個人能力等因素，處理好人際關係，特別是善於結交朋友，則是不容忽視的環節。

## 第四章 人脈廣結、自信提升，以方法戰勝困難

如何才能吸引有幫助的朋友的合作呢？

1. 滿足情感的需求。所謂情感需求，主要係指友情、彼此的夥伴意識。滿足對方對友情的渴求，對方自然樂意助你一臂之力。存在於你和合作者之間的，不是利害關係，而是「友誼」、「相互的尊重」。
2. 給予金錢的利益。切莫輕視利益的重要性，因為利益是吸引合作者助你一臂之力的要素，但是，過分重視利益也會破壞友誼的純度。不給對方利益，會毀損你的魅力，給太多則可能適得其反。這之間的尺度，就靠你自己去掌握。
3. 提高對方的自我重要感。在提高自我重要感方面，要明確地讓對方知道，你多麼需要對方的幫助，而且除了他沒有人有能力幫助你。

如能將上述三項祕訣銘記在心，你便會散發出無比的魅力，吸引優秀的合作者向你靠近，助你邁向成功之路。

## 尋求同仁支持

　　同仁的力量不可小視。幫助了他們，就是幫助了你自己。

　　同仁是你根據自己的志趣、愛好等發現的工作夥伴。人們往往四處尋找能幫助自己的貴人，而往往忽略了身邊的同仁就是不能缺少的靠山。其實，你身邊的同事、朋友都是你成功辦事的最有效的資源。古代成大事的人，大都是以心換心，得到了無數同仁的支持，並依靠他們的力量，取得了事業成功。

　　三國時，劉備為了避免與曹操十萬大軍交戰，便棄攀城，帶領百姓向江陵進發，在長坂坡與曹操的追兵展開血戰，趙雲為救劉備妻兒，單槍匹馬突出重圍，歷盡艱險，終於來到了劉備的面前。當時劉備正在距離長坂坡二十餘里的地方和眾人在樹下休息，趙雲一見到劉備，便立即下馬「伏地而泣」，而「玄德亦泣」。趙雲不顧自己的疲憊，氣喘吁吁地對劉備說：「趙雲之罪，萬死猶輕！夫人身帶重傷，不肯上馬，投井而死，雲只得推土牆掩之。懷抱公子，突出重圍，賴主公洪福，幸而脫險。」說著，想起懷中的公子剛剛還在哭泣，急忙解開來看，阿斗正睡著還沒醒。於是趙雲欣喜地說：「幸得公子無恙！」便雙手遞給劉備。劉備接過孩子，扔在地上說：「為汝這孺子，幾損我一員大將！」趙雲看到劉備如此，連忙從地上抱起阿斗，泣對劉備說：「雲雖肝腦塗地，不能報也！」

　　雖然人們對劉備擲阿斗一事歷來頗有爭議。無論劉備是故意作態給別人看，以籠絡周圍將士的心，還是他真的愛將勝於愛子，但阿斗的確是趙雲從地上抱起來的，這在一定程度上也表明了劉備當時是輕父子情，重君臣心的。他對趙雲的感激憐愛之心溢於言表，趙雲也由此更加堅定了為劉備效力的決心。正是劉備對將士有著感恩之情，他的周圍才聚集了趙雲、張飛、關羽、諸葛亮這些才華橫溢的傑出人才，成為他振

## 第四章 人脈廣結、自信提升，以方法戰勝困難

興大業的有力依靠。

劉備之所以能夠三分天下，擁有自己的一席之地，其中重要原因就在於他以一顆仁義之心換得了同仁對他的支持與感恩，使他得以依靠同仁的力量成就自己的事業。

同仁是你事業或工作的夥伴，在一定程度上你們會相互扶持，相互依靠。然而這種關係卻是相對的、不斷變化的，因為天下本沒有「不散的筵席」，隨著時間的推移，環境的改變，昔日的「死黨」可能也會成為今天的陌路。如果你因此就慨嘆「世態炎涼，人情冷暖」而甘於遠離人群，拒絕同仁間的接觸，那你就是對同仁這一資源的極大浪費。

同在一個群體中生存、奮進，同仁之間就必然要互動與依賴。誰可以不依靠自己的同仁而最終能在工作中獲得成功呢？而如果你一開始便對同仁和同仁關係抱有一種懷疑和悲觀的態度，那麼又有誰樂意和你攜手共進呢？怎樣才能找到一個兩全齊美的辦法呢？首先你必須解開思想上的一個疙瘩：這就是說既不能對同仁和友誼存在過高的幻想，同時也不能對它過分悲觀。只要以一顆真誠的心去面對你的同仁，就能夠得到對方同樣的回報，為自己增加一個可以同甘苦、謀事業的堅強靠山。

既然這樣，對於同仁這種關係，就應該變得實在一些了。同仁和血緣關係不一樣，兩者之間還有著較大的區別。因為你可以「隨心所欲」地選擇你的同仁。沒有人事先規定你：「這個人就是你的同仁！」而如果我們能根據自己的需求來選擇自己的夥伴，那麼，我們就不能對於他們的不同見解和態度怨天尤人，因為他是你自己所選擇的。因此，如果過程中發生什麼樣的變故，那也只說明你需要調整自己的處世原則與處世藝術。這一點非常重要。每個人在生活中都不是先知，都不可能不犯錯，對於同仁之間的事情也同樣是如此。只要建立了自己的原則，並且不斷修正它、完善它，就可以碰到真正與自己適合的夥伴。

## 平時多燒香

只有平時打好了關係，到需要辦事時才會有求必應。

如果平時不燒香，等到需要時才「臨時抱佛腳」，儘管你下的功夫很大，人家也可能一口回絕你的請求。

有這樣一個寓言：黃蜂與鷓鴣因為口渴得很，就找農夫要水喝，並答應付給農夫豐厚的回報。鷓鴣向農夫許諾牠可以替葡萄樹鬆土，讓葡萄長得更好，結出更多的果實；黃蜂則表示牠能替農夫看守葡萄園，一旦有人來偷，牠就用毒針去刺。農夫並不感興趣，對黃蜂和鷓鴣說：「你們沒有口渴時，怎麼沒想到要替我做事呢？」

這個寓言告訴我們這樣一個道理：平時不注意與人方便，等到有求於人時，再提出替人出力，未免太遲了。

有一位出版商，他平時即很注意人際關係的建立，不論是大人物還是小人物，他都不吝花費和他們建立關係，有一位與他並未謀面的作家因為急需錢用，向他借錢，他二話不說就掏出 10,000 元。他廣建人際關係的結果是，到處都有人幫助他，他也因而得到很多好稿子。後來他在有困難時，有很多人幫他度過難關。

如果平時養成樂於助人的習慣，總是抱著助人為樂的心理去辦事，那麼，很可能你要辦的事也就在無意之中辦成了。

很多年前，在一個風雨交加的深夜，有一家飯店的服務生正準備關門。這時候走進來一對老年夫婦，他們正為找不到住處而發愁。不巧的是，這家飯店也沒有床位了。可是看到客人又冷又睏的樣子，年輕人不忍心將他們拒之門外，於是將自己的舖位讓給他們住下，年輕人則在大廳睡了一宿地鋪。第二天早上，客人堅持按房價支付他房費。他拒絕

## 第四章 人脈廣結、自信提升，以方法戰勝困難

了，他說：「我只是把自己的房間借給你們住，這不屬於營業範疇。」

那對夫婦臨走時稱讚年輕人說：「好棒，你如此願意幫助別人，將來一定會成為一家大老闆。」

幾天之後，年輕人收到一封寄自紐約的信件，信正是出自那對夫婦之手，隨信還附有一張前往紐約的機票。這對夫婦在信中告訴他：他們專門為他在紐約建造了一家大酒店，邀請他經營管理。年輕人有一顆樂於助人的心，因而獲得了一個夢寐以求的成功機會。

與朋友建立「關係」最基本的原則就是：不要與朋友失去聯絡。不要等到需要獲得別人幫助時才想到別人。你有沒有這樣的體會：當你遇到某種困難，想找個朋友幫你解決時，卻突然想起來，過去有許多時候，本來應該去看他的，結果你沒有去。現在有求於人家就去找，心裡總覺得不踏實，老問自己：會不會太唐突了？會不會遭到他的拒絕？在這種情形之下，你免不了要後悔不該「平時不燒香」了。

有時候，半年以上不與某個朋友聯絡，就有可能失去這位朋友。因此，主動與朋友聯絡十分重要。試著每天打 5～10 個電話，不但能擴大自己的交際範圍，還能維繫舊情誼。如果一天打通 10 個電話，一星期就有 50 個，一個月下來，便可到達 200 個。這樣一來，你每個月大概都可多十幾個「有力人士」為你打通關節。

俗話說得好：「平時多燒香，急時有人幫」、「晴天留人情，雨天好借傘」，真正善於求人的人都有長遠的策略眼光，早作準備，未雨綢繆，這樣在急時就會得到意想不到的幫助。

# 人情投資是一本萬利

要想辦事順利，就要提前準備籌劃，把人情留好，辦起事來就容易多了。

萬事求人難。現實生活中，為了求人成功，人們運用各式各樣的方法，甚至無所不用其極。其實，用人情打通關係不是一時就能見效的，這需要有預見性的感情投資，並耐心等待，辦事時才會有成功的喜訊來臨。

俗話說：「在家靠父母，出門靠朋友」，多一個朋友多一條路。要想人愛己，己須先愛人。只有時刻存有樂善好施、成人之美的心思，才能為自己多保留些人情的債權。這就如同一個人為防不測，須養成「儲蓄」的習慣，這甚至會讓他的子孫後代得到好處，正所謂「前世修來的福分」。

日本哈維公司的山本董事長手腕高人一籌，他運用感情投資的人情效應，辦成心中的大事——為企業長期的發展立下了大功。

山本董事長的交際方式與一般企業家的交際方式的不同之處是：不僅奉承公司要人，對與自己合作的公司裡的年輕職員也殷勤款待。

山本長期承包一些大電器公司的工程，他總是想方設法將電器公司內各員工的學歷、人際關係、工作能力和業績，做一次全面的調查和了解，當他認為某個人大有可為，以後會成為該公司的要員時，就對這個職員盡心款待。山本董事長這樣做的目的，是為日後獲得更多的利益做準備。山本明白，十個欠他人情債的人當中有九個會帶給他意想不到的收益。他現在做的「虧本」生意，日後會利滾利地收回。

當山本看到合作夥伴的公司中有年輕職員晉升為科長時，他會立即

## 第四章　人脈廣結、自信提升，以方法戰勝困難

跑去慶祝，贈送禮物。同時還邀請他到高級餐廳用餐。年輕的科長很少去過這類場所，因此，對他的這種盛情款待自然備加感動，心想：「我從前從未給過山本董事長任何好處，並且現在也沒有掌握重大交易決策權，山本董事長就這麼看得起我，他真是位大好人！」無形之中，這位年輕科長自然產生了感恩圖報的心思。

如果這個職員感到受寵若驚，想藉故推脫，山本就說：「我們企業有今日，完全是靠與你們公司的合作。因此，我向你這位優秀的職員表示謝意，也是應該的。」這位職員就沒有了心理負擔，自然而然地與山本成了朋友。

這樣，當有朝一日這些職員晉升至處長、經理等要職時，還記著山本董事長的恩惠，不會中斷與他的公司的業務聯絡。

在生意競爭十分激烈的時期，許多承包商倒閉的倒閉了，破產的破產了，而山本董事長的企業卻仍舊生意興隆，其原因是他平常人情投資多的緣故。

山本董事長的「放長線」手腕，顯示了他運用人情效應的魔力。求人交友要有長遠眼光，儘管少做臨時抱佛腳的事，要注意有目標的長期感情投資。

在關鍵的時候替自己累積一些人情，當自己有困難的時候說不定就能得到別人的回報。雪中送炭、口渴送水，對身處困境中的人僅僅有同情之心是不夠的，應給予具體的幫助，使其度過難關，這種分憂解難的行為最易引起對方的感激之情，進而形成友情。

生活中有許多人抱著「有事有人，無事無人」的態度，把朋友當作受傷後的拐杖，復原後就扔掉。此類人大多會被拋棄，沒人願意再幫忙他。他去施恩，也沒人願意領受他的情。不肯幫助人，總是太看重自己

絲絲縷縷的得失，這樣的人最不受人歡迎。別人伸出求援的手，他會冷冷地推開；別人痛苦地呻吟，他卻無動於衷；至於路遇不平，更是不會拔刀相助；就算見死不救，也許他還會有十足的理由。自私，使這種人吝嗇到了連微弱的同情和絲毫的給予都拿不出來。因為他的心只能容下一個可憐的自己，整個世界都不關注和關心，其實，他也在一步步堵死自己所有可能的路，同時也在拒絕所有可能的幫助。

究竟如何獲得人情，並無一定之規。對於一個身陷困境的窮人，一枚銅板的幫助可能會使他緩解一下極度的飢餓和困苦；對於一個執迷不悟的浪子，一次促膝交心的幫助可能會使他建立做人的尊嚴和自信；就在平常的生活中，對一個正直的舉動送去讚賞的眼神，這一眼神無形中可能就是正義強大的動力；對一種新穎的見解報以一陣贊同的掌聲，這一掌聲無意中可能就是對革新思想的巨大支持：對一個陌生人很隨意的一次幫助，可能也會使那個陌生人悟到善良的難得和真情的可貴，說不定他看到有人遭到難處時，他會很快從自己曾經被人幫助的回憶中汲取勇氣和仁慈。

一個沒有人情味的人，永遠無法達到人情操縱自如的境界。從感情投資獲得人情，要掌握以下基本要領：

1. 施恩時不要說得過於直露，挑得太明，以免令對方感到丟了面子，臉上無光。已經幫過別人的忙，更不要四處張揚。
2. 施恩不可一次過多，以免造成對方還債的負擔，甚至因為受之有愧，與你疏遠。
3. 給人好處還要注意選擇對象。像狼一樣餵不飽的人，你幫他的忙，說不定還會被反咬一口。

第四章　人脈廣結、自信提升，以方法戰勝困難

# 與暫時不得勢的人來往

　　王爾德（Oscar Wilde）曾說過：世人都疏遠了我，而他仍在我身邊，這樣的人就是我真正的朋友。

　　俗話說，三十年河東，三十年河西。人們自然喜歡結交現在看來就很有價值的朋友，但是，誰知道明天的變化呢？我們為人處世，還需要長遠眼光。今天的「冷廟」有可能是明天的「熱廟」，凡事要有自己的主見，不能老是跟在別人屁股後面跑。

　　所謂「投之以木瓜，報之以瓊瑤」，只要我們試著去幫助那些暫時不得勢的朋友，也會獲得豐厚的回報的。

　　趙迪曾任某公司總經理，每年年底，禮物、賀卡就像雪片一般飛來。可是當趙迪退休之後，所收的禮物只有一兩件，賀年卡一張也沒有收到。以往訪客來往不絕，而這年卻寥寥無幾。

　　正在他備感寂寞的時候，以前的一位下屬帶著禮物來看他。在任職期間，趙迪並不很重視這位職員，這個人的來訪，不覺使他感動得熱淚盈眶。

　　過了兩三年後，趙迪被原本公司聘為顧問，他很自然地就重用提拔這位職員。因為這個職員能在沒有利益關係的情況下，登門拜訪，因此讓趙迪心中留下了很深刻的印象。

　　在失意的時候還相互扶持的朋友，才是真正的朋友。一個人失勢時，經常會遭到眾人的漠視，原本與他來往密切的人都離他而去，如果此時你伸出援助之手，與之互動，他就會心存感激，銘記一輩子。對失勢的人說一句暖心的話，就像對一個將倒的人輕輕扶一把，可以讓他得到支持和寬慰。

## 與暫時不得勢的人來往

人類的習慣之一，是往優秀出色的人靠攏。好像能與事業有成的人締結關係，便可以巧妙地利用對方那股氣勢。然而在這種情況下交上的朋友，通常無法培育出可靠的人際關係。由於萬事順利、春風得意的人，人人都想與其結識，都想與其交上朋友，一方面他也顧不過來，另一方面他也不願與巴結他的人成為真正的朋友。

反之，如果與那些暫時不得勢的人來往，並成為好朋友，那就完全不同了，就像買股票一樣，買了最有價值的原始股，就像向「冷廟」燒香的道理一樣。一般人燒香都選香火鼎盛的廟，是認為這種廟比較靈驗，可以庇護自己各方面順利如意。而越是香火鼎盛的廟，越是吸引香客。至於香客寥寥的「冷廟」，不管這座廟靈不靈，除非有「神蹟」出現，否則只會逐漸地「冷」下去。

其實，人趨炎附勢的行為和燒香的行為是一樣的，總是向當權的人、當紅的人靠攏，同道的當然奉承巴結，不同道的也要想盡辦法拉上一點關係，就像人們走遍千山萬水也要到某個名廟燒一炷香一樣。

從人生的角度來看，人們不可能一帆風順，挫折、厄運是難免的。當人們落難的時候，正是對周圍的人，特別是對朋友的考驗。遠離而去的人可能從此成為路人，同情、幫助他度過難關的人，他可能銘記一輩子。所謂莫逆之交、患難朋友，往往就是在困難時期產生的，這時形成的友誼是最有價值、最令人珍視的。

第四章　人脈廣結、自信提升，以方法戰勝困難

## 誘導別人幫助你

央求不如婉求，勸導不如誘導。

要引起別人對你的計畫的熱心參與，可以先誘導他們嘗試一下，讓他們先從做一點容易的事情入手，這些容易成功的事情，往往會帶給他們一種令人興奮的成就感，從而促使他們更進一步地加入深一層的工作。

美國《紐約時報》總編輯萊特身邊缺少一位精明幹練的助理。萊特的目光瞄準了年輕的約翰·海。而當時約翰·海剛從西班牙首都馬德里辭去外交官職務，正準備回到家鄉伊利諾州從事律師職業。

萊特請約翰·海到俱樂部吃飯。飯後，他提議約翰·海到報社去玩玩。到報社後，萊特從許多電訊之間，找到了一條重要訊息。當時恰巧國外新聞的編輯不在，於是萊特對約翰·海說：「請坐下來，為明天的報紙寫一段關於這個訊息的社論吧。」約翰·海覺得無法拒絕，於是就提起筆來寫了這段社論。

社論寫得很棒，於是萊特表示非常感謝，並請他再幫忙頂缺一星期、一個月，漸漸地乾脆讓他擔任這一職務。約翰·海就這樣在不知不覺中放棄了回家鄉當律師的計畫，而留在紐約做了新聞記者。

萊特的辦事策略高超過人。他本來是求人幫忙，但是，他沒有直接地去強求約翰·海放棄自己的職業夢想，而是從寫一小段社論開始，不斷地勸誘約翰·海進一步地創作，結果使約翰·海自覺地完成了一項又一項的任務，真正成為他的得力助手。萊特的求人辦事的高超之處在於：不露聲色，渾然無跡。

當你要誘導別人做一件重大的事情時，你最好給他一個強烈刺激，使他對做這件事有一個要求成功的欲望。在此情形下，他的自尊心被激起來了，他已經被一種渴望成功的意識刺激了，於是，他就會很高興地為了愉快的經驗再嘗試一下了。

第四章　人脈廣結、自信提升，以方法戰勝困難

# 讓對方覺得他與你利益一致

　　交友辦事，如果讓對方覺得他與你有相同的利益，對方辦事就會更主動，就會收到更好的效果。

　　讓對方知道你與他有著共同的利益，對方才會竭盡全力去做。在這個世界上，沒有人為了維護自己的利益而不去努力的。

　　戰國時代後期，經過商鞅變法後的秦國逐漸強大起來，成為七雄中實力最強的國家，齊、楚、燕、韓、趙、魏六國均無力單獨抗擊強秦的侵略。為了與強大的秦國對抗，保障弱小國家的利益，六國聯合，勢在必行。

　　西元前 314 年，蘇秦先到燕國，向燕文王指出，自己的國家與燕國有著共同的敵人、共同的利益，在強大的秦國面前，各小國好比風中的蠟燭，只有大家聯合起來，才能保護各國的利益不受侵犯。他勸說燕文王應與近在百里的趙國聯合，以防千里之外的強秦。

　　燕文王接受了蘇秦的建議之後，蘇秦又來到趙國，向趙肅侯指出了大家的共同利益。他說：「秦國進攻趙國，是因為顧慮韓、魏二國襲其後方。如果秦國先打敗韓、魏，再舉兵攻趙，那麼趙國的災難就到來了。」蘇秦還向趙王指出：六國之地五倍於秦，六國之兵十倍於秦，如果為了共同的利益，能夠合六為一，同心同德，必定能打敗秦國。因此，他希望趙王邀請韓、齊、楚、燕等國國君進行談判，共商六國聯合抗秦大業，這樣，秦國就不敢進攻六國中的任何一國了。

　　在整個遊說過程中，蘇秦抓住了各國都要維護自己的利益，秦國是他們的共同敵人這一主線，講明六國有著共同的利益關係，合則可以抗強，分則有被秦國各個擊破的危險。因此，同舟共濟，聯合抗秦，才是

保護自己國家利益不被分割的唯一選擇。

相反地，如果把對方的利益排斥在自己的利益之外，會影響辦事的效果。

一隻獅子和一隻狼同時發現一隻小鹿，於是商量好共同去追捕那隻小鹿。它們合作良好，當野狼把小鹿撲倒時，獅子便上前一口把小鹿咬死。但這時獅子起了貪念，不想和野狼平分這隻小鹿，於是想把野狼也咬死，可是野狼拚命抵抗，後來野狼被獅子咬死了，但獅子也受了很重的傷，無法享受美味。

如果獅子不咬死野狼，而和野狼平分獵物，不但自己不會受到重傷，也可享受美味。

利益的相通性、同一性和互補性是建立在團結一致，同心協力的基礎上的。只有這樣，才能求得一榮俱榮，避免一損俱損的結果。

那麼，怎樣才能做到利益相通呢？

1. 經常強調你們可以獲得的共同利益。共同利益的目標，是形成彼此信賴和靠近關係的基礎。有了共同目標和利益，對方與你的衝突是完全可以緩解和避免的。
2. 可以常說「我們」一詞來加強同伴意識。「我們」意味著「你也是其中的一員」，這樣可以加強對方的參與意識，與你達成某種共識和共鳴。在你和別人講話時，如果說「我們是不是應該這樣做？」比說「我認為應該這樣做」更能縮短雙方的心理距離，也更容易使事情獲得圓滿的成功。

## 第四章　人脈廣結、自信提升，以方法戰勝困難

# 要學會巧妙暗示

在辦事過程中，如果發現對方的做法與自己的要求不符，可以透過巧妙的暗示，這比使對方惱怒的指責要高明得多。

如果對方辦事的方法不符合你的要求，你不能當面指責，這只會造成對方的反抗，容易把事搞砸。而巧妙地暗示對方注意自己的錯誤，則可以輕鬆地把事情處理好。

英國一家大賣場的經理伊爾奇每天都到他的連鎖店去巡視一遍。有一次，他看見一名顧客站在臺前等待，沒有一個售貨員對她稍加注意。那些售貨員呢？他們在櫃檯遠處的另一頭擠成一堆，彼此又說又笑。身為經理的他當然對這一情況很不滿意，一定要糾正這種不負責任的行為。但伊爾奇並沒有直接地指責那些在上班時間閒談的售貨員，他採取了巧妙暗示、保全員工面子的方法處理了這件事。他站在櫃檯後面，親自招呼那位女顧客，然後把貨品交給售貨員包裝，接著他就走開了。售貨員當然看到了這個情況，自責的他們從此以後再也沒有發生類似情況。

伊爾奇沒有直接指責員工的不負責，而是親自去為顧客服務，讓員工意識到自己的失職，發揮了間接地糾正員工錯誤的作用。

卡爾・蘭福，在佛羅里達州奧蘭多市當了許多年的市長。他時常告誡他的部屬，要讓民眾來見他，他宣稱施行「開門政策」。然而他社區的民眾來拜訪他時，都被他的祕書和行政官員擋在門外。

最後，這位市長找到了解決的辦法。他把辦公室的大門拆了。他的助手們知道了這件事，也只好接受了。從此之後，這位市長真正做到了「行政公開」。

有些人面對直接的批評會非常憤怒，這時，就要間接地讓他們去面對自己的錯，會有非常神奇的效果。

紐約的瑪麗女士運用巧妙暗示的方法使得一群懶惰的建築工人，在幫她蓋房子之後清理現場。剛開始請工人做事的時候，瑪麗女士下班回家之後，發現滿院子都是木屑。她不想去跟工人們抗議，因為他們工程做得很好。所以等工人走了之後，她跟孩子們把這些碎木塊撿起來，並整整齊齊地堆放在屋角。次日早晨，她把領班叫到旁邊說：「我很高興昨天晚上草地上這麼乾淨。」從那天起，工人每天都把木屑撿起來堆好放在一邊，領班也每天都來看看草地的狀況。

這種辦事的方法，使人們易於改正他的錯，又維持了人們的自尊，使他自己以為自己很重要，使他希望和你合作把事情辦好，而不是反抗或牴觸。

生活中的很多事，起因複雜，因此辦起事來更複雜。許多時候我們清楚，真理是站在自己這一邊的，但這並不意味著，有了道理就可以不依不饒，把事辦成。

莫比爾是一所大學的老師，他有一個學生因亂停車而堵住了一個學院的入口。莫比爾衝進教室，以一種非常凶悍的口吻問道：「是誰的車堵住了車道？」當車主回答時，莫比爾吼道：「你馬上開走，否則我就把車綁上鐵鏈拖走。」

這位學生是錯了，車子不應該停在那裡。但從那一次起，不止這位學生對莫比爾的舉止感到憤怒，全班的學生都盡量地做些事情以造成他的不便，使得他的工作更加不愉快。

莫比爾原本可以用完全不同的方式處理的。假如他友善一點地問：「車道上的車是誰的？」並建議說，「如果把它開走，那別的車就可以進

出了。」這位學生一定會很樂意地把它開走,而且他和他的同學也就不會那麼生氣了。

在辦事中即使自己是對的,你也可能因為讓別人丟臉而毀了一切。傳奇性的法國飛行先鋒和作家安托萬‧迪‧聖修伯里寫過:「我沒有權利去做或說任何事以貶抑一個人的自尊。重要的並不是我覺得他怎麼樣,而是他覺得他自己如何,傷害他人的自尊是一種罪行。」

## 要敢做「厚臉皮」

我們在求人辦事時,不要抱著自尊不放。為了達到目的,必須增強抗挫折的能力,碰個釘子,臉不紅心不跳,不氣不惱,照樣笑容可掬地與人周旋。

只要有一絲希望就要全力爭取,不達目的絕不罷休。有這種纏住不放的意志,才能把事情辦成。

年輕的保險業務員張平,到一家餐廳拜訪餐廳老闆,老闆一聽到是保險公司的人,笑臉倏地收了起來。

「保險根本沒用。為什麼呢?因為必須等我死了以後才能領錢,這算什麼呢?」

「我不會浪費您太多的時間,您只要給我幾分鐘的時間讓我為您說明就好了!」張平試圖爭取。

「我現在很忙,如果你的時間太多,何不幫我洗洗碗盤呢?」

老闆本來是以開玩笑的口吻戲謔他,沒想到張平真的脫下西裝外套,捲起袖子開始洗了。老闆娘嚇了一跳,大喊:「你用不著來這一套。我們實在不需要保險!所以,不管你怎麼說,怎麼做,我們絕不會投保的,我看你還是別浪費時間!」

張平每天都來洗碗盤,老闆依舊是鐵石心腸地告訴他:「你再來幾次也沒用,你也用不著再洗了,如果你夠聰明,趁早找別家吧!」

但是張平依然天天來洗,十天、二十天、三十天過去了。到了第四十天,這個討厭保險的老闆,終於被張平的耐心打動了,最後答應他投保高額保險,不僅如此,他還替這位有耐心的年輕業務員介紹人不少樁生意。

## 第四章　人脈廣結、自信提升，以方法戰勝困難

如果你決定求人，對方一時不能合作，你不妨一而再，再而三，反覆申請，反覆渲染，反覆強調，那麼就一定會精誠所至，金石為開的。

宋朝趙普曾做過太祖、太宗兩朝皇帝的宰相，他是個性格堅韌的人。在輔佐朝政時自己認定的事情，就算與皇帝意見相悖，也勇於反覆地堅持。

有一次趙普向宋太祖推薦一位官吏，太祖沒有允諾。趙普沒有灰心，第二天臨朝又向太祖提出這項人事任命事項，請太祖裁定，太祖還是沒有答應。

趙普仍不死心，第三天又提出來。

連續三天接連三次反覆地提，同僚也都吃驚，趙普何以臉皮這般厚。太祖這次動了氣，將奏摺當場撕碎扔在了地上。

但趙普自有他的做法，他默默無言地將那些撕碎的紙片一一拾起，回家後再仔細黏好。第四天上朝，話也不說，將黏好的奏摺舉過頭頂立在太祖面前不動。太祖為其所感動，長嘆一聲，只好准奏。

求人三分短，要想辦成事，一定要反覆請求，不能一碰釘子就洩氣。怕碰釘子的人是成不了大事的。

漢代的大辭賦家司馬相如，放任不羈，因他很有文采，很多權貴都以結識他為榮。家有萬金、奴僕千人的富豪卓王孫，也想結識一下，以附庸風雅。於是他設宴邀請縣令王吉，並請司馬相如作陪。

司馬相如來到卓府，卓王孫一見其穿戴，心中就有瞧不起之意，心想自己是要臉面之人，來的卻是這樣一個放蕩無禮之輩。司馬相如全然不顧這些，大吃大嚼，只顧與王吉談笑，早把卓王孫冷落在一邊。

忽然，司馬相如聽到內室傳來琴聲，琴聲不俗。司馬相如一下子停止了說笑，傾耳細聽起來。卓王孫原被冷落在一邊，訕訕地覺得很是無

趣，現在見琴聲吸引了這位狂士，於是誇耀地賣弄說這是女兒卓文君在彈奏。司馬相如聽得如痴如醉，請求讓卓文君出來相見。卓王孫經不住王吉攛掇，派人喚出卓文君。

司馬相如一見卓文君，兩眼直勾勾愣在那裡，他萬萬沒想到俗不可耐的卓王孫竟有這般美麗高雅的女兒。於是要過琴來，彈了一曲〈鳳求凰〉向卓文君表達愛意。卓文君心領神會，她愛慕司馬相如的相貌和才華，當夜私奔到司馬相如住處，以身相許，經過商量，兩人一起逃回成都。

卓王孫知道後，氣得暴跳如雷，罵女兒不守禮教，罵司馬相如衣冠禽獸，發誓不准他們踏進家門。

卓文君隨司馬相如回到成都後才知道，她的夫君雖然名聲在外，但家中卻很貧寒。萬般無奈，他們只好返回臨邛，硬著頭皮託人向卓王孫求一些資助。不料，卓王孫破口大罵：「我不治死這個沒出息的丫頭算便宜她了，還想要我接濟，一個錢也不給。」

夫婦倆聽說父親的態度如此堅決，心都涼了半截，可是身無分文，日子可怎麼過呢？他們倆思索，終於想出了一個「絕招」。

第二天，司馬相如把自己僅有的車、馬、琴、劍及卓文君的首飾賣了一筆錢，在距卓府不遠的地方租了一間屋子，開了一個小酒鋪。

司馬相如穿上夥計的衣服，捲起袖子和褲腿，像酒保一樣，又是擦桌椅，又是搬物件；卓文君穿著粗布衣裙，忙裡忙外，招待來客。

酒店剛開張，就吸引了許多人來。這倒不是因為她們賣的酒菜物美價廉，而是大家都很好奇，想前來目睹這兩位遠近聞名的落難夫婦。司馬相如夫婦一點也不感到難堪，內心倒很高興，因為這正好達到了他們的目的——讓頑固不化的老爺子看看。

## 第四章　人脈廣結、自信提升，以方法戰勝困難

很快，臨邛城裡人人都在議論這件事，有的對這一對夫婦表示同情，有的責備卓王孫刻薄。卓王孫畢竟是一位有身分、有顏面的人物，十分忌諱流言蜚語，一連幾天都沒有出門。

有幾個朋友勸卓王孫說：「令愛既然願意嫁給他，就隨她去吧。再說，司馬相如將來一定會有出頭的日子，你應該接濟他們一些錢財，何必與他們為難呢？」

這樣一來，卓王孫氣撅了鬍子，萬般無奈，分給卓文君夫婦僕人百名，錢財百萬。司馬相如夫婦大喜，帶上僕人和錢財，回成都生活去了。

司馬相如與卓文君的辦事戰術，頗有幾分無賴精神。他們已經走投無路，到了這步田地，還要那臉皮做什麼？要想辦成事，先把臉皮磨厚了再說。

求人辦事本來就是一件厚著臉皮的事，因為你不知道人家是答應還是不答應，你是抱著求的心理來碰運氣的，答應了，自然大歡喜，算是欠了一個人情，以後想著償還。可是不答應，那就避免不了尷尬和難堪。人在屋簷下，不得不低頭，這話說得是有其客觀合理性的，求人辦事，也得厚著臉皮，低下頭，陪著笑臉，說著好話。

覺得求人辦事不好意思，求字剛說出口，就滿臉通紅，這樣，事情十之八九是辦不成的。在社會上生活，沒有哪一個人是萬能的，什麼事都能自己包攬，誰也不求。要想辦事，就得求人，不求人辦不了事。人生在世，為了生存，為了發展，需要請求很多人給予幫助，萬事不求人，這幾乎是不可能的，既然要求人，臉皮就得厚，臉皮薄了，事辦成的指望也就小了。個人的發展也就受到了局限了。

沒有哪一個人天生就是厚臉皮，厚臉皮是需要長時間和許多事情的

打磨才形成的。每個人在初涉世事的時候,臉皮都薄,都放不下自己清高的架子或是尊嚴。可是始終保持著這個樣子,他是無法被社會所接納的,無法適應整個社會生存的大環境,更無法與之融為一體,也就無法邁出真正走向社會的第一步,尋找發展和體現自我的人生價值。這樣不行,會被社會孤立和拋棄的。為了生存,為了在這個社會上有站著的地方、坐著的位置,你必須開始改變,迎合和適應社會。

　　俗話說:「人心都是肉做的。」不管雙方認知差距有多大,只要你耐心周旋,纏住不放,用行動讓對方感到你十分有誠意,就會促使對方去思索,進而理解你的苦心,從固執的框子裡跳出來,那裡你就將「纏」出希望了。

第四章　人脈廣結、自信提升，以方法戰勝困難

## 繞著彎求人

　　走路的時候，如果有高山擋路、石頭絆腳，就要想辦法繞過去，或動腦筋另闢蹊徑。這種做法應用在求人辦事中，便是繞著圈子達到目標。

　　如果一見到對方就貿然地開口求他辦事，有可能會遭到斷然拒絕，陷入尷尬。有些話不能直言，便得拐彎抹角地去講；有些人不易接近，就要逢山開道、遇水搭橋；搞不清對方葫蘆裡賣的什麼藥，就要投石問路、摸清底細；有時候為了使對方減輕敵意，放鬆警惕，我們便繞彎、兜圈，甚至用「顧左右而言他」的迂迴戰術，將其套牢。

　　明代嘉慶年間，「給事官」李樂清正廉潔。有一次他發現科考舞弊，立即寫奏章給皇帝，皇帝對此事不予理睬。他又面奏，結果把皇帝惹火了，故意揭短罪，傳旨把李樂的嘴巴貼上封條，並規定不准去揭。封了嘴巴，不能進食，就等於定了死罪。這時，旁邊站出一個官員，走到李樂面前，不分青紅皂白，大聲責罵：「君前多年，罪有應得！」一邊大罵，一邊啪啪地打了李樂兩記耳光，當即把封條打破了。由於他是幫助皇帝責罵李樂，皇帝當然不好怪罪。其實此人是李樂的學生，在這關鍵時刻，他「曲」意逢迎，巧妙地救下了自己的老師。如果他不顧情勢，犯顏「直」諫，非但救不了老師，自己怕也難脫連累。

　　這個方法的使用真是巧妙至極。李樂不懂得人際之間「圓滑當先」的道理，離自己的學生還差一大截。

　　著名幽默大師林語堂總結，讀書人求人辦事像寫八股文一樣，很少像西方人「此來為某事」那樣直截了當開題，因為這樣不風雅。如果是生客就更顯得冒昧了。八股般起承轉合的優美，不僅有風格，而且有結

構，大概可分為四段：

1. 談寒暄，評氣候。諸如「尊姓」、「大名」、「久仰」、「夙違」及「今日天氣如何」皆屬於此類。林語堂稱之為氣象學的內容，其要在起「來則安之位，安而後情定」的作用，即維繫感情。這些內容在人們的生命空間中確實也有很大的共同性，不至於遭到抗拒。

2. 敘往事，追舊誼。這就更深一層了，從大眾皆有的生命空間過渡到彼此較為特殊的那一塊，是深入的過程。林語堂戲稱之為「史學」。「也許有你的令姪與某君同學，也許你住過南小街，而他住過無量大人衚衕，由是感情便融洽了。如果，大家都是北大中人，認識志摩、適之，甚至辜鴻銘、林琴南……那便更加親摯而話長了。」這一段做得好，雙方感情可能會有真正的融洽。

3. 談時事，發感慨。「感情既洽，聲勢斯壯」，於是便可聯手出擊，可進入調侃的境界。縱橫的範圍甚廣，包括救國策，對於政治領袖之品評等等。這一段做得好，感情更為融洽，聲勢又壯，甚而至於相見恨晚，到了兩肋插刀的程度。至此，可認為到了陡然下筆，相機言事之際。

4. 告來意，求辦事。在經過前面的溝通交流之後，可以客氣地起立，拿起帽子，然後婉轉道來：現在有一小事奉煩。先生不是認識某某嗎？可否請寫一封介紹信云云。這一個過程要自然隨意，不造成對方很大的壓力或使對方覺得自己該欠他多大人情。而是要利用前面鋪陳，讓對方覺得很自然。

第四章　人脈廣結、自信提升，以方法戰勝困難

## 面對冷遇不退縮

　　有時候，對方冷落你是為了激怒你，使你遠離他。這時，聰明的人會採取不在意的態度，以熱報冷，以有禮對無禮，從而使對方改變態度。

　　託人辦事受到冷遇很常見。對此，不同的人有不同的反應，或拂袖而去，或糾纏不休，或懷恨在心。這樣的反應其實是不利於辦事的，有時甚至會因小失大，影響辦事的效果。

　　司機李陽開車送人去做客，主人熱情地把坐車的人迎進，卻把李陽忘了。剛開始，李陽有點生氣，繼而一想，在這樣鬧哄哄的場合下，主人疏忽是難免的，並不是有意看低自己，冷落自己。這樣一想，氣就消了。他悄悄地把車開到街上吃飯。等主人想起司機時，他已經吃了飯又把車停在門外了。主人感到過意不去，一再檢討。李陽推說自己不習慣大場合，且胃口不好，不能喝酒。這種大度和為主人著想的精神使主人很感動。事後，主人又專門請李陽來家做客，從此兩人關係不但沒受影響，反而更親密了。

　　以熱臉對冷臉的態度引起的震撼，會比責備強烈得多，同時還能感召對方改變態度，用實際行動糾正過失，使彼此關係得到發展。

　　這裡還有另外一種對待冷遇的方法。

　　一天，亨利‧維特穿著舊衣服去參加宴會。他走進門，沒人理睬他，更沒人替他安排座位。於是，他回到家裡，把最好的衣服穿起來，又來到宴會上。主人馬上走過去迎接他，安排了一個好位子，並為他擺了最好的菜。

亨利‧維特把他的外套脫下來，放在餐桌上說：「外衣，吃吧。」

主人感到奇怪，問：「你幹嘛？」

他答道：「我在招待我的外衣吃東西。你們這裡的酒和菜，不是給衣服吃的嗎？」

主人一下紅了臉。亨利‧維特巧妙地把窘迫還給了冷落他的主人。

當你被冷落時，要區別情況，弄清原因，再採取適當的對策。按照遭受冷遇的成因來劃分，冷遇一般有三種情況：

## 1，無意性冷遇，即對方考慮不周，顧此失彼，使人受冷落。

對於無意性冷遇，應理解和寬恕。在交際場上，有時人多，主人難免照應不周，特別是各類、各級人員同席時，出現顧此失彼的情形是常見的。這時，照顧不周的人就會產生被冷落的感覺。當你遇到這種情況時，千萬不要責怪對方，更不應拂袖而去，而應設身處地地為對方著想，給予充分理解和體諒。

## 2，自感性冷遇，即對對方的期望過高，對方未使自己滿意而感到受冷落。

對於自感性冷遇，自己應反躬自省，實事求是地看待彼此的關係，避免猜疑和嫉恨人。常常有這種情況，在準備求人辦事之前，自以為對方會熱情接待，可是到現場卻發覺，對方並沒有這樣做，而是採取了低調。這時，心裡就容易產生一種失落感。其實，這種冷遇是對彼此關係期望過高，期望太大而形成的。這種冷遇是「假」冷遇，非「真」冷遇。

如遇到這種情況，應自己檢討自己，重新審視自己的期望值，使之適應彼此關係的客觀水準。這樣就會使自己恢復平靜，心安理得，除去不必要的煩惱。

## 3，蓄意性冷遇，即對方存心怠慢，使人難堪。

對於有意性冷遇，也要具體情況具體分析，給予恰當處理。一般地說，當眾冷遇來賓是一種不禮貌行為。在這種情況下，予以必要的回擊，既是維護自尊的需求，也是刺激對方、批判錯誤的正當行為。

# 切忌腳踩多隻船

　　許多求人者為了把一件事辦成，並且保證十拿九穩，便多方奔走，求了這個又求那個，見佛就拜，其實這正是求人之一忌。

　　當你把事情拜託一個人後，再去求別人，等於對前面的人不信任，最起碼也是沒有信心的表現。而且，人多嘴雜，多方神仙一旦碰頭，說法不一，辦事方法不一，容易出錯，搞不好反倒會把事情搞砸。

　　退休工人陳曉強的兒子跟人吵架，一氣之下動了手，把人打得掛了彩，闖下了大禍，被關進了臨時拘留所。

　　他就這麼一個兒子，視同心肝寶貝，見兒子進了拘留所，又氣又急。飯吃不下，覺睡不著，簡直感到整個世界都崩塌了。加上老伴整天以淚洗面，更使他覺得沒了活路。

　　有人替他出主意：別這麼死心眼了。現在的社會有關係什麼事都能通融。你這麼成天悶在家裡也不是辦法，為兒子著想，得趕緊出去「活動活動」呀！

　　他聽了眼前一亮，緊接著頭又垂了下去。他這一輩子，老老實實，小心謹慎過日子，奉公守法，兢兢業業，從來信奉萬事不求人，也沒有什麼事值得去求人。除了老婆孩子，其他關係一個也沒有。求誰呢？

　　鄰居幫他分析情況，出了一大堆主意，把他搞得暈頭轉向。人家都是一片好心，他不能不聽，於是，他橫下心，豁出一張老臉，就求人這一回吧！他與老伴商量了一整夜，第二天，從銀行取出了自己一輩子的積蓄，開始馬不停蹄地奔走。今天跑東家，明天求西家，每天累得東倒西歪地回來。

## 第四章　人脈廣結、自信提升，以方法戰勝困難

　　鄰居們替他指的路，他幾乎都跑遍了，甚至辦事處、居委會也走了不止一趟，逢人便遞煙、流淚、送禮、訴說。人們聽了案情，都覺得他挺可憐，他兒子挺冤枉，一邊陪他嘆氣，一邊說願意想辦法幫忙。

　　總共算起，陳曉強求人求了十幾家，送禮送了一萬多，他一天天地跑，一天天地等，可兒子就是出不來。一轉眼，半個月過去了。

　　有一天，兒子回家了。一家人喜出望外，感謝老天爺開眼、大家的幫忙。

　　他們哪想得到，兒子的罪過根本不怎麼嚴重，拘留幾天，賠些醫藥費，事情也就結束了。

　　痛定思痛，陳曉強心中很不是滋味，倒不是對花了那麼多錢而後悔，而是一想到當初求人的情形，禁不住感慨萬千。為了求人說情，放兒子一馬，他下跪了好幾次呀！

　　知情人後來告訴他，在這件事情上，也沒人幫他的忙。

　　在求人辦事的時候，瞄準一個目標人物是非常重要的，準確的目標有助於你集中精力，全力以赴。如果他知道你還在求別人，他就覺得自己辦不辦事無所謂，乾脆不辦了。

　　這個道理同樣適合在所有的辦事過程中。在辦事的時候，最好一次只專心地做一件事，全身心地投入並積極地辦成它，這樣你的心裡就不會感到筋疲力盡。不要讓你的思維轉到別的事情、別的需求或別的想法上去。專心於你已經決定去做的那個重要事項，放棄其他所有的事。把你需要做的事情想像成是一大排抽屜中的一個小抽屜。你的目標只是一次拉開一個抽屜，令人滿意地完成抽屜內的工作，然後將抽屜推回去。不要總想著所有的抽屜，而要將精力集中於你已經打開的那個抽屜。了解你在每次任務中所需擔負的責任，了解你的極限。如果你把自己弄得

筋疲力盡和失去控制,那你就是在浪費你的效率、健康和快樂。選擇最重要的事先做,把其他的事放在一邊。做得少一點,做得好一點,才能在工作中得到更多的快樂。在激烈的競爭中,如果你能向一個目標集中注意力,辦成事的機會將大大增加。

第四章　人脈廣結、自信提升，以方法戰勝困難

## 要感謝為你辦事的人

　　事情沒辦好，也要感謝為你辦事的人，這會給辦事的人信心和鼓勵，使得兩人的感情更為融洽，也為對方下一次替你辦事留下伏筆，預留了感情的資本。

　　一個會交友的高手，在朋友幫自己辦事沒辦成時，也會適時地感謝對方，既維繫了原本的友誼，又為以後的來往打下堅實的基礎。辦完事後，說聲「謝謝」是世界上最容易贏得友誼的辦法，它是加強人際關係的一件法寶。

　　福特是美國石油大王洛克斐勒的好友，也是幫助他建立標準石油公司的夥伴之一。但有一次，洛克斐勒與福特合資經商，因福特投資失敗而損失巨大，福特心中很不安。

　　有一天，福特走在路上，看到洛克斐勒與其他兩位先生走在他後面，他覺得沒臉回頭，假裝沒有看見他們，一直低頭往前走。這時，洛克斐勒叫住了他，走上前拍了拍他的肩，微笑著說：「我們剛才正在談有關你的事情。」福特臉一紅，以為洛克斐勒要責怪他，於是他說：「太對不起了，那實在是一次極大的損失，我們損失了……」想不到洛克斐勒若無其事地回答道：「啊，我們能做到那樣已經難能可貴了。這全靠你處理得當，讓我們保留了剩餘的 60%，這完全出乎我的意料，謝謝你！」洛克斐勒沒有因為福特沒把事情辦好而去埋怨他，相反地還找出一堆讚美和感謝的理由，這真是出乎福特的意料。此後，福特努力做事，不僅為洛克斐勒挽回了損失，而且還為公司賺了不少的錢。

　　朋友歷盡周折，因為某種原因沒有辦成你所託之事，如果你連一句「謝謝」的鼓勵的話都沒有，那麼，對方也就再也不想幫你辦事了。

## 要感謝為你辦事的人

有一個記者，春節時準備回老家過年，但他臨時有採訪任務，抽不出時間提前去買火車票，於是他託付一個好朋友小藝替他去買票。

小藝馬上跑到火車站，排了2個小時的隊，輪到她時，火車票賣完了。小藝無功而返，記者心裡很不高興，不但連一句感謝的話都沒有，還覺得小藝耽誤了他的行程，給了小藝一個難看的臉色。

小藝排了2個小時的隊，雖然沒買到票，沒有功勞也有苦勞，一句感謝的話都沒聽到，反而還被埋怨，心裡不好受，記者因為這件事失去了小藝這個朋友，當然，小藝再也不會幫記者辦任何她能辦到的事情了。

在求人辦事時，有許多人存在這樣的心態，對方幫自己辦事，如果辦成了，理所當然地要感謝對方。如果事情沒有辦成，就認為不必感謝對方了，甚至埋怨對方。其實，這種心態是不對的。對方即使沒有幫你把事情辦好，可能是由於某些客觀的原因，但他可能盡了自己的最大努力。

交友辦事，不管對方是不是把事情辦成了，都要感激幫你辦事的人。在現實生活中，求人辦事並不是買賣，這次由於某些原因對方沒能把事情辦成，可能下次有機會可以幫你把其他的事情辦好。如果你認為對方反正沒把事辦好，用不著去感謝對方。好像無功不受祿，不值得去感謝，這樣，對方可能認為你沒有人情味，以後可能不會再幫你忙了。

第四章　人脈廣結、自信提升，以方法戰勝困難

## 不強人所難

　　強人所難，是辦事過程中的一大禁忌。託人辦事，要考慮到人家是否能辦得到。如果人家誠心誠意向你表示他愛莫能助，就不能強求人家非幫你辦成不可。

　　有的人做什麼事都只從自己的利益出發，根本不在乎別人有什麼困難，一旦自己有事相求，就要求別人非答應他不可，非鬧出個結果來，這種做法是求人辦事的大忌。

　　孫健得知老同學趙卓的親戚在政府部門掌權，便找趙卓，希望能透過趙卓的親戚把他從鄉下調到都市。趙卓見老同學相求，雖猶豫，但還是答應了。趙卓問過他的親戚後，親戚說沒辦法，趙卓便向孫健說明情況。但孫健卻認為是趙卓不盡心，立即拉下了臉說：「你真不夠朋友，這麼一件小事都不幫忙。」說罷便轉身走人，趙卓覺得自己費力不討好，心裡很不是滋味。他原打算講完這件事後，還要說另一個和他關係不錯的人，也有可能辦成這件事，但看孫健的態度，他也不敢再說這層關係了，他怕如果再辦不成，不知孫健會怎麼對待他了。

　　孫健的這種意氣用事的作法，就是不講分寸，是託人辦事時最為忌諱的。

　　求人辦事絕對不能強人所難。如果對方不願幫忙，也不能因他不幫忙就讓他難堪。他不願意肯定有不願意的理由，求人者就應該體諒對方的難處，另想辦法。如果對方有顧慮，就應給他充分的考慮時間，千萬不能因對方一時沒有答應便意氣用事，強人所難。

　　當你有事需要求人幫忙時，朋友當然是第一人選，可你不能不顧朋友是否情願。比如你想要朋友跟你一起去參加某項活動，朋友表示出猶

豫，這時，如果你再強行拉他和你去，就會使朋友感到左右為難，他如果已有活動安排不便改變就更難堪。對你所求，若答應則打亂自己的計畫，若拒絕又在情面上過意不去。或許他表現樂意而為，但心中就有幾分不快，認為你太霸道，不講道理。所以，你對朋友有所求時，應該採取商量口吻講話，盡量在朋友方便或情願的前提下提出所求，同時要記住：己所不欲，勿施於人；己之所欲，勿施強求。

有的人在求主管辦事時，頻繁地往主管家裡跑，尤其在下班以後，也不管人家願不願意，在主管家一「泡」就是幾個小時，他以為這樣，就能獲得主管的好感，事情就好辦很多，殊不知，這種行為不管有心無心都會使人很不耐煩。

# 第四章　人脈廣結、自信提升,以方法戰勝困難

# 第五章
## 心態決定成敗,成就好運勢

## 第五章　心態決定成敗，成就好運勢

## 辦事的開心鎖

　　用你的微笑去歡迎每一個人，那麼你就會成為最受歡迎的和最會辦事的人。

　　微笑，它不需要花費什麼，但卻創造了許多奇蹟。它豐富了那些接受它的人，而又不使給予的人變得貧瘠。它產生於一剎那間，卻讓人留下永久的記憶。當我們面帶微笑去辦事，回頭看看效果，你必然會大吃一驚。微笑永遠不會使人失望，它只會使你更受歡迎。

　　約翰·哈維爾是紐約證券交易市場成功的一員，他說他年輕的時候是個惹人嫌的傢伙，他臉上沒有微笑，不受人們的歡迎。

　　後來他決定改變他的態度，他決心要臉上展現開朗的、快樂的微笑。於是，在第二天早上梳頭時，他對著鏡子中滿面愁容的自己下令說：「你得微笑，把臉上的愁容一掃而光；現在立刻開始，微笑。」於是，約翰·哈維爾轉過身去，跟他的太太打招呼：「早安，親愛的。」並同時對她微笑。她愣住了，驚詫不已。約翰·哈維爾說：「從此以後你不用驚訝，我的微笑將成為尋常的事。」

　　在後來的兩個月中，約翰·哈維爾每天早上都對妻子微笑。結果怎麼樣呢？微笑改變了他的生活，他的家中因此而洋溢著歡聲笑語，兩個月下來，他更幸福了。

　　約翰·哈維爾後來對大樓的電梯管理員微笑；對門口的警衛微笑；對地鐵的售票小姐微笑。當他在交易所時，對那裡的人微笑。於是他發現每一個人都對他報以微笑。

　　約翰·哈維爾帶著一種輕鬆愉悅的心情去和一些滿腹牢騷的人交談，一面微笑，一面恭聽。過去很討人厭的傢伙，變成了一個受人歡迎

的人；過去很棘手的問題，因為他的人緣關係變好而變得容易解決了。

毫無疑問，微笑帶給約翰·哈維爾許多的方便和更多的收入。過去，他覺得與別人相處很難，而後來則完全相反，他學會讚美、賞識他人，努力使自己用別人的觀點看事物。從此他快樂、富有，擁有友誼與幸福。

不會微笑的人在生活中將處處感到艱難。沒有微笑的人給予人冷漠和高傲的感覺，不會有好人緣。

大衛·史汀生是美國一家小有名氣的公司總裁，他還十分年輕，並且幾乎具備了成功男人應該具備的所有優點。他有明確的人生目標，有不斷克服困難、超越自己和別人的毅力與信心；他大步流星、雷厲風行、辦事乾脆俐落、從不拖沓；他的嗓音深沉圓潤，講話切中要害；而且他總是顯得雄心勃勃，富於朝氣。他對於生活的認真與投入是有口皆碑的，而且，他對於同事也很真誠，講求公平對待，與他深交的人都為擁有這樣一個好朋友而自豪。但初次見到他的人卻對他少有好感。這令熟知他的人大為吃驚。為什麼呢？仔細觀察後才發現，原來他幾乎沒有笑容。

他深沉嚴峻的臉上永遠是炯炯的目光，緊閉的嘴唇和緊咬的牙關。即便在輕鬆的社交場合也是如此。他在舞池中優美的舞姿幾乎令所有的女士動心，但卻很少有人與他跳舞。公司的女員工見了他更是如同虎豹，男員工對他的支持與認同也不是很多。而事實上他只是缺少了一樣東西，一樣足以致命的東西——一副動人的、微笑的面孔。

微笑能建立人與人之間的好感，它是疲倦者的休息室，沮喪者的興奮劑，悲哀者的陽光。所以，假如你要獲得別人的歡迎，請給予人真心的微笑。

## 第五章 心態決定成敗，成就好運勢

## 1，微笑可以幫我們創造輕鬆的氣氛

微笑是瓊漿、蜜液，帶給人們快樂、溫馨、鼓勵。微笑是友好的象徵，是融合的橋梁。微笑可以化干戈為玉帛，協調人與人之間的關係，可以為辦事創造快樂的氣氛。

## 2，微笑可以幫我們贏得信任

奇賓・當斯是底特律地區最受歡迎的節目主持人之一。有的聽眾寫信給這位聲音裡帶著微笑的主持人，說他們已經聽到了他主持的節目，並且告訴奇賓・當斯說，他們透過他的聲音看到了他的微笑。

有人問奇賓・當斯，為什麼總是那麼高興，他說他的祕訣是從來不把煩惱擺在臉上，而是深藏在心中。他的工作是娛樂別人，他說：「為別人創造一個愉快的生活，這要從微笑開始，但必須是出自內心的微笑。」奇賓・當斯經常「戴上一張快樂的臉」去工作，並不是偶爾，而是經常，他把微笑加進他的聲音，配合上帝賦予他的演說水準，帶給觀眾享受。奇賓・當斯說：「當你微笑的時候，別人會更喜歡你，而且，微笑會使你自己也感到快樂。它不會花掉你的任何東西，卻可以讓你賺到任何股票都得不到的紅利。」

所以，你能在你的工作中摻進微笑，用微笑去面對人生，去接受挑戰，你會發現微笑可以解決你許多無法解決的問題。

## 3，微笑可以幫我們辦事

微笑可以解決問題，這是一個真理，任何有經驗的成功商人都會明白。所有的人都希望別人用微笑去迎接他，而不是橫眉豎眼，橫眉豎眼

阻礙了心靈思想的交流。

有的公司在應徵職員時，以面帶微笑為第一條件，他們希望自己的職員臉上掛著笑容，把自己的公司推銷出去。有一位叫安娜的小姐去參加聯合航空公司的應徵，當時她沒有關係，也沒有熟人，也沒有先去打點，完全是憑著自己的本領去爭取。她被聘用了，原因是什麼呢？是因為安娜小姐臉上總帶著微笑。令安娜驚訝的是，面試的時候，主試者在講話時總是故意把身體轉過去背對著她，你不要誤會這位主試者不懂禮貌，而是他在體會安娜的微笑，感覺安娜的微笑，因為安娜是透過電話工作的，是有關預約、取消、更換或確定飛機班次的事情。那位主試者微笑著對安娜說：「小姐，你被錄取了，你最大的資本是你臉上的微笑，你要在將來的工作中充分運用它，讓每一位顧客都能從電話中感受到你的微笑。」

## 4，微笑可以幫我們推銷自己

在一個適當的時候、恰當的場合，一個簡單的微笑可以創造奇蹟。一個簡單的微笑可以使陷入僵局的狀態豁然開朗。

有一次，底特律的哥堡大廳裡舉行了一次巨大的汽艇展覽，人們蜂擁而來參加。在展覽會上人們可以選購各種船隻，從小帆船到豪華的巡洋艦都可以買到。

在這次展覽中，一位來自中東某產油國的富翁，站在一艘展覽的大船面前，對他面前的業務員說：「我想買右側價值 2,000 萬美元的汽船。」我們都可以想像，這對業務員來說，是求之不得的好事。可是，那位業務員只是直直地看著這位顧客，以為他是瘋子，沒理睬他，他認為這個人是在浪費他的寶貴時間，所以，臉上冷冰冰的，沒有笑容。

## 第五章　心態決定成敗，成就好運勢

這位富翁看看這位業務員，看著他那沒有笑容的臉，然後走開了。

他繼續參觀，到了下一艘陳列的船前，這次他受到了一個年輕的業務員的熱情招待。這位業務員臉上掛滿了微笑，那微笑就跟太陽一樣燦爛。由於這位業務員的臉上有了最可貴的微笑，使這位富翁有賓至如歸的感覺。所以，他又一次說：「我想買艘價值 2,000 萬美元的汽船。」

「沒問題！」這位業務員說，他的臉上掛著微笑，「我會為你介紹我們的系列汽船。」之後，他詳細地介紹各種價格相當的汽船。

這位富翁留了下來，簽了一張 500 萬元的支票作為訂金，並且他又對這位業務員說：「我喜歡人們表現出他們非常喜歡我的樣子，你現在已經用微笑向我推銷了你自己。在這次展覽會上，你是唯一讓我感到我是受歡迎的人。明天我會帶一張 2,000 萬美元的支票來。」

這位富翁很講信用，第二天他果真帶來了支票，購下了價值 2,000 萬美元的汽船。

這位業務員用微笑把他自己推銷出去了，並且連帶著推銷了汽船。在那筆生意中，他可以得到 2% 的佣金。

## 相信自己能辦大事

　　自信是辦成大事的前提。一個缺乏自信的人不僅辦不成大事、難事，恐怕連小事也很難辦好。

　　自信是比金錢、勢力、家世、親友更有用的條件。它是人生可靠的資本，能使人努力克服困難，排除障礙去爭取勝利。對於事業的成功，它比什麼東西都有效。

　　日本前郵政大臣野田聖子的第一份工作是洗廁所，當時她正值青春妙齡。可她並沒有因為自己從事這份看起來「低賤」，做起來「骯髒」的簡單工作而失去自信。她堅信自己可以透過自己的努力，做得比別人優秀，做得更傑出。當然她也有過痛苦、有過失落、有過退縮的念頭，但經過一番激烈的自我較量，她最終找回了自信：就算一生洗廁所，自己也會是一名洗廁所最出色的人！她不斷地激勵自己、鞭策自己，為自己加油鼓勵，並為自己制定了嚴格的工作要求，甚至達到了接近完美的地步，要讓馬桶「光潔如新」。她終於從這一份最簡單的工作開始，不斷地向自己的目標靠近，成為郵政大臣。成為郵政大臣以後，野田聖子仍然是那麼自信，她希望自己像柴契爾夫人那樣，成為一位「不是靠最初的支持率，而是靠最後完成了什麼工作來獲得評價的政治家」。

　　當你相信一件事情不可能做到時，你的大腦就會為你找出種種做不到的理由；但是，當你相信某一件事情可以做到時，你的大腦就會幫你找出能做到的各種方法。人的潛力是無窮的，重要的是如何去挖掘和利用。信心是一種強大的動力，是走向成功的助力。失去信心是很可悲的，也是很可怕的。

　　有許多一事無成的人，總以為是自己能力不夠，他們往往忽視了自

## 第五章 心態決定成敗，成就好運勢

信的重要性。許多事實證明，不是因為有些事情難以做到，我們才失去自信；而是因為我們失去了自信，有些事情才顯得難以做到。

如果你想進行自我改造、自我管理，你就應首先了解自己，根據自身的條件和實際的可能，使自己的長處得到發揮。這樣，你就會感到自己並不比別人笨，你有不及別人的地方，別人同樣有不及你的地方。自信心便會由此產生並不斷增強。

只有先相信自己，別人才會相信你。一個人一旦在自己心中把自己的形象提升起來，他走路的姿勢、言談、舉止，無不顯示出自信、輕鬆和愉快，從氣勢上表現出自己做主並且衝勁十足、熱情高漲、熱心助人。而這些，正是事業成功的資本。

要培養自信，就要做到：

### 1，經常保持挺胸抬頭的姿勢

人的姿勢與人的內心感受是相應的，姿勢的表現可以與內心的感受相互促進。一個人越有信心、越有力量，他的精神面貌就越是生機勃勃。成功的人、得意的人、獲得勝利的人都會意氣風發。一個人越沒有力量、越自卑就越無精打采。學會自然地昂首挺胸就會有利於增強自信。

### 2，主動與人來往

在與人微笑的問候中，雙方都能感受到人際互動的樂趣和人與人之間的溫暖。這種溫暖和真情就會使人充滿了自信和力量，會使人對未來充滿信心。

## 3，經常對自己說「我可以」

每次對自己說要果斷，並且要反覆地說，特別是遇到困難的時候更要用它來鼓勵自己。經常地強化訓練能使你透過自我的正向暗示，逐漸樹立信心，獲得心理力量。

第五章　心態決定成敗，成就好運勢

## 有了熱情，事就辦成了一半

　　美國哲學家、散文家及詩人愛默生說過：「沒有熱情，任何偉大的業績都不可能成功。」

　　不管是什麼樣的事業，要想獲得成功，首先需要的就是工作熱情。熱情是我們最重要的財富之一。不管我們是 30 歲、60 歲還是 90 歲，熱情會使我們青春永駐。每個人都具備著熱情，只是這種熱情深埋在人們的心靈之中，等待著被開發利用。

　　你要找到自己辦事的熱情，正如尋找到信心和機遇那樣。

　　松下幸之助 13 歲還在當學徒的時候，一直想獨立賣成一輛腳踏車，可是，當時腳踏車是高價商品，相當於現在的汽車，即使有人想買，也輪不到松下這樣的小徒弟一人去銷售，頂多是讓松下跟著前輩送車罷了。

　　有一天本町二段的鐵川批發商店打電話來：「送腳踏車給我們看看吧。我們老闆在，現在趕快送來！」這時剛好前輩不在，老闆說：「對方很急的樣子，無論如何，你先把腳踏車送過去吧。」松下聽了，認為好機會來了，精神百倍地把腳踏車送到鐵川那裡。

　　那時因為松下只有 13 歲，人家把他當作可愛的小孩。鐵川看松下拚命地想要說服他買車的模樣，摸摸松下的頭說：「你很熱心，是個好孩子。好吧，我決定買下來，不過要打九折。」松下因為太興奮了，所以他沒有拒絕就回答說：「我回去問老闆！」說著跑回來告訴老闆：「對方願意用打九折後的價格買下來。」老闆卻說：「打九折怎麼行呢？算九五折好了。」松下一心一意想獨立成交一筆生意，很不願意再跑一次去說九五折。他竟對老闆說：「請不要說九五折，就以九折賣給他吧。」說著說著

就哭起來。老闆感到很意外：「你到底是哪方的店員呢？你怎麼了？」松下哭個不停。過了一會，鐵川的夥計到店裡：「怎麼等了這麼久呢？還是不肯減價嗎？」老闆說：「這個孩子回來叫九折賣給你們，說著說著就哭了起來。我現在正在問他，到底是誰家的店員呢。」

夥計聽了，被松下的熱心和純真感動了，立刻回去告訴鐵川。鐵川說：「他是一個可愛的學徒。看在他的份上，就按照九五折買下來。」這筆生意終於成交了。

同樣一件事，有熱情和沒有熱情，效果是截然不同的。前者會使你變得有活力，事情辦得有聲有色，創造出許多輝煌的業績；而後者，則使你變得懶散，對事情冷漠處之，當然就不會有什麼發明創造，潛在能力也無法發揮。你不關心別人，別人也不會關心你；你自己垂頭喪氣，別人自然對你喪失信心。

熱情代表著一種正面的精神力量，這種力量不是凝固不變的，而是不穩定的。不同的人，熱情程度與表達方式不一樣。同一個人，在不同情況下，熱情程度與表達方式也不一樣。但整體而言，熱情是人人具有的，善加利用，可以使之轉化為巨大的能力。你內心裡充滿要幫助別人的熱情，你就會興奮，你的精神振奮，也會鼓舞別人工作，這就是熱情的感染力量。

在辦事過程中，必須保持熱情。所以，這裡提出了「熱情加油站」的概念。所謂「熱情加油站」，就是在心理中樞系統經常不斷地激發興奮神經，把心理因素轉化成工作熱情。當然，不是讓你榨乾熱情，而是疏通情感管道去補充熱情，從而實現加油站的作用。像沒有汽車加油站，汽車就不能跑長途一樣，熱情不加油，職業活動也不能維持長久。只有當熱情發自內心，又表現成為一種強大的精神力量時，才能征服自身與環境，創造出日新月異的成績。熱情是辦事成功的基礎。

## 第五章　心態決定成敗，成就好運勢

# 不卑不亢的態度

在求人辦事的過程中，態度不卑不亢，使所求之人時你產生與眾不同的感覺，從而刮目相看，這很重要。

一般人求人辦事時，態度低三下四，讓對方可憐，這種人對方可能見得比較多，但是，如果你一反常規，態度不卑不亢，從氣勢上並不輸給對手，對方難免懷疑：「這小子可能有些來路。」這樣，對方也就不會小看你，也會更加重視你的請求了。

1980年代初，國際市場需要潤滑油基礎油，一家石油化工公司看準這一行情，不惜血本，按照國際標準生產出8種牌號的潤滑油基礎油，打入國際市場後，名聲大震。可是，好景不長，由於國際石油市場競爭激烈，油價下跌，繼續堅持出口，公司將要虧損1,000萬元。面對危機，公司總經理認為，參與國際交易，在強手如林的情況下，要擠進去不容易，應想辦法站住腳。如果一遇風浪就退出來，那麼，想再占領市場將會更困難。他決心帶領公司從夾縫中衝出去。為此，他親自到一些歐美國家做市場調查，蒐集資訊，尋找合作夥伴，開闢新市場。

在美國北部，總經理找到美國著名的魯布左爾石油公司國際業務部。他開門見山地說，希望國際業務部能購買產品。對方說，「你憑什麼讓我們把別的公司產品推掉，而買你們的產品？」總經理不卑不亢地列舉了自己公司的三大優勢：第一，我們公司的產品品質保證，有很高的信譽；第二，我們可以長期合作，保證長期供貨；第三，我們公司有自備碼頭，保證交貨及時，並有良好的服務，產品資料齊備，保證信守合約。除了談到這三大優勢，總經理還不緊不慢地告訴魯布左爾石油公司的那位負責人，美國莫比爾也已經購買了自己公司的產品。

> 不卑不亢的態度

　　莫比爾石油公司在美國享有盛名，是世界第六大工業公司。這位經理聽說莫比爾公司已購買了這家石化公司的產品，立即放下架子，同意洽談生意，並對公司的產品做了品質評定。經檢驗，潤滑油基礎油全部指標達到規定要求。他們很快向世界各國分公司發放了准予購買的許可證。就這樣，這家石油公司開闢了新的市場，在國際石油市場上占有了一席之地。

　　人在面對強勢的壓力的時候，要表現出不卑不亢的態度。

　　褚裒是東晉時有名的大將。有一次，他乘船送客往浙江，夜晚投宿在錢塘縣的驛亭中。當時錢塘縣令也正送客過江，來到驛亭。亭吏不知道褚裒的身分，為了接待縣令，就把褚裒趕了出來。出門在外就得受委屈，褚裒一望就心裡有數，犯不著與亭吏過不去，於是褚裒悄悄捲起行李到江邊的牛屋住下。

　　不久，錢塘潮水漲起，縣令沈充觀潮來到此處，遠遠望見牛屋下竟住著人，感到非常驚奇，忙問下屬是誰。亭吏不敢隱瞞，回答說：「昨天有一個北方人來投宿，因為你們這些貴賓駕到，所以把他暫時安置在那裡住。」

　　沈充當時微微有些醉意，所以想開個玩笑，他叫道：「嗯，北方來的，過來吧！快快報上你的姓名，我可以給你一些餅子吃呢！」當官兵的對平民百姓無禮是常事，但如果是宦官侮辱外戚，文官蔑視武將，一般是會生出風波來的，甚至互不相讓，一直到皇帝那裡，讓朝廷好不熱鬧。

　　褚裒地位雖不高，大小也算個人物，受到別人的輕視嘲弄，心裡不大高興。他心裡想：上梁不正下梁歪，有什麼樣的主管，就有什麼樣的下屬，瞧他沈縣令那個粗魯樣子，也難怪會有亭吏這樣的惡吏了。他心

## 第五章　心態決定成敗，成就好運勢

裡罵著，嘴上還是彬彬有禮地回答：「我是河南的褚裒。」根本不提起被驅趕的事情。即使介紹自己。也只是冰冷的幾個字。話的效果往往跟它的長短成反比，諸裒一下子把沈充鎮住了。

沈充早就知道褚裒的大名，現在把褚裒得罪了，很希望對方能責備那個該死的亭吏和自己一頓，自己才好趁機下那難堪的臺階。但褚裒站在一旁不開口，沈充要鞭撻亭吏也被他制止了。於是沈充只好吩咐屬下殺雞牢羊，備妥豐富的酒宴款待褚裒，請褚裒賞臉。褚裒毫不遲疑地答應下來。沈充知道他對自己一定有看法，但不好直接問他，所以只能更加小心地賠不是、勸酒。

在現實生活中，有些人之所以不會辦事，辦事容易出錯，其中有很大一部分原因來自於他的心理素養不夠好。有的人一見到強大的對手就怯場、自卑，而遇到弱勢群體又容易驕傲。要學會辦事，要進行人際互動，就要跳出這些心理陷阱，做到不卑不亢。

要克服辦事時的自卑心理，就要從日常生活做起：

1. 克服由於思想認知方面造成的自卑心理，要正確地了解、評價自己。要善於發現自己的長處，肯定自己的成績，不要把別人看得十全十美，把自己看得一無是處，要知道他人也有不足。另外，要注意發現他人對自己的好的評價，以增強自信心理。
2. 克服由於生理方面造成的自卑心理，要促使自己發揮長處，避免弱勢。要了解到，人是靠心智來稱雄的。具有辦事能力的人，主要依靠的是他聰明的大腦和廣博的智慧。
3. 克服由於社會環境方面所造成的自卑心理，主要是要增強性格的獨立性，擺脫人們對自己的成見，使自己在來往中日益成熟起來。
4. 克服由於性格氣質方面造成的自卑心理，要克服內向性格和性格孤僻。要積極適應和改造環境，要自我調節並解決心理衝突，把苦悶

向他人談一談、排解掉，使心情變得輕鬆愉快。要培養多方面的興趣和愛好，這樣有益於活潑性格的形成和發展。

5. 克服由於生活經歷方面所造成的自卑心理，就是要鍛鍊自己的抗受挫能力。

## 第五章　心態決定成敗，成就好運勢

# 認定的事就要大膽去做

　　辦任何事都會有困難，或者退讓，或者挺進，不同的選擇導致不同的結果。有些人憑一股勁，對自己認定的事，大膽而果敢地去做下去，這叫氣魄。

　　勇於大膽去做的人常說：「我總有機會！」失敗者之所以失敗是因為他們在關鍵的時候沒有抓住機遇的勇氣，沒有抓住屬於自己的機會，好位置就只好讓別人捷足先登，等不到他去競爭。

　　乾隆二十四年（西元1799年）九月，劉墉調任江蘇學政。他上任後，對該省吏治風俗多有觀察，勇於揭露其中的弊端，提出了不少令乾隆感興趣的建議。

　　作為清代學術和文化的中心，江蘇地區的士人風氣以及他們對朝廷的態度，直接關係著清朝統治能否獲得穩定和加強。因此，歷代皇帝和大學士對該地區都極為重視，康熙和乾隆六次南巡，相當程度上就是為了籠絡東南士民，強化對該地區的控制。乾隆時期，大學士尹繼善在東南地區長期擔任總督和巡撫，前後長達二十七年之久，其原因在於尹繼善精於文學，善於透過以文會友與文人學士維繫感情，因而深獲當地士人的擁戴，他在東南的政績成為清朝成功推行文治政策的典範之一。

　　江南地區發達的文化要求地方大吏不但要清正廉潔，而且要懂得順乎自然，寬緩為政；不但要推崇儒家政教，而且要懂得獎揚斯文，引導潮流。派具有深厚儒學素養和文學修養的尹繼善到江南為官，可以說政得其人，人盡其才，時人稱尹繼善「就論風雅已壓群公」。「在江南地方推行仁政，百姓樂業，官吏傾心，不敢稍微違犯法律。」當老百姓聽說尹繼善要到江南任職，便歡呼雀躍，「奔走相告」。對此，精敏的乾隆皇

帝心裡也很明白，所以說他：「滿洲科甲官僚中，長於文學而又通曉政事的，尹繼善是第一。」

劉墉能被選派到江蘇這樣一個文化大省做學政，充分體現了乾隆對劉墉管理學務能力的信任。但這只是一個方面。另一方面是，劉墉有在江蘇開展工作的便利條件。劉墉的父親劉統勳此前多次負責南河河工，在江蘇的時間較長，熟悉那裡的風土人情；劉家在江蘇擁有眾多的朋友或門生故吏。時任兩江總督的尹繼善也是劉統勳的同僚和朋友。

有此良好的社會關係，又有安徽學政的三年經歷，劉墉主持江蘇學政工作自然就順手多了。劉墉任江蘇學政期間，視學江蘇頗為認真，考取生員比較嚴格，諸聯《明齋小識》就記載說：「昔日劉石庵相國視學江蘇，嚴肅駿厲，人多畏憚，至四十二年復任江蘇，則寬厚平和，與前任不輕易取悅秀才迥然有別，即使年例不符合者，也准予賞給衣頂，並能對科場運氣不佳者給予照顧。」於此可窺見其風格及其變化。

劉墉還認真考察當地的風俗民情。乾隆二十七年秋天，劉墉在離開江蘇省前夕，將此向乾隆做了彙報，算是對他觀察風俗的一種總結。其中特別談到了對監生的管理等問題：監生中有喜歡滋事、膽大妄為的人，府州縣官多所顧忌，並不加懲處。以致他們不僅害怕刁頑百姓，而且害怕蠻橫的監生，狡猾的胥役。對於涉及監生案子既不能及時審斷，又不能明定是非。確定罪責之後，應該撲責革退的監生，並不責貴，實屬疲玩不堪，訟棍奸吏因此得以行其奸謀。不只是他們目中已無學政，甚至有心詐欺督撫。

此疏深切當時江南官場之積弊，因而受到乾隆的高度重視，乾隆在隨後下達的上諭中指出：

劉墉所奏，切中該省吏治惡習。江南士民風尚，多屬浮靡好事，當

## 第五章 心態決定成敗，成就好運勢

地地方有司，又加以疲沓姑息，遂致此等惡習日益嚴重，牢不可破。所以，近來封疆大吏懈弛弊端，直省中唯有江南最為嚴重，這本非劉墉一人私下看法。尹繼善、陳弘謀在督撫中外任時間最久，而且向來好以無事為福，況且經歷事情既多，上下一團和氣的作風竟成桎梏。他們所轄官員又大半屬往年舊屬，往往遇事姑容。近來藉口辦差，有意延擱公事者更不一而足。積習頹靡，不知振刷。此等情狀，即使當面責問尹繼善、陳弘謀，他們亦應當難以自解。

況且督撫為屬僚表率，既然不能有所振作，那麼所有下屬又有誰不承風？至於上行下效，怠惰之勢已經形勢，誰負責任？則朕唯於督撫是問耳。尹繼善等當以此痛除舊習，刻自振作，如果州縣官確有怠玩相沿，如劉墉所奏各情節，即當嚴行體察，據實參奏。若不知自改，而轉以被揭怨恨他人，更難逃朕洞見。

後來，他又多次在諭命中談到這個問題，可見劉墉所奏在乾隆心目中的影響。

劉墉不懼權貴，直擊江南官場的弊端，大膽上疏，可見他的膽識與氣魄。

勇氣，是辦事成功的要素之一。任何一個大有作為的人，都具有敢做敢為、無所畏懼的氣魄，他們竭盡全力、越過障礙、登上成功的巔峰；他們堅忍無比、百折不撓，為了理想境界努力奮鬥。

勇氣表現在人們活動的三個層次中：肉體、心理、精神。在這三個層次中，勇氣意味著對自由的追求，對事物發展規律永遠的探求。

勇氣要求我們堅持維護自己的權益，也要求我們維護他人的權益。正是這種在辦事的過程中勇往直前的進取和無畏精神，才使我們奠定了事業成功的堅定基礎；勇氣使我們信念堅定，絕不徬徨動搖；勇氣使我

們永懷希望、積極向上，而不是悲觀消沉、無所作為。當我們面臨危難時，我們依靠勇氣忍受磨練、戰勝危難。而不是被危難懾服、壓垮。勇氣使我們相信自己、獨立自主；在生活中，勇氣又意味著對他人同情憐憫、寬大為懷，而不是斤斤計較、寸步不讓；勇氣還意味著坦誠接受、承認錯誤和失敗，而不是耿耿於懷，沉湎於以往錯誤的追悔不已。這些就是真正的無所畏懼，勇敢堅強！

## 第五章　心態決定成敗，成就好運勢

# 勇於冒險

　　如果我們不去做，可能就不會有風險，但也不會有進步。對於辦事的人來說，每一個行動可能都是一次風險，但也同時是一次機會。

　　世界的改變，生意的成功，常常屬於那些勇於抓住時機，適度冒險的人。有些人很聰明，對於不測因素和風險看得太清楚了，不敢冒一點險，結果聰明反被聰明誤，永遠只能「餬口」而已。實際上，如果能從風險的轉化和準備上進行謀劃，則風險並不可怕。因噎廢食的人永遠也追不上勇於吃螃蟹的人。精明的人能謀算出冒險的係數有多大，做好應付風險的準備，則可以勝出。

　　敢冒風險的人才有最大的機會贏得成功。古往今來，沒有任何一個成功者會不經過風險的考驗。

　　西元 1857 年，摩根（John Pierpont Morgan）從德國哥廷根大學畢業，進入鄧肯商行工作。一次，他去古巴哈瓦那為商行採購魚蝦等海鮮歸來，途經新奧爾良碼頭，下船到碼頭一帶兜風，突然有位陌生人從後面拍他的肩膀：「先生，想買咖啡嗎？我可以出半價。」

　　「半價？什麼咖啡？」摩根疑惑地盯著陌生人。

　　陌生人自我介紹說：「我是一艘巴西貨船船長，為一位美國商人運來一船咖啡，可是貨到了，那位美國商人卻破產了。這船咖啡只好在此拋錨……先生！您如果買下，等於幫我一個大忙，我情願半價出售。但有一條，必須現金交易。先生，我是看您像個生意人，才找您談的。」

　　摩根跟著巴西船長一道看了看咖啡，成色還不錯。想到價錢如此便宜，摩根便毫不猶豫地決定以鄧肯商行的名義買下這船咖啡。然後，他興致勃勃地發出電報給鄧肯，可鄧肯的回電是：「不准擅用公司名義！立

即撤銷交易!」

摩根非常生氣,不過他又覺得自己太冒險了,鄧肯商行畢竟不是他摩根家的。自此摩根便產生了一種強烈的願望,那就是開自己的公司,做自己想做的生意。

摩根無奈之下,只好求助於父親吉諾斯(Junius Spencer Morgan I)。

吉諾斯回電同意用自己倫敦公司的戶頭償還挪用鄧肯商行的欠款。摩根大為振奮,索性放手冒險一番,在巴西船長的引薦之下,他又買下了其他船上的咖啡。

摩根初出茅廬,做下如此一樁大買賣,不能說不是冒險。但上帝偏偏對他情有獨鍾,就在他買下這批咖啡不久,巴西便出現了嚴寒天氣。一下子使咖啡大為減產。這樣,咖啡價格暴漲,摩根便輕而易舉地大賺了一筆。

從咖啡交易中,吉諾斯意識到自己的兒子是個人才,便出了大部分資金為兒子辦起摩根商行,供他施展經商的才能。

西元1862年,美國的南北戰爭打得不可開交。林肯總統頒布了「第一號命令」,實行了全軍總動員,並下令陸海軍對南方展開全面進攻。

一天,一位華爾街投資經紀人的兒子克查姆來與摩根閒聊。

「我父親最近在華盛頓打聽到,北軍傷亡十分慘重!」克查姆神祕地告訴他的新朋友,「如果有人大量買進黃金,匯到倫敦去,肯定能大賺一筆。」

對經商極其敏感的摩根立時心動,提出與克查姆合夥做這筆生意。克查姆自然躍躍欲試,他把自己的設計告訴摩根:「我們先和皮鮑狄先生打個招呼,透過他的公司和你的商行共同付款的方式,購買四、五百萬美元的黃金——當然要祕密進行;然後,將買到的黃金一半匯到倫

## 第五章　心態決定成敗，成就好運勢

敦，交給皮鮑狄，剩下一半我們留著。一旦向皮鮑狄黃金匯款之事洩露出去，黃金價格肯定會暴漲。到那時，我們就堂而皇之地拋售手中的黃金。肯定會大賺一筆！」

摩根迅速地盤算了這筆生意的風險程度，爽快地答應了克查姆。

一切按設計行事，正如他們所料，祕密收購黃金的事因匯兌大宗款項走漏了風聲，社會上流傳著大亨皮鮑狄購置大筆黃金的消息，「黃金非漲價不可」的輿論四處流行。於是，很快形成了爭購黃金的風潮。由於這麼一搶購，金價飛漲，摩根看火候已成，迅速拋售了手中所有的黃金狠賺了一筆。

機會稍縱即逝，猶如白駒過隙，當機會來臨，善於發現並立即抓住它，要比貌似謹慎的猶豫好得多，猶豫的結果只能錯過機遇，果斷出擊是改變命運的最好辦法。

有一個國王，他想委任一名官員擔任一個重要的職務，就召集了許多武力超群和聰明過人的官員，想看看他們之中誰能勝任。

「聰明的人們」，國王說，「我有個問題，我想看看你們誰能在這種情況下解決它。」國王領著這些人來到一座大門前 —— 一座沒人見過的最大的門。國王說：「你們看到的這座門是中國最大最重的門。你們之中有誰能把它打開？」許多大臣見了這門都搖了搖頭，其他一些比較聰明的，也只是走近看了看，不敢去開這門。當這些聰明人說打不開時，其他也都隨聲附和。只有一位大臣，他走到大門外，用眼睛和手仔細檢查了大門，用各種方法試著去打開它。最後，他抓住一條沉重的鏈子一拉，門竟然開了。其實大門並沒有完全關死，而是留了一條窄縫，任何人只要仔細觀察，再加上有膽量去開一下，都會把門打開的。國王說：「你將要在朝廷中擔任重要的職務，因為你不限於你所見到的或所聽到

的，你還有勇氣靠自己的力量冒險去試一試。」

勇於冒險求勝，你就能比你想像的做得更多更好。在勇於冒風險的過程中，你就能向人生挑戰，向事業挑戰，而這種經歷會不斷地激勵你，也會不斷地使你恢復活力。

有本書中指出：致富祕訣，在於「大膽創新，眼光獨到」。比如說：地產市場我看好，別人看壞，事實證明是好，我能發大財；反之，我看好，別人看壞，事實證明是壞的，我便要受大損失，甚至破產；如果大家都看好，我也看好，事實證明是對的，則也僅僅能餬口而已。茫茫世界風雲變幻，漫漫人生沉浮不定，而未來的風景卻隱在迷霧中，向那裡出發，有坎坷的山路，也有陰晦的沼澤，深一腳淺一腳，雖然有危險，但這卻是在有限的人生中通往成功與幸福的捷徑。但世界上大多數人卻不敢走這條冒險的捷徑。他們熙來攘往地擁擠在平平安安的大路上，四平八穩地走著，這些人雖然並無風險，但也在失去風險的同時失去了成功的契機。

我們不知道未來是什麼樣子，但至少了解，未來存在著成功的可能，也存在著不可能的可能，未來就好像一個冥然無知的黑洞，靠我們去打破它，讓它充滿陽光和希望。打破黑洞不容易，這需要有冒險的精神。康德說：「人的心中有一種追求無限和永恆的傾向。這種傾向在理性中的最直觀表現就是冒險。」因此有人把世界看成是上帝安排的一個賭場，看成是冒險家的樂園。

第五章　心態決定成敗，成就好運勢

## 該低頭時就低頭

　　在辦事過程中，那些謙讓而豁達的人總能贏得更多的成功。反之，那些妄自尊大、高看自己、小看別人的人必然會引起別人的反感，最終使自己走到孤立無援的地步。

　　越是有涵養、穩重的成功人士，態度越謙虛，相反地，只有那些淺薄地自以為有所成就的人才會驕傲。美國石油大王洛克斐勒就說：「當我從事的石油事業蒸蒸日上時，我晚上睡前總會拍拍自己的額角說：『如今你的成就還是微乎其微！以後路途仍多險阻，若稍一失足，就會前功盡棄，切勿讓自滿的意念侵吞你的腦袋，當心！當心！』」這就是告誡人們要謙虛，尤其是稍有成就時應格外小心，不要驕傲。

　　富蘭克林年輕時就是個才華橫溢的人，但同時他也很驕傲輕狂。對此，他渾然不知。

　　有一天，富蘭克林去拜訪一位老前輩。當他昂首闊步進門的時候，頭被門框狠狠地撞了一下，奇痛無比。出門迎接的前輩看著他這副樣子，笑笑說：「很痛吧！可是，這將是你今天來訪問我的最大收穫。一個人要想平安無事地活在世上，就必須時時刻刻記住低頭，這也是我要教你的事情。」

　　富蘭克林猛然醒悟，也發覺自己許多社交失敗和悲劇命運的真正原因。從此，時時刻刻不忘低頭成為富蘭克林一生的生活準則之一，他改掉了驕傲的毛病，決心做一個謙遜的人。也就是因為具有了這一美德，他得到了人們的廣泛支持，在事業上取得了巨大成功，成為了美國開國元勛之一。

　　在言談中，趾高氣揚、咄咄逼人，這些無視的態度都很容易挫傷對

方的自尊心,引起對方反感的情緒,從而導致自己的被動。

西元1860年,林肯作為美國共和黨候選人參加總統競選,他的對手是大富翁道格拉斯(Stephen A. Douglas)。

當時,道格拉斯租用了一輛豪華富麗的競選列車,車後安放了一門大砲,每到一站,就鳴炮30響,加上樂隊奏樂,氣派不凡,聲勢極大。道格拉斯得意洋洋地對大家說:「我要讓林肯這個鄉下佬聞聞我的貴族氣味。」林肯面對此情景,一點也不在乎,他照樣買票搭車,每到一站,就登上朋友們為他準備的耕田用的馬拉車,發表這樣的競選演說:「有許多人寫信問我有多少財產。其實我只有一個妻子和三個兒子,不過他們都是無價之寶。此外,我還租有一個辦公室,室內有辦公桌一張,椅子三把,牆角還有一個大書架,架上的書值得我們每個人一讀。我自己既窮又瘦,臉也很長,又不會發福,我實在沒有什麼可以依靠的,唯一可以信賴的就是你們。」

選舉結果大出道格拉斯所料,竟是林肯獲勝,當選為美國總統。

做事還是謙虛一些好,謙虛往往能得到別人的信賴。謙虛,別人才不會認為你會對他構成威脅。謙虛不僅是人們應該具備的美德,從某種意義上說,謙虛也是獲勝的力量。尤其在對峙雙方地域不同、文化背景各異的情況下,偶然一句「我不太明白」、「我沒有理解你的意思」、「請再說一遍」之類謙恭的言語,會使對方覺得你富有涵養和人情味,真誠可親,從而提高辦事成功的可能性。

王先生在他剛進公司的那段日子裡,在同事中幾乎連一個朋友都沒有。那時,他正春風得意,對自己的機遇和才能非常自得。因此每天都極力吹嘘他在工作中的成績,每天有多少人找他請求幫忙等等得意之事。然而同事們聽了之後不僅沒有人分享他的「成就」,而且還極不高

## 第五章　心態決定成敗，成就好運勢

興。後來還是老父親一語點破，他才意識到自己的錯誤觀念。從此，他就很少談自己的成就而多聽同事說話，因為他們也有很多事情要吹噓，讓他們把自己的成就說出來，遠比聽別人吹噓更令他們興奮。後來，每當他有時間與同事閒聊的時候，他總是先請對方滔滔不絕地把他們的成就炫耀出來，僅僅在對方問他的時候，才謙虛地表露一下自己。

我們對自己的成就要輕描淡寫，這是辦事方略。我們必須學會謙虛，這樣才能永遠受到人們的歡迎。卡內基對此曾有過一番精彩的論述：「你有什麼可以炫耀的嗎？你知道是什麼東西使人沒有變成白痴的嗎？只不過是你甲狀腺中的碘罷了，價格才五分錢。如果醫生割開你的頸部的甲狀腺，取出一點點的碘，你就變成一個白痴了。五分錢就可以在街角藥房中買到的一點點碘，是使你沒有住在瘋人院的東西。價值五分錢的東西，有什麼好談的？」

老子曾說過：「良賈深藏若虛，君子盛德貌若愚」，是說商人總是隱藏其寶物，君子品德高尚，而外貌卻顯得愚笨。這句話告訴人們，必要時要藏其鋒芒，收其銳氣，不可不分場合將自己的才能讓人一覽無遺。你的長處短處被別人看透，就容易被他們操縱。

越是謙遜的人，別人越是喜歡找出他的優點；越是把自己看得了不起，孤傲自大的人，別人越會瞧不起他，喜歡找出他的缺點。這就是謙遜的功效。所以，平時你要謙遜地對待別人，這樣才能博得人家的支持，為你的事業奠定基礎。當你以謙遜的態度來表達自己的觀點或做事時，就能減少一些衝突，還容易被他人接受。即使你發現自己有錯時，也很少會出現難堪的局面。正如查斯特·菲爾德（Chesterfield）所說的：「如果你想受到讚美，就用謙遜去作誘餌吧。」

# 保持平和的心態

辦事需要良好的心理素養是人所共知的道理，一個人是否能控制自己的情緒，使之適應不同辦事對象很重要。

辦事要學會處險而不驚，遇變而不怒，如果你不能及時控制自己的情緒以適應辦事的需求，那麼你在複雜的群體中就沒辦法辦事。

一個星期六的上午，約翰・柯爾斯去會見公司主管。約見地點是他的辦公室。主人事先說明他們的談話會被打斷 20 分鐘，因為他約了一個房地產經紀人。他們之間洽談的該公司遷入新辦公室的合約已經談好，只需要簽字了。

由於只是個簽字的手續，主管允許約翰在場。

這位房地產經紀人帶來了平面圖和預算，很明顯已經說服了他的顧客，但就在穩操勝券的時候，他做了件蠢事。

這位房地產經紀人碰巧剛剛與公司的主要競爭對手簽了租房合約。他大概是太興奮，仍然陶醉在自己的成功之中，開始詳細描述那筆買賣是如何做成的，接著讚美那個「競爭對手」的優秀之處，稱讚其有眼光，很明智地租用了他的房產。接下來，他想要恭維公司主管也做出了同樣的決策。

公司主管站了起來，感謝他做了這麼多介紹，然後說他暫時還不想搬家。

那個房地產商一下子傻眼了。當他走到門口時，主管在後面說：「順便提一下，我們公司的工作最近有一些創意，形勢很好，不過這可不是踩著別人的腳印走出來的。」

## 第五章　心態決定成敗，成就好運勢

　　房地產經紀人在關鍵時刻忘了對方，只顧著炫耀自己已取得的推銷成果，而忽略了買方有做出抉擇的權利。

　　因為一點點的不順而怒火中燒，正是很多年輕人的缺陷，一點小事都承受不了，最後的結果就是搞砸了。

　　一位新畢業的大學生，花費了很大精力找到了一個海上油田鑽井隊的工作。在海上工作的第一天，領班要求他在限定的時間內登上幾十公尺高的鑽井架，把一個包裝好的漂亮盒子送到最頂層的主管手裡。他拿著盒子快步登上高高的狹窄的舷梯，氣喘呼呼滿頭是汗地登上頂層，把盒子交給主管。主管只在上面簽下自己的名字，就讓他送回去。他又快跑下舷梯，把盒子交給領班，領班也同樣在上面簽下自己的名字，讓他再送給主管。

　　他看了看領班，猶豫了一下，又轉身登上舷梯。當他第二次登上頂層把盒子交給主管時，渾身是汗，兩腿發顫，主管卻和上次一樣，在盒子上簽下名字，讓他把盒子再送回去。他擦擦臉上的汗水，轉身走向舷梯，把盒子送下來，領班簽完字，讓他再送上去時他有些憤怒了，他看看領班平靜的臉，盡力忍著不發作，又拿起盒子艱難地一個臺階一個臺階地往上爬。當他上到最頂層時，渾身上下都溼透了，他第三次把盒子遞給主管，主管看著他，傲慢地說：「把盒子打開。」他撕開外面的包裝紙，打開盒子，裡面是兩個玻璃罐。他憤怒地抬起頭，雙眼噴著怒火射向主管。主管又對他說：「去沖咖啡。」年輕人再也忍不住了，「叭」地一下把盒子扔在地上，「我不做了！」說完，他看著扔在地上的盒子，感到心裡痛快了許多，剛才的憤怒全釋放了出來。

　　這時，這位傲慢的主管站起身來，直視他說：「剛才讓您做的這些，叫做極限訓練，因為我們在海上作業，隨時會遇到危險，所以要求隊員

身上一定要有極強的承受力，承受各種危險的考驗，才能完成海上作業任務。可惜，前面三次你都通過了，只差最後一點點，你沒有喝到自己沖的甜咖啡。現在，你可以走了。」承受痛苦壓抑了人性本身的快樂，但是成功往往就是在你承受常人承受不了的痛苦之後，才會在某個方面有所突破，實現最初的夢想。可惜，許多時候，我們總是差那一點點……

遇事首先需要保持冷靜、自信，相信自己有辦法、有能力處理好。

有一次，劉齊和一個非常傲慢、難打交道的經理約會，最後終於得到了對方的允許。

他們約好了上午9：00見面，但是直到9：30對方才來。劉齊看著那位經理走出辦公室，和他的祕書開玩笑，但是她始終沒有跟劉齊打聲招呼。10點鐘的時候，劉齊問接待員：「你們的經理什麼時候能見我？」

她回答說：「我不知道，他很忙。」

劉齊說：「他能忙到什麼程度？他剛才還出來了呢。」

她說：「他有時間見你時，他自然會來見你的。」

劉齊覺得自己被激怒了，他正想發作，這時突然想起了一段話：「不要生氣。如果其他人生氣了，他們將會得到報應；如果你能保持冷靜，那麼你最終會占上風。」所以，他提醒自己：當你讓憤怒占了上風，你就會把自己置於不利地位而聽任對手的擺布。

當劉齊環顧這位經理的接待室時，他意識到對方有意在激怒自己。劉齊想：「如果我真的生了氣，我就很難在生意中發揮自己的能力了。」這是一個相當大的考驗，但劉齊決定戰勝它！於是，他耐心地坐著等對方，不論等多長時間。

劉齊翻開一本雜誌讀了起來，心想：「他最終會來找我的。當他向我走來時，猜一猜誰占了上風？」果然，最後那位經理和劉齊協商的時候

## 第五章　心態決定成敗，成就好運勢

主動讓步了許多。

辦事時頭腦要冷靜、不能爭一時的長短，這樣才能占住上風。學會控制自己的情緒、自己的行動，這在辦事中是很重要的。在門被砰然地關上，玻璃杯被砸碎，一陣咆哮聲以後；在被人無情地冒犯之時；在我們在辦事時犯了一些不該犯的錯之時，我們的情感如何呢？

你是否會動輒勃然大怒？你可能會認為發怒是你生活的一部分，可你是否知道這種情緒根本就無濟於事？也許，你會為自己的暴躁脾氣辯護說：「人嘛，總會發火、生氣的。」或者是：「我要不把肚子裡的火發出來，非得憋出病來。」儘管如此，憤怒這一習慣行為可能連你自己也不喜歡，更別說別人了。

和其他所有情感一樣，這是你思考的結果。它並不是無緣無故地產生的。當你遇到不合意願的事情時，就認為事情不應該是這樣的，這時開始感到灰心，然後，便是一些衝動的舉止，這總是很危險的，對辦事者來說，它並沒有什麼好結果可言。《為什麼你不敢面對真實的自己？》作者偉恩‧戴爾說：「你應該對自己的情感負責。你的情感是隨思想而產生的，那麼，你只要願意，便可以改變對任何事物的看法。首先，你應該想想：精神不快、情緒低沉或悲觀痛苦到底有什麼好處？然後，你可以認真分析導致這些負面情感的各種思想。

痛苦的感受會侵蝕掉我們的自尊。

我們也許會在早上起床時覺得自己像個百萬富翁，但有時候，只需花一秒鐘的時間，一個不贊成的或是一個輕視的表示，或想起過去失敗的一件事，就可以使我們一念之時覺得自己一文不值。

我們也許有洞察力、先見之明、後見之明，然而只要有人碰觸到我們敏感的樞紐，或是悲劇發生，這些都會在一瞬間逃得無影無蹤。這時

我們的每一根神經就會充滿了感情,把所有理智的聲音都淹沒掉。

我們之中絕大多數人都很熟悉下面這些症狀:麻木、失眠、疲勞、沮喪、嘆息。有太多的事要做,但沒有興趣做它們,以至做事失去熱忱、寂寞和空虛。令人感到欣喜的是,雖然我們不能防止壞的感受來臨,但我們卻能阻止它們停留下來。

第五章　心態決定成敗，成就好運勢

## 不要害怕被嘲笑

害怕被嘲笑會使你辦事時放不開手腳，養成猶豫不決的性格。一個害怕被嘲笑的人是辦不成大事的。

人都是要面子的，都比較注意自己的形象，這很正常，但不能死要面子而失去自我。別人對你的評價總是有水分的。有人可能專挑壞的講，故意貶低你，這樣你可能低估自己，自卑負面。所以在聽取別人意見之前，首先要有一個正確的自我評價，並以此為基準。

曾任美國總統的福特（Gerald Ford）在大學裡是一名橄欖球運動員，所以他在62歲時入主白宮時，他的體型仍然非常挺拔結實，他是自羅斯福總統以來體格最為健壯的一位。當了總統以後，他仍繼續滑雪、打高爾夫球和網球，而且擅長這幾項運動。

有一次，他到奧地利訪問，當飛機抵達薩爾茲堡，他走下弦梯時，他的皮鞋碰到一個隆起的地方，腳一滑就跌倒在跑道上。他跳了起來，沒有受傷，記者們竟把他這次跌倒當成一項大新聞，大肆渲染起來。在同一天裡，他又在麗泉宮的被雨淋溼了的長梯上滑倒兩次。隨即一個奇妙的消息散播開了：福特總統笨手笨腳，行動不靈敏。自薩爾茲堡以後，福特每次跌倒或者撞傷頭部或者跌在雪地上，記者們總是添油加醋地報導。後來，他不跌倒也變成新聞了。哥倫比亞廣播公司曾這樣報導說：「我一直在等待著總統撞傷頭部，或者受點輕傷之類的來吸引讀者。」記者們如此這般的渲染似乎想給人形成一種印象：福特總統是個行動笨拙的人。電視節目主持人還在電視中和福特總統開玩笑；喜劇演員吉維‧蔡斯（Cornelius Crane Chase）甚至在節目裡模仿總統滑倒和跌倒的動作。

> 不要害怕被嘲笑

福特的新聞祕書對此提出抗議。他對記者們說：「總統是健康而且優雅的，他可以說是我們能記得起的總統中身體最為健壯的一位。」

「我是一個活動家，」福特抗議道，「活動家比任何人都容易跌倒。」

他對別人的玩笑總是一笑了之。他還在華盛頓廣播電視記者協會年會上和吉維‧蔡斯同臺表演過。節目開始，蔡斯先出場，當樂隊奏起「向總統致敬」的樂曲時，他腳底絆了一下，跌倒在歌舞廳的地板上，從一端滑到另一端，頭部撞到講臺上。此時，每個到場的人都捧腹大笑，福特也跟著笑了。

當輪到福特出場時，他站了起來，服裝被餐桌布纏住了，弄得碟子和銀餐具紛紛落地，他裝出要把演講稿放在樂隊指揮臺上，可一不留神，稿紙掉了，撒得滿地都是。眾人哄堂大笑，他卻滿不在乎地說道：「蔡斯先生，你是一個非常、非常滑稽的演員。」

至此，美國人民領略了總統的氣量，認為他是一個心胸開闊的人，各大報紙也紛紛報導此事，以往的謠言就這樣不攻自破了。

別人看到的可能只是你的表面或一個方面，真正全面、清楚了解自己的還是自己。只有天生沒有主見的人才會整天打聽別人的評價。雖然有時候可能會出現「當局者迷，旁觀者清」的情況，但大多數情況下旁觀者的意見只能作為參考。

和人辦事的時候態度要不卑不亢，這樣才能不失自我。一個職員見到總經理的時候很可能拘謹得語無倫次，而當他跳出總經理的圈子，就可能大方自如。當你太在乎別人的時候，你也不知不覺地失去了自我。在生活中，我們經常會發現，有些我行我素、對別人反應遲鈍的人卻往往很讓人佩服，很受人歡迎，就是這個道理。如果一個人企業家害怕工

## 第五章　心態決定成敗，成就好運勢

人的嘲笑，他就不是一個強而有力的管理者。在發獎金的時候，他會首先考慮到副經理會怎麼想，科長會怎麼議論自己，然後那些老工人會不會認為我不照顧他們，還有保全會不會認為自己不體貼他。這樣，不調整十幾遍，獎金是發不下去的。

## 不要畏懼錯誤

　　人非聖賢，孰能無過，能勇敢面對錯誤，才能正確的解決它。

　　發現錯誤的時候，不要採取逃避態度。你應該在發現錯誤的時候，馬上想一想自己應怎麼做才能最大程度地彌補過錯。只要你能以正確的態度對待它，勇於承擔責任，錯誤不僅不會成為你發展的障礙，反而會成為你向前的動力，促使你不斷地、更快地成長。任何事情都有它的兩面性，錯誤也不例外，關鍵就在於你從什麼樣的角度去看待它，以怎樣的態度去處理它。

　　王軍是某化工廠的財務人員。一天，他在做薪資表時，發給一個請病假的員工全薪，忘了扣除其請假那幾天的薪資。於是王軍找到這名員工，告訴他下個月要把多的錢扣除。但是這名員工說自己手頭正緊，請求分期扣除，但這麼做的話，王軍就必須得請示老闆。

　　王軍認為，老闆知道這件事後一定會非常不高興的，但王軍認為這混亂的局面都是因自己造成的，他必須負起這個責任，於是他決定去老闆那裡認錯。

　　當王軍走進老闆的辦公室，告訴他自己犯的錯後，沒想到老闆竟然說這不是他的責任，而是人事部門的錯誤。王軍強調這是他的錯，老闆又指責這是會計部門的疏忽。當王軍再次認錯時，老闆看著王軍說：「很好，你能在做錯事情的時候主動承認，不推到別人的身上，這種勇氣和決心很好。好了，現在你去把這個問題解決掉吧。」事情就這樣解決了。從那以後，老闆更加器重王軍了。

　　如果只是顧全面子，一味逃避的話，那最後吃虧的是你自己。

# 第五章　心態決定成敗，成就好運勢

小劉在一家工廠任技術員。經過幾年的實踐鍛鍊，在同事的幫助下取得了一定的成績，並且被提拔成工廠副主任，負責工廠的生產技術工作。一帆風順、春風得意的他，漸漸地滋生出一種自以為是的心態，總覺得自己了不起，看不起別人，也不尊重別人的意見。

有一次，工廠的生產線發生了一些問題，產品品質也受到了影響。他看過之後，便立即斷言是原料的配比不合適，認為在投放新的一家企業提供的原材料後，原有的配比必須改變。根據他的意見，工人們做了調整，但情況仍不見好轉。此時，另一位技術人員提出了不同的見解，認為問題的癥結並不是新的原料或原料配比不合適，而在於設備本身的問題。對此，這位小劉發自內心覺得技術員的看法很合理，但是，他覺得自己是負責全車間技術與工藝的主管，如今自己的判斷出現了錯誤，反而不如一位普通技術員，如果承認，豈不太沒有面子了？

為了顧面子，他一方面繼續堅持自己的看法，另一方面也布置專人維修、調整設備。但是由於耽誤了時機，問題最終還是爆發了，造成了公司巨大損失。小劉在羞愧之中提出辭職。

因此，不慎犯錯的最佳對策便是勇敢承認。在工作中出現錯誤是我們自己也不願意看到的事情，但「人非聖賢，孰能無過」，犯錯總是難免的。對待錯誤的態度從某種程度上可以說是一個人的敬業精神和道德品行的體現。是自己的責任就要一肩挑起，一定不能推卸，要誠懇地承認錯誤，並積極地尋求補救的辦法。如果不是由於自己的過失造成的，也不要急於替自己說話，應首先著眼予公司的利益，等事情得到了妥善處理，事情的真相自然會浮出水面。如果你確實被誤會了，你的同事和上司也會在事實中看到，還你一個清白。你一定要相信，只有勇於承擔責任的人，才有可能做成大事。

## 不要畏懼錯誤

人一生所可能犯的最大錯誤是，因為怕犯錯而不敢嘗試。贏家不怕犯錯，只怕因為怕犯錯而不敢嘗試。有的人成功了，只因為他比我們犯的錯、遭受的失敗更多。「難道有永遠的失敗嗎？不！我寧可一千次跌倒，一千零一次爬起來，也不向失敗低一次頭。」抱有這種想法的人一定不會永遠與失敗相伴。

作為一個平凡的人，在辦事過程中難免會犯一些錯。面對錯誤，大多數人雖然認為自己錯了，但沒有勇氣承認，或把犯錯的理由歸結於別的因素。只有極少數人能夠站出來，勇敢地坦白：「這件事沒成功，是我的錯……」在下屬看來，承認錯誤意味著要受的責罰；在主管則認為沉默和「合理的託辭」意味著逃脫責任。

有的人喜歡好高騖遠，不能踏踏實實地工作，工作中出現一些小問題也不願深究。他們的觀點是：如果我所犯的錯性質十分嚴重，我一定會承認的；如果是芝麻大的一點小錯，再那麼認真地計較，難免有點小題大做，依我看根本沒有這個必要。如果你也是這樣看待錯誤的，那就大錯特錯了。工作無小事，更無小錯，1%的錯誤往往就會帶來100%的失敗。

假如你犯了錯且知道免不了要受責，搶先一步承認自己的錯，不失為最好的方法。自己譴責自己總比讓別人罵好受得多。如果主管發現之前，就承認了自己的錯，並把責備的話說出來，十有八九他會寬大處理你，而且原諒你的錯。

# 第五章　心態決定成敗，成就好運勢

# 第六章
## 事半功倍的五大高效實踐技巧

## 第六章 事半功倍的五大高效實踐技巧

# 通曉人情

　　古人說：「世事洞明皆學問，人情練達即文章。」每個人辦事都離不開「人情定律」，不懂不察人情是不可以的，因為，人情是無根的東西，想要固定它，就必須牢牢地把握它。

　　通曉人情。就是要有一種設身處地、將心比心的情感感受的態度。從正面講，就是要「己欲立而立人，己欲達而達人」。就好像肚子餓了要吃飯，應該想到別人肚子也餓了，也要吃飯；身上冷了要穿衣，應想到別人也與你一樣。懂得這些，你就要「推食食人」、「解衣衣人」。劉邦就知道這種道理，所以他在韓信眼中是個通曉人情的人，並且劉邦還使韓信欠下自己的人情債不忍背叛。

　　漢王四年，韓信平定了齊國，他向漢王劉邦上書：「我願暫代齊王。」劉邦大怒，轉而一想，他現在身處困境。需要韓信，就答應了。韓信力量更加壯大。齊國人蒯通知道天下的勝負取決於韓信，就對他說：「相你的『面』，不過是個諸侯；相你的『背』，卻是個大福大貴之人。當前，劉、項二王的命運都懸在你手上，你不如兩方都不幫。與他們三分天下，以你的賢才，加上眾多的兵力，還有強大的齊國，將來天下必定是你的。」

　　韓信說：「漢王待我恩澤深厚，他的車讓我坐，他的衣服讓我穿，他的飯給我吃。我聽說，坐人家的車要分擔人家的災難，穿人家的衣服要思慮人家的憂患，吃人家的飯要誓死為人家效力，我與漢王感情深厚，怎能為個人利益而背信棄義。」

　　過了幾天，蒯通又去見韓信，告訴他時機失去了便不再來，韓信猶豫不決，只因漢王對他情深義重。

姑且不論劉邦以後為什麼處死了韓信，但就人情世故而言，劉邦很成功，他能令韓信在想到背叛時心中產生愧疚，不忍去做。

通曉人情從反面講，就是要「己所不欲，勿施於人」。你愛面子，就別傷別人面子；你要尊重，就不能不尊重別人。「只許州官放火，不許百姓點燈」的事，也不是沒有人做。

項羽就是其中之一。雖然他有「霸王」的美稱，卻只有霸者的習氣，沒有王者的風範。他自己想稱王，卻想不到手下的弟兄也想做官。該賜爵的時候，爵印就在他手中，稜角都磨損了，他還是捨不得頒發下去。

因此，與其說項羽敗給劉邦，還不如說他輸給了人情。

通曉人情還不夠，有的人雖通曉，但自視清高，懶得做。人情是做出來的，需要有廣泛的人緣。

有人緣的人，才會廣交朋友受人歡迎。

話雖這樣說，但人情的「通」，人緣的「有」，是不能靠守株待兔的。天上不會掉下一塊餡餅，而且剛好掉到你的嘴巴裡。人情要去做。

做人情，前提便是察言觀色，消息靈通。

察言，便是「聞一知十」；觀色，便是「見面明意」。真正地做到了這一點，讓你的朋友欠個人情給你，簡直太容易了。

李先生與趙先生在一家商場相遇，趙先生帶著他的獨生女，兩人邊走邊談些生意上的事情，當經過時裝櫃組時，李先生注意到趙先生的女兒眼光落在一件紅色衣服上。第二天，李先生來到趙先生的家，送給趙先生的女兒一件紅色的禮物。趙先生的女兒很開心，卻沒想到，她的父親有一天要給「李叔叔」一個面子，將這個人情還上。

第六章　事半功倍的五大高效實踐技巧

## 洞察對方的性格

辦事的學問非常深奧。試問，你不會辦事，怎麼可能成事？當然，辦事首先要洞察你面前的人的性格。

對一些特殊人物，比如十分聰穎的人或十分虛偽高傲的人，要想能操縱他、制伏他，首先必須洞察他的性格，以此找到突破口。

勃倫狄斯曾講過芝加哥鉅商費爾特測驗他的情形：

為了找到一份稱心如意的工作，年輕的勃倫狄斯向費爾特自薦。費爾特有一種習慣，就是對所有求職自薦的人都親自接待，一一洽談。

後來勃倫狄斯驚訝地說：「我從未見過像費爾特這樣細心的人，他問出的那些細小的問題簡直令人難以置信。費爾特知道我曾在家鄉的小鎮當過騾夫，於是他連我飼養過的騾子的名字也細細過問。」

費爾特如此細心地去品評、洞察他人，主要是要了解他所僱用的人的特點。正如他本人所說：「如果我不親自去品評、了解他的性格、特點及能力，我將把何種事情交給他做呢？我怎麼借助他們為我的公司效力呢？」

大凡偉人或名人，都常使用許多很巧妙的方法，去測量、洞察別人的性情和能力。

在此我們所要了解的是領袖人物究竟憑藉著何種證據，以確定他對人的判斷？換句話說，他獲取於人的，究竟是些什麼？

不少有能力的人，常懷有一種隱祕的技術，以品評他人的性情、了解他人的特點、掌握他人的苦樂和嗜好。這種技術，在一般人看來很玄妙，其實也很平常。偉人或一般精明能幹的人，只不過對別人常常忽略

的瑣碎處,都非常留心與注意罷了。而事後他們所依據的,便是人們性情中表現出的這人過去做過什麼,現在在做什麼,將來會做什麼,以便採取相應的對策,致勝於他人。

總而言之,他們要把他人在一定環境之下的行為細心地觀察出來。這種對細微之處的特別留神,用心之苦,用力之勤,是常人難以做到或者不願去做的。

當我們觀察一個人時,應當留心:他全神貫注的是什麼?他常常忽略的是什麼?他喜怒憂愁的是什麼?什麼事情能使他震驚?他驕縱或發脾氣又是為了什麼?倘若我們能將他人上述的這些特點覺察出來,我們就能了解、掌握或操縱這個人,明瞭在某種環境之下,這個人會出現怎樣的感覺和行動。

比如說,某人有了困難,他害怕嗎?他會戰勝它嗎?他想把責任推在別人身上嗎?他的名譽觀念會讓他勇於承擔責任並想方設法來保護與此事有關的旁人嗎?所以,這人究竟如何去做。我們一下子是很難斷定的。但是,如果我們事先對此人就有所觀察和了解,至少可以在他以往的情形之下,根據他所經歷的或者做過的事情尋找線索,找出他對此類問題的可能反應。

一般的人都有某種程度上的相似之處,他的動作、表情以及情感已形成某種特殊場合下的固定習慣,這些習慣還可能是控制他的為人的條件。這些習慣可以說是一個人的特性,而這種特性常常包含在他的動作、姿勢、變化的臉部表情以及語言與聲調裡。有時候,人們雖然有明顯的動作,但他們常在不知不覺中把真正的情感流露出來。

我們曾見到了一個人,每當他惱怒動氣時,總是張口打呵欠,或者假裝打呵欠,而旁人一見他這個樣子便大笑或微笑起來,因為人家早已

## 第六章　事半功倍的五大高效實踐技巧

知道他在惱怒動氣了。還有些人，每逢煩悶或不順心時，總喜歡將手放在口袋裡，旁人一見此情景，便知道了他此刻的心境，也避免與他更多的談話，以免他煩中生煩。

還有些聰明的人，常常將他的天性和情感藏而不露，可是有時候當他們自己還未意識到的時候，早已被細心的觀察者看得一清二楚了。人們也從中找到了突破口。

# 學會區分小人和君子

東漢末年，劉備和許汜閒談，談到徐州的陳登時，許汜說：「陳登文化教養太低，不可結交。」

「你有根據嗎？」劉備感到驚異。

「當然有，」許汜說，「頭幾年，我去拜訪他，誰知他一點誠意也沒有，不但不理人，而且天天讓我睡在房角的小床上。」

劉備笑著說：「他這樣做是對的。你在外邊的名氣大，人們對你的要求也就高了。當今之世。兵荒馬亂，百姓受盡了苦。你不關心這些。只打聽誰家賣肥田，誰家賣好屋，淨想撈便宜。陳登最看不起這樣的人。他怎麼會和你講心理話？他讓你睡小床，還算優待了。若是我，就讓你睡在溼地板上，連床板也不給的。」

了解、辨識好人的辦法有七種：一是透過搬弄是非，挑撥離間來了解其立場；二是追根究柢地追問以了解其應變、答辯能力；三是透過詢問計謀來了解其學識；四是告訴危難情況和災禍來了解其膽量和勇氣；五是用酒灌醉後來了解其修養；六是給予其得到財物的機會以觀察其是否廉潔；七是囑託其辦事以觀察其是否守信用。

要想區別誰是小人、誰是君子，千萬不能靠賞賜和加封晉爵來達到目的。要知道，賞賜和加官晉爵是小人所追求的目的，為了達到這個目的，他們是不擇手段的，往往會矇蔽執政者，偽裝成君子的樣子。既然君子之志不在於封賞，那麼在君子做出業績之後，你可以用表揚、激勵他的方法，讓他感受到你的信任、欣賞。這就足夠了。如果過了一段時間，他沒有因為你不提拔他而鬧情緒，就說明他具備了真君子的條

## 第六章　事半功倍的五大高效實踐技巧

件，到那時，你大可以放心大膽地任用他，不用擔心他會帶給你小人的煩惱。

小人最擅長的是阿諛奉承，他們這樣做的最終目的是為了從執權者身上得到回報，一旦他們取得執權者的信任或任命，就會很快地使自己的羽毛豐滿起來，那時，他們的真實嘴臉就會暴露出來，說不定會對有知遇之恩的執權者反咬一口。

所以凡是誠心要做事的人，一定要留意自己身邊一味順著自己的意志說好話的人，切不可因為他說的都是自己愛聽的話就重用他、提拔他，那樣做無異於養虎為患。

君子本是品格、道德、學問極高之人，足以為民眾之表率。但是若表面偽裝得一副道貌岸然、自命清高的模樣，暗地裡卻做著違反常倫、傷天害理、陰險狡詐的事情，便是個令人寒心的偽君子。

因為小人之為惡，是明顯易知的事，人們可以心存防範之意，而不至於被騙或受到傷害。但是偽君子便不同了。他明裡是個君子，使人們信任他，而疏於防範。但他背地裡所施行之不義惡行，反而使我們所受到的傷害更大。

# 了解對方的意圖

在辦事中,要想贏得對手的好感,就必須時刻留意對方的興趣、愛好,明白對手的意圖,理解對手的心思,這樣才能投其所好,「對症下藥」。然而,對手的意圖往往捉摸不定,必須下工夫掌握他的心意。揣摩他的心理,然後盡量順應他,甚至還能搶先一步,將對手想說而未說的話先說了,想辦而未辦的事先辦了,能讓他更開心。

在日常生活中,待人處事也應做到知己知彼,「見什麼人說什麼話」,對不同的人運用不同的交往之道,隨機應變,才能事事順利。比如,在和主管相處時,就要根據主管的性格特點和其好惡,對自己的為人處世方式做一些必要的修正,以便迅速贏得主管的好感,建立起一定的感情。在此基礎上,主管才會有興趣深入了解和考察你的才幹,並使你「英雄有用武之地」。

馮某為人熱情大方,很善於與各式各樣的人打交道,在調到一個新部門後,他首先想到的是如何贏得主管的好感和賞識。在做了一番調查後,他得知主管為人保守,毅然捨棄了長髮、牛仔褲等時髦裝束,而以循規蹈矩的形象出現在主管面前。

在初步贏得主管的好感後,馮某想發揮自己樂於助人、慷慨大方的優點,主動與主管來往,建立友誼。不料,主管為人孤僻多疑,喜歡獨處,對馮某的熱情頗不習慣。馮某碰了幾次壁後,就決心改變策略,去順應主管的性格特點,不再經常圍著主管轉。

後來,馮某發現主管有一個最大的愛好——打桌球,於是他苦練了一段時間的球藝,然後頻頻在主管常去的一家俱樂部露面。並每次都是和主管對陣,切磋球藝。此舉果然奏效,在球來球往中,主管漸漸放鬆

## 第六章　事半功倍的五大高效實踐技巧

了心理防衛，與馮某成為了朋友。

經過一番來往，主管水到渠成地了解了馮某身上的優點和才幹，在工作中對他予以重用。馮某投其所好，出色地把自己推銷給主管，從而贏得了事業上的成功。

由此可見，投其所好，是一門高超的處世藝術。

# 看穿別人的心

　　在辦事過程中，若想成功地利用別人，你要做的第一件事，就是看穿別人的心。只有這樣，才能分清哪些人是可以利用的，才能摸準他們有哪些地方可以被你利用，才能決定應當採用什麼樣的辦法去利用他們。否則，你將碰一個大釘子，撞暈了都不知道撞在什麼上了。

　　看穿別人的心，特別是看穿初次相識的陌生人的心，說難也不難。再高明的人，也會在不知不覺中把自己的內心世界暴露出來，只不過暴露的程度、方式有所不同罷了。因此，你應當學會利用自己的眼睛和大腦，透過觀察、分析形形色色的表象，抓住問題的實質。

　　下面介紹幾種在第一次見面時如何看穿別人心靈的方法。

　　(1) 從他打招呼的方式看他的內心。即使只是一個看似簡單的打招呼，也能替你製造了解對方內心的機會。你可以看看，以下列舉的外在表現與所分析的內心世界是否一致。當然這種分析總會有一些例外，但大致上應該是準確的。

　　一面注視對方，一面行禮的人，對對方懷有警戒之心，同時也懷有想占盡優勢的欲望。

　　凡是不敢抬頭仰視對方的人，大部分都是內心懷有自卑感的。

　　使勁與對方握手的人，具有主動的性格和信心。

　　握手的時候，無力地握住對方的手，表示他有氣無力，是性格脆弱的人。

　　握手的時候，手掌心冒汗的人，大多數是由於情緒激動。內心失去平衡。

## 第六章　事半功倍的五大高效實踐技巧

握手的時候，如果目不轉睛地注視著對方，其目的是要使對方在心理上屈居下風。

雖然不是初次見面，但始終都用老套的話向人打招呼或問候，這種人具有自我防衛的心理。

(2) 從他的眼睛窺視他的心靈。初次見面的時候，首先將視線朝左右瞄射者，表示他已經占據優勢。

有些人一旦被別人注視的時候，會忽然將視線躲開，這些人大致上都懷有自卑感，或有相形見絀的感受。

抬起眼皮仰視對方的人，無疑是懷有尊敬或信賴對方的意思。

將視線落下來看著對方，表示他有意對對方保持自己的威嚴。

無法將視線集中於對方身上，很快地收回自己視線的人，大多屬於性格內向者。

視線朝左右移動得很厲害，表示他還在展開頻繁的思考活動。

(3) 從他的舉動看他的潛臺詞。人的一舉一動，特別是下意識的形體動作，也能向你洩密。

交臂的姿勢表示保護自己的意思，同樣的，這種動作也能表示可以隨時反擊的意思。

舉手敲敲自己的腦袋，或用手摸著頭頂，表示正在思考的意思。

摸頭的手震動得很厲害，即表示全心全意在思考。

用雙手支撐著下顎，大多數情況都表示正在茫然的思考中。

用拳頭擊手掌，或者折手指，就表示要威嚇對方，而不是在思考。

(4) 從他的習慣看他的特性。搔弄頭髮的習慣，是一種神經質。凡是涉及有關自己的事情時，他們馬上會顯得特別敏感。

一面說話，一面拉著頭髮的女性，大致上是很任性的女人。

說話時常常用手掩住自己嘴巴的女人，是有意要吸引對方。

拿手托腮成癖的人，即表示要掩蓋自己的弱點。

不斷搖晃身體，乃是焦灼的表現，這是為了要解除緊張而表現出來的動作。

雙足不斷交叉後分開，這種習慣表示不穩定。如果女性具有這一習慣時，就表示她對某位男性懷有強烈的關心之意。

# 第六章　事半功倍的五大高效實踐技巧

## 善於以習性識人

辦事時要善於以習性見人，這樣你就不會陷於盲目中。主要有兩點：

(1) 從預兆看人。俗話說，一葉可知秋。任何事情在局勢明朗之前，肯定都會有其前兆。達爾文在劍橋神學院讀書時，是個平庸者，植物學教授漢羅斯卻看出達爾文有著特殊的才能。因而力保他隨貝格爾艦進行環球科學考察，從而使一個「平庸」者成為舉世矚目的科學家。可見具有慧眼的人會根據細微之處正確判斷出事態的發展而採取相應的行動。要想獲得成功就必須把自己培養成形勢判斷的高手，從而把行動的主動權牢牢掌握在自己手中。

唐代宗時，劉晏在揚州設立造船廠，凡造船一艘就給付很豐厚的報酬。有人提出造船的實際費用不到所付工錢的一半，所以應該減少。劉晏說：「不，計劃大事業不能計較小的花費，凡事必須考慮到長久的利益。現在造船廠剛剛建立，管事的人很多，應當讓他們在私人花費上不太窘迫，這樣公家的財物才不會受損失。如果斤斤計較，不是長久之計啊！」劉晏說得很對，大事業不能計較小花費，以俸養廉才是長策。

(2) 從習慣看人。明代周忱巡撫江南時，隨身攜帶一個筆記本，用以記錄每天所做的事，即便是很小的事情也不遺漏。比如每天的陰、晴、風、雨等都詳記下來。開始人們都不明白他的用意。有一天，一個人來報告，說運糧的船在江上被吹走了，找不到了。周忱就問那個人是哪一天丟失糧船，是午前還是午後，當時刮什麼風。結果報告的人回答得顛三倒四，周忱翻開日記本和他對證，那人大吃一驚，只好招出了自己私扣糧船的罪行。可見細心縝密能防患。

# 洞悉對方的言外之意

　　為了達到辦事時洞悉對方言外之意的目的，平時就必須培養不斷分析對方動機的習慣。例如，對方除了以語言表示意思之外，還意味著什麼，希望什麼，並且要隨時留意對方的目的為何。如能經常反覆練習，久而久之，洞悉言外之意便能成為一種本能，更能達到心靈的契合。

　　在此舉例說明。

　　假定你在一個晴朗暖和的日子，坐在公園的椅子上，旁邊坐著一位陌生人，你們兩人一直保持沉默。

　　突然，對方開口說道：「天氣真好，萬里無雲。」

　　如果只從表面去解釋，他只不過是在表示今天天氣真好，晴空萬里，如此而已。但事實上，這句話是有言外之意的。首先，他想和你聊聊天，彼此認識；同時，他用這句話來向你搭訕，乃在表示雖與陌生人開始對話，仍欲保有自己高尚的格調，否則他大可以說：「我中午喝了一碗很好的牛肉湯」或「你在哪裡高就」或者「請問尊姓大名」等唐突的語句來搭訕。

　　這時，如果你回答：「嗯，天氣的確不錯，早知道今天會這麼暖和，我就不會穿大衣出來了。」

　　如果把你的話按照字面來解釋，就是你認為天氣確實不錯，從家裡出來的時候不知道天氣這麼暖和，否則就不會穿大衣出來了。

　　可是，除此之外，你這句話裡的言外之意還表示你很樂意與對方輕鬆地展開交談。另外，你提到了自己穿的大衣。這表示你的語句比對方更具人性。

## 第六章　事半功倍的五大高效實踐技巧

假定對方又說：「嗯，你這件大衣很不錯呀，品質很好。」

按照字面理解，他認為你這件大衣很好，同時，他也想傳達如下的言外之意——他告訴你大衣很好看，想讓你高興，並希望對話繼續下去。此外，他也認為，即使你知道天氣會這麼暖和，你可能也會穿著大衣出來，因為你的大衣確實很好看。

由語言的前後關係，我們也不難領悟其引申之意。例如在剛才的對話中，他開口說「天氣很好」，這句話並沒有表示想與你對話的願望。但由於他是用這句話作為開場白，所以才知道另有想與你交談的意願。假如這句話是用於回答你的詢問，則字面意思雖同，言外之意則大相逕庭。因此，如果按照語言的字面解釋。其意思不因前後關係而不同，但言外之意，有時則需由語言的前後關係來觀察。

再舉個簡單的例子。例如你的一位家人見你正要外出，他告訴你「外面下雨，最好穿上雨衣」，既表示不希望你被雨淋到，同時，他也期望所說的話能夠影響你。

言外之意的表達與語言的表達相同，都能以思考的速度及語句的間隔表示出來。例如，在對話中，以詳細的語句反覆說明幾次，但速度慢下來，這就表示說話者擔心聽者無法了解其想法。

但是，如此嘮叨，卻也可能造成另一種反效果——因為說話者所說的話，只要說明一次就可以充分了解了，所以，聽者對於反覆所說的話，經常會充耳不聞。

同樣的，關於語句的間隔，也一樣可以聽出言外之意。例如，聽者在說者尚未說完時，便了解說者所提示的意思，所以未等說者話語結束，聽者便迫不及待地表明自己的意見。這種舉動，會使說者感到聽者完全不考慮他的想法，只是急於發表自己的見解。

一般而言，對話時，各種想法都會相互地表現出來，且在回答對方的問題之前，多半會停頓一下，以便思考。如果聽者仔細地聽完對方所說的話，並能了解其內容，則在回答之前，通常需要一點時間來考慮如何回答。如果自己所要敘述的意見或回答較為複雜或較難表達時，所需的時間會更久些。如果說者說完後，聽者立即回答。中間不留一點空間，就可能表示聽者根本欠缺思考或完全沒有注意在聽。

所以在對話中，如果需要回答時，假定對方尚未說完，而你早已準備好如何回答，在開口說話之前，最好能稍微停頓，這樣不僅能暗示對方你的回答是經過考慮的，且更能促使對方接受你的想法。

## 第六章　事半功倍的五大高效實踐技巧

# 了解現實狀況再託人辦事

有一天,你去找你的上司請他出面幫助你辦某件事。

平常你的上司身體健康,精力充沛,在工作上也頗得心應手。公司裡的人都認為他很有前途,可是,這一天,他顯露出悲傷的臉色,很可能是家中發生了問題。

他雖不說出來,一直在努力地抑制,可總會自然而然地在臉上流露出苦惱的表情。對這位上司來說,這實在是件很尷尬的事,為了不讓部下知道,表面極力裝得若無其事。午餐後,他用呆滯的眼神望著窗外,此時,他那迷惑惘然的臉色,已失去了朝氣。你對這種微妙的臉色和表情之變化,不能不予以注意。你盡你最大的設想,找出主管真正苦惱的原因,並對他說:「經理,家裡都好嗎?」以假裝隨意問安的話,來啟迪他的心靈。

「不,我正頭痛呢,我太太突然病倒了!」

「什麼?你太太生病了!現在怎麼樣了?」

「其實也不需要住院,醫生讓她在家中療養。太太生病後,我才感到諸多不便。」

「難怪呢!我覺得經理你的臉色不好,我還以為你有什麼心事,原來是你太太生病了。」

「想不到你的觀察力這麼敏銳,我真佩服你。」

他一面說著,臉上一面露著從未有過的笑容,此刻可以知道你成功了。在人生最脆弱的時候去安慰他,這才是當部下的人應有的體諒和善意。上司由於悲傷,心靈呈現出較脆弱的一面,更不應再去刺激他,而

## 了解現實狀況再託人辦事

應當設法讓他悲傷的心情逐漸淡化。上司的苦惱，在尚不為人知曉前，自己應主動設法了解，相信你的這份善意，即使是「鬼」也會受感動的。自然，這以後，上司會心甘情願地幫你辦事。

視對方的現實狀況辦事，還有重要的一條是不能犯忌，如果犯了所求對象的忌諱，恐怕該成的事也難辦成了。

對性格外向、愛好交際的人，在辦公室與他們的談話，一般不會有什麼副作用，而對性格內向、膽小怕事和敏感多心的人則容易產生副作用。此時，就應當換個環境，在室外、院子裡隨便談心，才容易達到說服的目的。

託人辦事時只一味地談自己的事，並不停地說「請你幫忙，請你幫忙」之類的話，會讓人感到嫌惡、不耐煩。

假如想把自己的請求向對方說明，就應該先擺出願意聽取對方講話的姿態來。有傾聽別人言談的誠意，別人才會願意聽你說話。

談話的話題應該視對方的情形而定，再好的話題，若不能符合對方的需求，就無法引起對方的興趣。最好是想辦法引出彼此共同的話題來，才能聊得投機，然後再設法慢慢地把話題引入自己所要談論的範圍裡。

在日常談話中，一般人都是說些身邊瑣事，這或許想向對方表示親切。在正式交談中，希望你不要把老婆、兒女當作話題，否則總不免給人娘娘腔和不務正業的感覺。

談話先從政治、經濟等比較嚴肅的題目開始，然後再涉獵到文學、藝術和個人興趣等比較輕鬆的話題。總之，將自己的觀點、見解堂堂正正地公布出來，使得彼此能有共同的思想，才是最好的談話。

第六章　事半功倍的五大高效實踐技巧

　　一個善於託人的人，一定很注重禮貌，用詞考究，不致說出不合時宜的話，因為他知道不得體的言辭往往會傷害別人，即使事後想再彌補也來不及了。相反的，如果你的舉止很穩重，態度很溫和，言詞中肯動聽，雙方自然就能談得投機，託辦的事自然也容易辦成。

　　所以要使對方對你產生好感，必須言語和善，講話前先斟酌思量，不要想到什麼就說什麼，這樣會引起別人皺眉頭，自己卻還不知道為什麼。心直口快的人平時要多培養一下自己深思慎言的作風，切不可像隨地吐痰似的不看周圍是何處便脫口而出，否則會影響到自身的形象和辦事的效果。

# 誠信至上

　　做人之本，除了守德之外，還應當以誠信為至上。說得通俗一點，以誠信待人，是成大事者的基本做人準則，道理很簡單，誠信為天下第一品牌！無論你是誰，做人做事，都應講「誠信」二字，養成誠實守信的習慣，在事業上用這種習慣來工作，方可在競爭中取得勝利。但是有許多人卻不信這一點，硬要走向另一端，結果既損害了別人，又讓自己吃盡了人生苦果。

　　魏晉時有個叫卓恕的人，為人篤信，言不食諾。他曾從建業回上虞老家，臨行與大傅諸葛恪有約，某日再來拜會。到了那天，諸葛設宴專等。赴宴的人都認為從會稽到建業相距千里，路途之中很難說不會遇到風波之險，怎能如期。可是，「須臾恕至，一座皆驚」。由此看來，誠是一個人的根本，待人以誠，就是信義為要。精誠所至，金石為開，誠能化萬物，也就是所謂的「心誠則靈」。相反，心不誠則不靈，行則不通，事則不成。一個心靈醜惡、為人虛偽的人根本無法取得人們的信任。所以，荀子說：「天地為大矣，不誠則不能化萬物；聖人為智矣，不誠則不能化萬民；父子為親矣，不誠則疏；君上為尊矣，不誠則卑。」明人朱舜水說得更直接：「修身處世，一誠之外更無餘事。故曰：『君子誠之為貴。』自天子至於庶人，未有舍誠而能行事也；今人奈何欺世盜名矜得計哉？」所以，誠是人之所守，事之所本。只有做到內心誠而無欺的人，才是能自信、信人並取信於人的人。

　　「信、智、勇」更是人自立於社會的三個條件。誠信是擺在第一位的。「信」是一個會意字，「人」、「言」合體。《說文解字》把信和誠互為解釋，信即誠，誠即信。古時候的資訊交流沒有別的方式，只能憑人帶

## 第六章　事半功倍的五大高效實踐技巧

個口信，而傳遞口信之人必須以實相告，這就是誠或信的本義。「言必信，行必果，諾必誠」是與他人、與社會的互動過程中的立身處世之本。

法和刑是同義的，因此遇到問題不是靠打官司去解決，而是靠協商解決，在相互謙讓的基礎上透過調解達成一致，不希望鬧到「扯破臉皮」、「對簿公堂」的地步。有些受騙上當的人往往在事後採取忍讓和不再來往的辦法，因為他們對自己的要求並未改變，依然堅持用誠信的態度處世為人。靠道德的約束而忽視法制的作用，在現代社會已被證明是不可行的。然而，「誠信」在法律化的前提下隨著社會文明的發展，在人們的來往中發揮著越來越大的作用。

假如你要成大事，就要做到誠摯待人，光明坦蕩，寬人嚴己，嚴守信義。只有這樣，才能贏得他人的信賴和支持，從而為事業發展打下良好的基礎。

孔子的弟子曾子有句話：「吾日三省吾身。為人謀而不忠乎？與朋友交而不信乎？傳不習乎？」作為一個有德行而對社會有責任心的人，在來往中，誠信是做人的美德。與朋友交要誠信。「君子養心莫善於誠，致誠則無他事矣。」為官從政要「謹而信」、「敬事而信」、「言而有信」。孔子說：「信近於義，言可復也。」一個做人做事均無信的人，是很難在社會上立足的，因為人們均不齒於言而無信的人。所以，孔子說：「言而無信，不知其可也。」信是離不開誠的，誠是信的基礎和保證，誠摯待人，就能嚴守信義。

朱熹說，人與人要「合義則言，不合義則不言。言義，則其言必可踐而行之矣！」這就是說「輕諾寡信則殆」。對於成大事的人而言，手中都有一張「信用卡」——以誠信處世。誠信，不僅是做人的準則，也是處世的原則和方法。為人處世以「信」為原則，講信義、重信義，這樣的

人才會為世人所接受，才會在危難之時獲得幫助。

三國時代的諸葛亮四出祁山時，所率兵馬只有10多萬人，而司馬懿卻有精兵30萬，蜀、魏在祁山對陣，正在這緊急時刻，蜀軍有1萬人因服役期滿，需退役回鄉。而離去1萬人，會大大影響蜀軍的戰鬥力。服役期滿的士兵也憂心忡忡，大戰在即。回鄉的願望恐怕要化為泡影。這時，將士們共同向諸葛亮建議：延期服役一個月，待大戰結束後再讓老兵們還鄉。

諸葛亮斷然地說：「治國治軍必須以信為本。老兵們歸心似箭，家中父母妻兒望眼欲穿，我怎能因一時需要而失信於民呢？」說完，諸葛亮下令各部，讓服役期滿的老兵速速返鄉。諸葛亮的命令一下，老兵們幾乎不敢相信自己的耳朵，隨後一個個熱淚盈眶，激動不已，決定不走了。「丞相待我們恩重如山，如今正是用人之際，我們要奮勇殺敵，報答丞相！」老兵們的熱情對在役的士兵則是莫大的鼓勵。蜀軍上下群情激憤，士氣高昂，在形勢不利的情況下擊敗了魏軍，諸葛亮以信帶兵取得了以少勝多的戰績。

人無信不立，良好的信譽會為自己的行動帶來意想不到的便利；誠實、守信也是形成強大親和力的基礎；誠實守信的人會使人產生與你來往的願望，在某種程度上，會消除不利因素帶來的障礙，使困境變為坦途。

誠信之人都是講信義的，也就是說，他們說過的話一定算數，無論大事小事，一諾千金。

所謂恪守信義，即一定要兌現許諾。「人無信不立」，答應了別人什麼事情，對方自然會指望著你；一旦別人發現你開的是「空頭支票」，說話不算數，就會產生強烈的反感。「空頭支票」不僅僅增添他人的無謂

## 第六章　事半功倍的五大高效實踐技巧

麻煩，而且也損害了自己的名譽。對別人委託的事情既要盡心盡力地去做，又不要應承自己根本力所不及的事情。華盛頓曾說過：「一定要信守諾言，不要去做力所不及的事情。」這位先賢告誡我們，因承擔一些力所不及的工作或為譁眾取寵而輕諾別人，結果卻不能如約履行，是很容易失去別人的信賴的。

你要成大事，就一定要記得以信為本的做人處世之道，在你的事業中，養成守信的習慣是非常重要的。只有守信的人，才會有人信任你。只有做到了一諾千金，你的事業才有望發展壯大並蒸蒸日上。

按照成功學的原理去解釋，誠信做人，是最大的成功之本。假如你相信這一點，你已經領悟了做人之道，真正能做出大事來，否則就會在你的人生簿上寫滿「失敗」兩字。

# 贏得他人信任

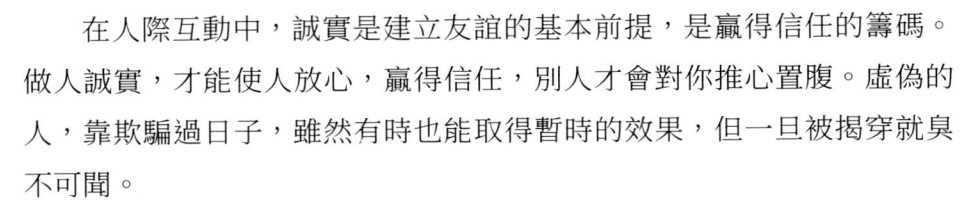

在人際互動中，誠實是建立友誼的基本前提，是贏得信任的籌碼。做人誠實，才能使人放心，贏得信任，別人才會對你推心置腹。虛偽的人，靠欺騙過日子，雖然有時也能取得暫時的效果，但一旦被揭穿就臭不可聞。

在歷史上，有人信奉「不說假話辦不成大事」，可是假話說盡了，「大事」也終於沒有辦成。《儒林外史》中的江湖騙子張鐵臂，自稱是恩仇必報的俠士，把一個豬頭包起來當人頭，騙了婁府兩公子500兩銀子，最後卻不揭自穿。欺騙是不能持久的，而誠實卻永遠使別人信服。漢朝的季布以誠著稱，時人諺云：「得黃金百斤，不如得季布一諾。」後來，他跟隨項羽戰敗，被劉邦通緝，不少人掩護他，使他安全度難，後來還受到重用。宋朝名臣司馬光，篤信忠信，史書說他「自少至老，語未嘗妄」，他自己也說：「吾無過人者，但平生所為，未嘗有不可對人言者耳。」越是誠實的人，信譽越高。越能獲得人們的真誠信任。有的人不學誠實，卻喜歡賣弄小聰明，自以為得計。其實，不管你的滑頭看起來多麼精細，多麼周到，都不可能精細和周到得永遠不被人發覺。世界上沒有一個狡猾的人，能夠狡猾得使人家不知道他是狡猾的，他的狡猾一旦被人們發覺之後，人人都會提防以致厭棄他。「聰明反被聰明誤」，生活中因為耍小聰明而吃虧的人是不少的。所以，做人應當禁絕圓滑、浮誇、虛偽等卑劣性格，做到坦蕩真誠，光明磊落，淨如水，潔如冰，心口如一，言行一致。

建立了關係網，拓展了關係網，如何維持自己的關係網呢？最好的辦法就是把自己作為關係網的一分子，時刻保持誠實的態度，不吝於讚

## 第六章　事半功倍的五大高效實踐技巧

美別人,並懂得愛別人。

許多人都相信欺騙、說謊是一種有利的勾當。他們以為欺騙的手段是很值得使用的。所以許多聲譽很好的商店,往往也在利益的驅使下登載各種騙人的廣告。

現代新聞界中有一種很不幸的現象,就是個別刊物常有脫離事實、渲染事實、顛倒事實的傾向。其實一家刊物的名譽,與一個人的名譽無異。一家刊物常常有意地刊登不忠實而騙人的文章,不久則必會蒙上「造謠說謊者」的惡名。只有那些忠於事實、不渲染事實的刊物,才是新聞界的中流砥柱,它在社會中所占的地位,要比那些雖銷路眾多,卻不忠實的刊物要高得多。

沒有私心,不為利動,在任何情形下都言行忠實——這種美譽,其價值比從欺騙中得來的利益大過千倍。

沒有健全的德性,不能絕對的忠實,社會中這種人很危險。他們也許是願意站在正直的一方的,但是一到利害關頭,他們就要離開正直,就要不說正直的話,不做正直的事了。

他們也許不正面說謊、欺騙,但往往會留著些本應該說,作為一個誠實的人所必須說的話而不說,此種行為,終究是得不償失的。

他們不明白,在他們多得到一分金錢時,卻多損失了一分人格。他們的錢袋固然是有所增加了,但人格卻有所降低了。而且,世間不知有多少誠實的個人或機構,會在日後覺悟,欺騙的行為終究是不可靠的,是注定要失敗的。所以即使僅從利害這一點上來考慮,誠實也是一種最好的準則。

一個言行誠實的人,因為自覺有正義公理為之後盾,所以能夠無愧疚、不畏縮地面對世界;而一個言行不誠實的人,卻會在內心聽到「我

是一個騙子，不是一個人；我是一個卑劣者，一個戴假面具者」的聲音。

一個人離開了誠實，便失卻了為人的資格，幾近於禽獸。許多人，為了一些小名小利，會拋棄自己的人格和名譽，像在跑馬場中一樣肆意揮霍。這豈不是一種最可悲的現象？

一個人有著大量的財產、卻到處為千夫指，為萬人笑，出賣人格，出賣尊嚴，出賣名譽，即使得到一些自認為有價值的東西，對他又有何用處呢？

在關係網中，一旦你背叛了真實，你也就離網邊不遠了。關係網可以容忍相互利用，卻絕對不容忍欺騙，如果你以欺騙來維持關係網，你會發現。在某一天，你會被你的關係網放逐了。或者就等於你親手放了一把火將你的關係網化為灰燼，一切的苦心經營均土崩瓦解。

在人際關係中的品德因素，最重要的莫過於真誠。真誠是構築人際關係大廈的基礎。1986 年，美國學者安德森曾列出了 500 多個描寫人的品格的形容詞，請大學生們選擇他們最喜歡的品格。結果，在 8 個評價最高的品格中，有 5 個與「真誠」有關。

那麼，如何做到「真誠」呢？要真誠，首先要誠實。誠實可靠、具有信用、值得信賴，是一切人際關係的基礎，也是贏得朋友的前提。他人能否對你產生信賴感，不僅僅取決於你自身的素養與品德，而且還要靠自己去主動表現。下面介紹的方法，可以使你讓別人留下做人誠實可靠的形象。

1. 提前到達約定地點。約會時必須遵守預定的時間，這是一般常識。如果約會是你主動提出的，最好提前到達約定場所，這一點相當重要。因為誠實和信賴感是從守時和不讓對方等待中產生的。
2. 坦率回答問題。不想暴露自己的弱點，以免降低自己在對方心目中

## 第六章　事半功倍的五大高效實踐技巧

的形象是人之常情。因此有不少人在人面前絕不肯承認自己對某個問題不知道，反而裝出一副很了解的樣子。實際上，對於自己不知道的事情，坦率地說不知道，可以給予人正直、誠實的印象。而且，能勇敢說不知道，也就顯示出你對其他事情必然是知道的，這種自信在不知不覺中就會傳達給對方。

3. 犯錯後不辯解。犯了錯千萬不要為自己辯解，而應誠懇地道歉，然後提出彌補過錯的方法。即使無法挽救的事情，也要表示將盡量減少損失的程度。這樣可以表現你強烈的責任感和誠意，令人刮目相看。

4. 小事嚴責，大錯原諒。被稱為世界首富的微軟公司董事長比爾蓋茲在處理與部下的關係時有一個絕招，就是發現部下的小毛病、小錯誤一概嚴厲斥責，而出現了影響生產，甚至失火這樣的大事，都能給予原諒。比爾蓋茲是姑息部下，麻木不仁嗎？絕不是。他只是巧妙地抓住了人類的心理。人在犯小錯時，本人往往認為沒有什麼，很不在意，需要有人斥責提醒。相反，犯了大錯的人一定會自我反省，無須再予以斥責了。這一種誠意，必然換來他人或部下的忠心。

5. 遵守諾言。不遵守諾言往往使人感到你不誠實。如果你許下了諾言，或者像開玩笑一樣做過承諾，對方並不抱有希望，而你一旦忠實地做到了，必定使對方感到意外，也可以使你的誠實更加突出、醒目。

6. 做陷入逆境者的忠實聽眾。人們在陷入逆境、心中煩悶、焦躁不安的時候，往往藉說話來消解。此時，你千萬不要去勸說、安慰他，搞不好會使他更加煩悶，陷入惡性循環之中。事實上，對陷入逆境的人來說，忠實的聽眾遠比任何安慰都來得有效。他可以隨意漫無

贏得他人信任

目的地說話，發洩內心的情緒，等傾訴夠了，脫離困境的日子也就不遠了。因此，只要你好好扮演一個忠實聽眾的角色，一定可以增加對方對你的信賴感。

### 第六章　事半功倍的五大高效實踐技巧

## 以誠待人

人與人之間的關係異常複雜，不亞於「哥德巴哈猜想」。這樣就為究竟怎麼做人出了一道大難題！歷來人們都主張知人而交，對不很了解的人，應有所戒備，對已經基本了解、可以信賴的朋友，應該多一些信任，少一些猜疑，多一些真誠，少一些戒備。對可以信賴的人，真真假假，含含糊糊，是不明智之舉。一位翻譯家曾說：「一個人只要真誠，總能打動人的，即使人家一時不了解，日後便會了解的。」

以誠待人，應當知人而交。當你捧出赤誠之心時，首先看看站在面前的是什麼人，不應該對不可信賴的人敞開心扉。否則，效果會適得其反。

要想得到知己，首先要敞開自己的心扉，講真話、實話，不遮遮掩掩、吞吞吐吐，以坦率換得朋友的赤誠和愛戴。正如有詩寫道：「行經萬里身猶健，歷盡千難膽未寒。可有塵瑕須拂拭，敞開心扉給人看。」

以誠待人，能在可以信賴的人們之間架起心靈的橋梁，透過這座橋梁，打開對方心靈的大門，並在此基礎上並肩攜手，合作共事。自己真誠實在，表露真心，「敞開心扉給人看」，對方會感到你信任他，從而卸下猜疑、戒備心理，把你當作知心朋友，樂意向你訴說一切。心理學家認為，每個人的思想深處都有封閉的一面，同時又有開放的一面，希望獲得他人的理解和信任。然而，開放是定向的，即向自己信得過的人開放。以一個開放的心靈換取到一個用全副身心幫助自己的朋友，這就是用真誠換來真誠。如果人們在發展人際關係中，能用誠信取代防備、猜疑，就能獲得出乎意料的好結局。

很多人交友是為求心靈的溝通。人除了物質，還有意識，吃飽喝

足，就要想事情，而這些事情，一個人「獨吞」於腹是很難受的，必須找人來交流宣洩。無論是情感隱私，還是不幸的遭遇，憋在心裡，時間久了，便如鯁在喉，不吐不快。

君子之交，是為了心靈的溝通，並不具有功利的思想。

「君子之交淡如水」，是道家莊子的名言。與儒家《中庸》中的「君子之交，淡而不厭」，是一個道理。君子的交友之道。如淡淡的流水，長流不息，源遠流長。現代人將交友比作花香，說「友誼就像花香，越淡就越持久」，也與古人有異曲同工之妙。

與同事相處，應該真誠，當他工作上有困難時，應該盡心盡力予以幫助，而不是冷眼旁觀，甚至落井下石；當他徵求你的意見時，不要向他發出毫無意義的稱讚；當他在無意中冒犯了你，又沒有跟你說聲對不起時，你要以無所謂的心情，真心真意原諒他，如果今後他還有求於你，你依然要毫不猶豫地幫助他。

有人會問：「為什麼我要對他這麼好？」答案是：因為你是他的同事，你每天白天一大半的時間都是跟他們在一起，你能否從工作中獲得快樂與滿足，與你經常相處的同事有很大關係。當你在辦公室裡，沒有人理你，沒有人願意主動跟你講話，也沒有人向你傾吐談心時，你還會覺得工作有意思嗎？

一般來說。同事之間有競爭、有摩擦是很正常的現象。但是我們要懂得如何把這種摩擦降到最低限度，應該學會怎樣把這種競爭導向對自己有利的方向。

你是不是有過這樣的情形：剛剛來到新的工作職位，你感到戰戰兢兢，如履薄冰。一些資深的職員，卻對你不理不睬，並且在很多事情上故意和你作對，你覺得無可奈何。可是你應該知道他們是你的同事，你

## 第六章　事半功倍的五大高效實踐技巧

必須跟他們好好地合作。

你要想做誠實之人，一定要仔細研究無法與對方合作的原因，問題究竟出在誰的身上？你是不是也應該負一點責任，努力營造愉快的氣氛？不要輕視與人真誠共處的技巧，它是你日後事業成功的關鍵。

# 不可食言

不論在生活上或是工作上，一個人的信用越好，就越能成功地打開局面，做好工作。你應對的客人越多，你的事業就做得越好。

所以，你必須重視自己所說的每一句話，生活總是照顧那些講話算數的人，食言是最不好的習慣，你必須改正自己的缺點，成功地推銷你自己。

不管你在什麼情況下辦什麼事情，總要對自己所說的話負責。你用自己的行動說服別人的異議。讓他們親眼看到你所做的都是為了他們的利益。為了遵守諾言，你可以放棄其他，給人一個可信的面孔。

歷史上著名的改革家商鞅為了盡快實施自己的變法主張，不惜設定計謀樹立「守信譽」的形象。

西元前350年，商鞅積極準備第二次變法。

商鞅將準備推行的新法與秦孝公商定後，並沒有急於公布。他知道，如果得不到人民的信任，法律是難以施行的。為了取信於民。商鞅採用了這樣的辦法。

這一天，正是咸陽城趕大集的日子，城區內外人聲嘈雜，車水馬龍。

時近中午，一隊侍衛軍士在鳴金開路聲的引導下，護衛著一輛馬車向城南走來。馬車上除了一根三丈多長的木桿外，什麼也沒裝。有些好奇的人便湊過來想看個究竟，結果引來了更多的人，人們都弄不清是怎麼回事，反而更想把它弄清楚。人越聚越多，跟在馬車後面一直來到南城門外。

## 第六章　事半功倍的五大高效實踐技巧

軍士們將木桿抬到車下，豎立起來。一名帶隊的官吏高聲對眾人說：「大良造有令，誰能將此木搬到北門，賞給黃金10兩。」

眾人議論紛紛。城外來的人問城裡人，年輕人問老年人，小孩問父母……誰也說不清是怎麼回事，因為誰都沒聽說過這樣的事。有個年輕人挽了挽袖子想去試一試，被身旁一位長者一把拉住了，說：「別去，天底下哪有這麼便宜的事，搬一根木桿給10兩黃金，我可不去出這個風頭。」有人跟著說：「是啊，我看這件事弄不好是要掉腦袋的。」

人們就這樣看著、議論著，沒有人肯上前去試一試。官吏又宣讀了一遍商鞅的命令，仍然沒有人站出來。

城門樓上，商鞅不動聲色地注視著下面發生的這一切。過了一會，他轉身對旁邊的侍從吩咐了幾句。侍從快步奔下樓去，跑到守在木桿旁的官吏面前，傳達商鞅的命令。

官吏聽完後，提高了聲音向眾人喊道：「大良造有令，誰能將此木搬至北門，賞黃金50兩！」

眾人譁然，更加認為這不會是真的。這時，一個中年漢子走出人群對官吏一拱手，說：「既然大良造發令，我就來搬，50兩黃金不敢奢望，賞幾個小錢就行了。」

中年漢子扛起木桿直向北門走去，圍觀的人群又跟著他來到北門。中年漢子放下木桿後被官吏帶到商鞅面前。

商鞅笑著對中年漢子說：「你是條好漢子！」說著商鞅拿出50兩黃金，在手上掂了掂，說：「拿去！」

消息迅速從咸陽傳向四面八方，國人紛紛傳頌商鞅言出必行的美名。商鞅見時機成熟，立即推出新法。第二次變法就這樣取得了成功。

美國 IBM 電腦公司發展迅速，正是靠公司服務人員在產品的售後服務中，具有高度的責任心和持之以恆的辛勤工作以及信守諾言的美德。

一天，鳳凰城的一個使用者急需重建多功能資料庫的電腦配件。公司得知後，立刻派一位女職員送去，途中遇傾盆大雨，河水猛漲，封閉了沿途的 14 座橋，交通阻塞，汽車已無法行駛。按常理遇到這種特殊情況，女職員完全有充分的理由返回，但她並沒有被飢餓和中途的艱險嚇倒，仍勇往直前，巧妙地利用原本存放在汽車裡的一雙直排輪，滑向目的地，平時只要 20 分鐘的汽車路程，今天卻變成了 4 個小時的跋涉。女職員到達使用者所在地後，又不顧旅途的疲勞，及時解決了使用者的困難。

IBM 公司正是以工作人員認真負責的工作態度和感人的行動，贏得了眾多使用者的讚譽。其電腦產品頓時成了使用者爭相購買的暢銷品，很快，這個公司的使用者就遍布世界。

你要讓你的信用代表你，讓你的名字走進每一個與你打過交道的人中，你要使他們信賴你，覺得你是一個可靠的人。

如果你以前沒有運用這個祕訣，那麼現在便開始吧！

# 第六章　事半功倍的五大高效實踐技巧

## 以誠動人

人與人透過溝通達到理解，最根本的方法是要真誠。一個人若能誠信待人，自然可以取得對方的依賴與理解。

生活中常常會遇到這種人，他們嚮往彼此之間具有很密切的來往，絕對地相互依賴和理解，甚至達到「心有靈犀一點通」的地步。

但是，要想引起對方在感情和行動上的共鳴，靠什麼呢？只有靠你出之以誠，如此才能打動人心，使不可能辦的事情，成為可能辦到的事情。生活中，語無倫次、結巴口吃的人能感動人心的情形並不少見，言語流利、辯才雄發而無法影響他人的情形亦屢見不鮮。欠缺體貼，不出以誠，怎麼能讓別人理解？

因此，在人際互動中企圖以窮追不捨的方法來達到影響他人的目的是笨拙和不明智的行為。話必須適可而止，提出要點，指出問題的癥結所在，在對方明白了自己的錯誤或失敗的原因之後，應該就此打住，多費口舌並無益處，說得越多反而越有可能對你不利。在別人遇到挫折、失敗和困難的時候，不需要有口誅筆伐和痛打「落水狗」的精神，有的應是手下留情，給人一條生路的態度。尤其是主管，即使是勸誡別人，也要注意方法，否則會產生排斥的作用。而引導能夠促進理解，能夠使對方做出肯定的反應，達到自己的目的。

在勸慰、開導別人時，一定要具有體察對方心情的本事。首先是要誠懇地聽他辯解，讓他把要講的話講完，把要宣洩的積鬱發洩出來，再對他所說的問題加以好言相勸。如果僅僅想咒罵對方一通，以洩心中之怨氣，亦未嘗不可，不過這種方法一點也不能影響對方，反而會招致相反的效果，其利害和得失，是不難衡量的。

# 失信於人終將一事無成

如果非要在說和練這兩者之間加以選擇，應毫不猶豫地選擇後者。

一個人立身處事，信用很重要，這是人的名譽的根本，是魅力的深層所在。信用，即是「使用人言」。能否使用人言，要以對方的信用度而定，但信用絕非一朝一夕之功便可樹立。

我們常說的「君子一言，駟馬難追」，講的就是人的信用。一個沒有信用的人，是為人所不齒的。現在的生意場上，公司、企業做廣告做宣傳，樹立公司、企業在大眾中的形象，就是想提高公司、企業的信用度。信用度高了，人們才會相信你，和你有來往，成交生意。不過，公司、企業的信用度得靠優良的產品品質、服務態度來實現，而非幾句響亮的廣告詞、幾次優惠大酬賓便可做到。人的信用也是如此。

吹牛皮的人，可以用自己的嘴巴將火車吹著跑。人的信用，不是靠三寸不爛之舌便可「吹」得起來的，得看實實在在的行動。說得天花亂墜，而做起來又是另一套，只會讓人更厭惡，更看不起，何談為人的信用？

獲得眾人的信任，鑄就自己的信譽，不論採取何種方法，篤誠、守信及勤勞是最根本的要訣。

如果說實現對自己許下的諾言是負責任的表現的話。同樣的，別人遵守諾言也是誠實、負責的表現。

承諾的力量是強大的。遵守並實現你的承諾會使你在困難的時候得到真正的幫助，會使你在孤獨的時候得到友情的溫暖，因為你信守諾言，你的誠實可靠的形象推銷了你自己，你便會在生意上、婚姻上、家庭上獲得成功。

## 第六章　事半功倍的五大高效實踐技巧

　　這並不是空話，有許多事實可以證明這一點，知名度很高的企業無不把信譽擺在第一位，受人尊敬的人無不是守信用的楷模。

　　相反的，有些人隨隨便便地向別人開「空頭支票」，到頭來又不兌現，相信他們無論在哪一方面都不會成功的。

　　說到底，承諾是一種信譽，一種責任。

　　在與人相處時，恪守諾言既然是非常重要的一環，那麼，如何才能做到恪守諾言呢？

　　恪守諾言要求人們對自己講的話承擔責任和義務，言必有信，一諾千金。許諾是十分鄭重的行為，對不應辦或辦不到的事，不能隨便許諾，一旦許諾，則須認真兌現。一個人若失信於人，就降低了自己的價值。如果在履行諾言的過程中，情況有變，以致無法兌現。要向請託者如實說明情況並致歉意，這與言而無信是兩碼事。

　　在工作、學習和生活中，說真話，辦實事，做老實人，實事求是，講究實效，勤奮上進，任勞任怨；在人際關係上，光明磊落，坦誠相見，言行一致，表裡如一，知錯必改。

　　《荀子‧大略》中說：「口言善，身行惡，國妖也」，「國妖」者自有其處世哲學：或投機鑽營，或虛偽奸詐，或陰謀詭計，或賣國求榮，雖然得意一時，然而天理昭彰，終究遭到人們的鄙視、唾棄，甚至遺臭萬年。

　　《莊子‧齊物論》載，有個養猴子的人對猴子說：「我早上給你們 3 個栗子，晚上給 4 個。」猴子聽了一個個齜牙咧嘴，嗷嗷亂叫。養猴人動動腦袋，馬上欺騙猴子說：「好了，別生氣了。我早上給你們 4 個栗子，晚上給 3 個。」猴子就高興起來了。

> 失信於人終將一事無成

　　這些猴子之所以高興大概只是暫時受矇蔽所致。天長日久，聰明的猴子自然會悟到養猴人的狡詐和卑鄙，從此不再相信他，而且仇恨他。那時，養猴人可就要自認倒楣了。

　　朝三暮四式的狡詐，最終必然失信於人。失信於人，不僅顯示其人格卑賤，品行不端，而且是一種只顧眼前不顧將來，只顧短暫不顧長遠的愚蠢行為，終將一事無成。

　　失信於人，大丈夫不為，智者不為。

　　恪守信用，是一種可敬可佩的美德，是個人良好形象的外顯。人們以講究信用來表達對別人的尊敬，以良好的形象表達對別人的讚美。

第六章　事半功倍的五大高效實踐技巧

# 維護好自己的信譽

　　古書《郁離子》中曾說，有人說商人是重財而輕命的人，開始我還不相信，現在我才知道真有這樣的人。孟子也說，對於商人重利輕信的固有習性和做法不能不謹慎小心。因此，作為商人，在辦事時要符合常規的道德標準。

　　綜觀已趨合理競爭的商業市場，信譽之戰已成為企業生存的生死之戰。取信於民成為企業發展的重要手段，「重口碑，也很重要，凡是應承的，一定都要做到」。這是作為商人必須做到的。

　　1968年，日本商人藤田田曾接受了美國油料公司訂製餐具300萬個刀與叉的合約。交貨日期為9月1日，在芝加哥交貨，要做到這一點就必須在8月1日由橫濱發貨。

　　藤田田組織了幾家工廠生產這批刀叉，但由於他們一再誤工，預計到8月20日才能完工交貨。這樣由東京海運到芝加哥必然誤期。

　　藤田田就租用泛美航空公司的波音707貨運機空運，交了3萬美元（合日元1,000萬元）空運費，貨物及時運到。雖然損失極大，但贏得了客戶的信任，維持了良好的合作關係，並保證了信譽。

　　像藤田田這樣的日本著名企業家，將信譽看成是企業的唯一生命，似乎理所當然。

　　一些企業為了眼前利益，大量製造、傾銷低品質產品，把自己很響的牌子砸了，無異於殺雞取蛋，只有愚人才這樣做。

　　當然，也有一些政客不講信用，並以這種不講信用的詐術為榮，對這種人應該採用防患措施。如秦王贏政命大將王翦領兵去消滅六國，王

> 維護好自己的信譽

翦馬上提出條件,要秦始皇立刻給他晉爵封地賜金子,否則,他就不做。秦始皇不得不依了他。

有人問他為什麼要這樣性急,他說:「大王這個人不太講信用,會過橋抽板,事後不認帳。我不馬上要,以後就要不到了。」

對待對手的詐術,有的人回敬以詐術,如果對於這種人卻仍用所謂的「信」,這就難免要吃虧。

## 第六章　事半功倍的五大高效實踐技巧

# 來往須講信用

　　與人來往必須講信用，這是最起碼的生活準則，也是最踏實的社交之道。在交際的過程中，要不嫉妒、不猜疑，小人之心不可取。要做一個胸懷開闊、光明磊落、心底無私的人，特別是一個文明的人，絕不應用嫉妒、猜疑去對待朋友和同事，而應把一顆真誠友好的心奉獻給他人。

　　要學會容忍他人的缺點。改變一個人長期形成的行為習慣是困難的，為此憤恨他人更不是解決問題的辦法。寬厚、容忍、善解人意，最能體現一個人的品格。社交中遇事要量力而行。不要輕率地對別人許諾，說了就要想方設法做到。

　　在社交場合最忌諱浮誇賣弄的行為。那種不顧別人，一味在眾人面前出風頭的舉止，是一種膚淺、缺乏教養的表現。對一些生活枝節問題要盡量表現出「從眾」行為，與別人採取比較一致的行動，更易與人關係融洽，也是對人尊重、信賴的表示。記住不要盡情表現你的聰明才智，讓他人感到難過，相反，應當用你的智慧去啟發別人的思路，讓別人覺得和你一樣聰明。

　　在社交場合，每個人都把自尊心看得很重，公開受人奚落就是在眾人面前受辱，這對任何人都是難以容忍的。得到別人稱讚的時候，應當表示喜悅，同時也可以略表自謙，以示謙虛。當受到別人批評時，態度要謙恭，並希望對方以後多提出這樣的批評意見。要尊重、同情、幫助有殘疾的人，絕不可嘲笑、侮辱甚至虐待殘疾人。

　　與朋友聚會時，不要頻頻看錶，顯出不耐煩的樣子，對主人和客人都不夠禮貌。拒絕別人時要特別講究禮貌，減輕對方的沮喪情緒。

向人道歉時，不要把眼睛往別的地方看，應注視著對方的眼睛。這樣才能使人相信你是真誠的。如果你覺得道歉的話不好出口，可以用別的方式替代。譬如可以在事後給對方一個真摯的微笑或握手，也可送一點小禮物或一束鮮花，還可以用書信的形式。該道歉的時候必須馬上道歉，耽擱越久便越難以啟齒，有時還會追悔莫及。而接受道歉的人應採取寬容、理解、謙虛的態度，誠心誠意地接受別人的歉意，必要時可略作自我檢討，以減輕對方的內疚心理。

在社交場合，不要當著眾人的面指責別人。即使別人出了錯，也不要當著眾人的面加以糾正。

## 第六章　事半功倍的五大高效實踐技巧

# 真誠可以擺平許多事情

真誠是無價的。世上有很多事情是可以用真誠擺平的。

在美國海關，有一批被沒收的腳踏車在公告後決定拍賣。

拍賣會上，每次叫價的時候，總會有一個10多歲的小男孩喊價，而且每次總是以5塊錢開始出價。之後，便默不作聲，眼睜睜地看著一輛輛的腳踏車被別人以30元、40元的價格買去。

拍賣員為此感到非常的驚訝。在拍賣會中間休息時，拍賣員來到小男孩身邊。低聲地問他：「小夥子，怎麼回事？你再出稍高一些的價錢就能買到屬於你的車。」

「我只有5塊錢。」小男孩怯生生地說，帶著滿臉的沮喪。

拍賣會又開始了，男孩還是每輛車出價5塊錢，再看著別人用較高的價錢買了去。

後來。觀眾們也開始注意到那個總是首先出價的男孩，也開始察覺到會有什麼樣的結果出現。

最後拍賣會要結束了，這時只剩下最後一輛車了，同時也是最棒的一輛腳踏車，車身光亮如新，有多種排檔、10段桿式變速器、雙向手煞車、速度顯示器和一套夜間電動燈光裝置。這輛車簡直完美無缺。

拍賣員問：「誰出價？」

這時，站在最前面，幾乎已經絕望的小男孩再次輕聲說：「5塊錢。」

拍賣員看著小男孩絕望的眼神，不由得停止了唱價，停下來站在那裡。

這時,整個拍賣場鴉雀無聲。所有在場的人都看著小男孩,沒有人出價,沒有人出聲,也沒有人舉手。直到拍賣員喊價 3 次後,大聲說:「現在我宣布,這輛腳踏車以 5 塊錢賣給這位身穿短褲白球鞋的小男孩。」

　　話音未落,全場掌聲雷動。

　　小男孩激動的眼中含著淚,拿出握在手中的 5 塊錢,買下了那輛嶄新的腳踏車,然後對所有在場的人說了聲:「謝謝各位!」

## 第六章 事半功倍的五大高效實踐技巧

## 換取愛心

這是一個發生在英國的真實故事。

有位孤獨的老人，無兒女，又體弱多病，他決定搬到養老院去。老人宣布出售他漂亮的住宅。

購買者聞訊蜂擁而至。住宅底價 8 萬英鎊，但人們很快就將它炒到了 10 萬英鎊，而且價錢還在不斷攀升。

老人靜靜地坐在沙發上，滿目憂鬱。是的，要不是身體不佳，他是不會將這棟陪他度過大半生的住宅賣掉的。

一個衣著樸素的年輕人來到老人面前，彎下腰，低聲說：「先生，我好想買這棟住宅，可我只有 1 萬英鎊。」

「但是，它的底價是 8 萬英鎊啊，」老人淡淡地說，「現在它已經升到 10 萬英鎊了。」

青年並不沮喪，誠懇地說：「先生，如果您把住宅賣給我，我保證會讓您依舊生活在這裡，和我一起喝茶、讀報、散步，天天都快快樂樂的——相信我。我會用我的整顆心來時時關愛著您。」

老人面帶著微笑聆聽著。

突然，老人站起來，揮手示意人們安靜下來：「朋友們，這棟住宅的新主人已經產生了。」

老人拍著身旁這位年輕人的肩膀說道：「就是這個小夥子！」

青年終於令人不可思議地贏得了勝利，夢想成真。

## 善用「忍」之道

「忍」是人生中最大的「天才」，大多數成功人士差不多都善用此道。

在競選美國總統職務的所有人中，林肯招致的誹謗、侮辱和憎恨比任何人招致的都要強烈。他贏得了西元1860年的大選，主要是因為民主黨派了兩名候選人——北部的道格拉斯（Stephen Arnold Douglas）和南部的布勒肯里奇（John Cabell Breckinridge）參加，因而獲勝的可能性較小。共和黨人因美國東北部的支持，並且組織得力，因而使得林肯僅以少數選票的優勢當選。南部諸州因此脫離了聯邦政府，從而導致美國內戰爆發。美國大多數人對於一名來自西部的外表遲鈍的農村律師竟然當選總統感到不能理解。

當時的報紙公開以各種可以想像得出的名字稱呼他。這些稱呼當中包括「怪誕的狒狒」、「曾將鐵軌弄壞，現在又來分裂聯邦的三流農村律師」、「粗魯卑賤的傢伙」、「獨裁者」、「大猩猩」、「小丑」等等。《伊利諾斯州週報》稱呼他是「美國最狡詐、最不誠實、最不稱職的政客」。從這些評論中人們可以設想，當林肯到達華盛頓就職時的處境和心境會是如何。在他發表就職演說前不久，他表示，對於人們對他表現的那些感情，他心中早已做好了準備。他對一大群人說：「我是到華盛頓這裡來宣誓就職的。此時的華盛頓與以往任何舉行就職儀式時的華盛頓都無法相比。我到這裡的目的，是要擔任人民給予的這一職務。我想，這些人過去幾乎都反對過我，現在還在反對我。」

林肯參加完就職典禮之後，人們對他強烈而又不公正的批評並沒有減少。這些批評有的來自聯邦部門，有的來自國會，有的來自共和黨內部的一些派系，而且最初是來自他自己的內閣內部。作為總統，林肯

## 第六章　事半功倍的五大高效實踐技巧

逐漸意識到，無論他做什麼，總會有人感到不樂意。在他當政的第一年，有人要求他以提名的方式填補許多政府的空缺職位。「對於每個職位，」他說，「都有 20 位申請人，在這些人中，我不得不得罪 19 人。」隨著他的敵人的增加，針對他的批評也在增加。但是，林肯以超乎常人的耐心、寬容和決心對待他們。他對所有的批評都採用了一種寬容的哲學觀點。在某種程度上，他能那樣做，主要歸結於他對人民的理解。他說道：「人性是不會改變的，在未來任何重大的國民審判中，與這些人相比，我們將會發現他們當中有弱有強，有愚笨有聰明，有好有壞。」

在林肯一生的大部分時間裡，他都是人們妒忌和怨恨的對象。這主要是因為他具有強烈的成功欲望，他要求自己必須超過別人。在他取得進步的過程中，那些被他超過的人自然要透過口頭攻擊的方式發洩自己的妒忌之情。作為年輕人，林肯肯定因為這些攻擊而感到極度痛苦。

雖然時間和成熟在他以後的生活中有助於他對待這類批評，但是他從未忘記他所經歷過的這段感情歷程。因此，他對於那些遭遇與他同樣命運的人能表示深深的同情。一位年輕的醫生曾說起，在一次治療失敗中，林肯是如何成功地為他開脫，因而使他沒有失去工作的。

在他當總統的 4 年時間裡，林肯忍受了別人採取對他的頂撞和批評。事實上，他不但忍受了這些詆毀與誹謗，而且戰勝了這一切。最終取得了內戰的勝利，維護了國家的統一，這是最值得人們驚嘆的成就。在這個過程中，他還重新整編了美國軍隊，擴大了總統權力的範圍，廢除了奴隸制度，恢復了美國人民的愛國主義精神。

# 正確對待別人的指責

《詩經》上說:「百川入海,有容乃大。」意思是說,千百條河流之所以能流入大海,是因為大海有著兼收並蓄的寬大胸懷。無論古今,無論政壇還是商海,都要能夠容人,能夠容納不同意見的人,這樣才能使事業興旺。

有位廠長,很有容人的胸懷,在當地傳為美談。

有一次主管組織品質大檢查,參加這次檢查的不僅有主管局的帶領、專家,還有各廠的一些技術骨幹。有位外廠的小夥子在檢查中,當著這位廠長的面提出了尖銳的不滿:「你們的計量器既不準確,也不齊備,你這個廠長怎麼當的?」又說:「計量是工業生產的眼睛,不抓計量,就等於眼睛看不見了,怎麼抓產品品質?」

大概是年少氣盛,往往得理不饒人的緣故,小夥子越說越尖銳,絲毫沒有顧忌廠長的面子。

可是,廠長卻頗有大將風度。這些刻薄、刺耳的話並沒有引起他什麼不愉快,相反地,他還連連說道:「提得好!提得好!」這可不是那種敷衍搪塞式的一般表態,而的確是從心底接受意見的態度。因為他知道,他廠裡缺的就是計量方面的人才,沒有人才怎麼能弄好計量呢?

他眼前一亮,這個小夥子不就是現成的人才嗎?他趕緊與別廠聯絡,想方設法要把這個小夥子調過來。經過努力,調動終於成功。小夥子果然是計量方面的一把好手,全廠的產品計量都由他負責。產品品質自然上了一個新的臺階。

廠裡還有位年輕的女技術員,與工廠的一位老師傅鬧矛盾,弄得很

## 第六章　事半功倍的五大高效實踐技巧

不愉快。廠長責罵這位女技術員，她不服氣，當面和廠長爭吵起來，還甩下手裡的工作，揚言要調離這個廠，而廠長就像沒發生過任何事一樣。有一天，廠裡通知這位女技術員，說是要送她出去學習，讓她把整套技術學回來，回來後就讓她專門負責這方面工作。當時，她簡直難以置信這是真的，同時，她也為自己態度不好而感到慚愧。

學習回廠後，她主編了專門的工廠手冊，成了廠裡的技術骨幹。過去，她一度打報告說要調走，學習回來後她卻說：「這回我是不走了。」

能有這樣容人氣量的廠長，廠裡的生產還能不好嗎？

# 說一句感謝的話

「良言一句三冬暖」，說一句感謝的話，說者並不費力，而聽者卻感到舒服。

喬治‧羅納在維也納當了很多年的律師，小有名氣。第二次世界大戰期間，他逃到了瑞典。此時，他已經一文不名，非常需要一份工作。因為他能說、能寫好幾國的語言，所以他希望能在一家進出口公司裡找到一份祕書的工作。

不幸的是，絕大多數的公司都回信告訴他，因為正在打仗，他們不需要這一類的員工。不過，他們會把他的名字存在檔案裡等等。更有甚者，有一個人在給喬治‧羅納的信上說：「你對我的生意的理解完全錯誤。我根本不需要任何替我寫信的祕書。即使我需要，也不會請你，因為你甚至連瑞典文也寫不好，信裡全是錯字。」

當喬治‧羅納看到這封信時，簡直氣得要發瘋了。於是喬治‧羅納也寫了一封信，目的是想使那個人也大發脾氣。但接著他就停了下來，對自己說：

「等一等，我怎麼知道這個人說的是不是對的？我修過瑞典文，可是並不是我家鄉的語言，也許我的確犯了很多我並不知道的錯。如果這樣的話，我想得到一份工作，就必須再努力學習。這個人可是幫了我一個大忙，雖然他本意並非如此。他用這種難聽的話來表達他的意見，並不表示我就不虧欠他，所以應該寫封信給他，在信上感謝他一番。」

於是，喬治‧羅納撕掉了他剛剛寫好的那封罵人的信，另外寫了一封信：「你這樣不嫌麻煩地寫信給我，實在是太好了，尤其是你並不需要一個替你寫信的祕書。對於我把貴公司的業務弄錯的事，我覺得非常抱

## 第六章　事半功倍的五大高效實踐技巧

歉。我之所以寫信給你，是因為我向別人打聽過，他們說你是一個非常了不起的人物。我並不知道我的信上有很多文法上的錯誤。我覺得很羞愧，也很難過。我現在打算更努力地學習瑞典文，以改正我的錯誤。謝謝你幫助我走上改進之路。」

不到三天，喬治・羅納就收到了那個人的回信。他請羅納面談，羅納去了，而且他得到了一份相當不錯的工作。

所以，不要怨恨別人，即使他曾使你難堪。既然他能使你難堪，就證明你存在著缺點；如果你沒有缺點，他怎麼會讓你難堪？他不過是用另外一種方式指出你的缺點而已，所以你要原諒他。當你遇到他人施予的恩惠時，當然要報答他，但也要講究分寸，講究方法，這樣你的工作才能順利地進行。

# 善借賢能之力

「假輿馬者，非利足也，而至千里。假舟楫者，非能水也，而絕江河。」能任用賢能的人可得天下，因為賢能是天下的棟梁，善謀大事者往往善借賢能之力。

漢高祖劉邦平定天下之後，在洛陽的慶功宴上就曾說過這樣的話：「夫運籌帷幄之中，決勝千里之外，吾不如子房；鎮國家，撫百姓，給饋餉，不絕糧道，吾不如蕭何；連百萬之軍，戰必勝，攻必取，吾不如韓信。此三者，皆人傑也。吾能用之，此所以取天下也。項羽有一范增而不能用。此所以為我所擒也。」漢高祖劉邦之所以能一統天下，是因為他重用了一些在某些方面比自己能力更強的人。而恰恰是在這一點上，劉邦表現出了一個統帥最值得稱道的品格和能力。

打天下如此，搞其他事業也莫不如此。

被譽為美國鋼鐵工業之王的卡內基說過：「你可以將我所有的工廠、設備、市場、資金全部奪去，但只要保留我的組織和人員，幾年後，我仍將是鋼鐵大王。」

卡內基的話反映了西方資產階級企業家在管理思想上的一種反省，即他們了解到，人的因素是最重要的。

卡內基死後，人們在他的墓碑上刻上了這樣一首短詩：這裡安葬著一個人。他最擅長的能力是，把那些強過自己的人，組織到為他服務的管理機構之中。

作為一名主管，要想做到樂於用比自己強的人，就必須克服嫉賢妒能的心理。有些主管之所以不樂意用比自己強的人，除了怕這些人難以駕馭，彼此之間容易發生意見分歧，工作會受到影響外，主要還是嫉賢

## 第六章　事半功倍的五大高效實踐技巧

妒能的心理在作怪,總以為自己是主管,自然應該是佼佼者,各方面都應該比別人高上一籌。因此。遇上比自己能力強、本領大的人時,就萌生妒意,採取種種辦法壓制他們。

嫉賢妒能,是壓制和扼殺人才的一種腐朽、落後的意識,對於你的事業妨礙極大。

因此,如果你真心希望你的下屬能夠各盡其才,各盡其能,為你的事業而奮鬥,就必須勇於起用他們,讓他們的才華鑄就你事業的輝煌。

# 嫉賢妒能終將失敗

　　人都不可能是全才，成功人士之所以成功是因為他們勇於用比自己強的人。嫉賢妒能的人之所以失敗，是因為一個人的力量是有限的。

　　建安五年春，袁紹厲兵秣馬，準備率 10 萬大軍攻伐曹操。

　　袁紹的謀臣田豐認為此舉不足取。便對袁紹說：「現在徐州已破，曹操軍隊銳氣大增，不可輕敵，不如以久持之，待其有隙而後可動也。」

　　袁紹頭腦發昏，哪裡肯聽！

　　田豐再諫，袁紹發怒了：「汝等弄文輕武，使我失大義！」

　　田豐仍在勸誠袁紹：「若不聽臣良言相勸，出師不利。」

　　袁紹大怒，將田豐丟入大獄，率軍出征。結果，官渡一戰，袁紹被曹操殺得人仰馬翻，大敗而歸。

　　這時，獄吏來見田豐說：「與君賀喜！」

　　田豐說：「何喜可賀？」

　　獄吏說：「袁將軍大敗而回，君必見重矣。」

　　田豐很了解袁紹的為人，他笑著說：「吾今死矣。」

　　獄吏很吃驚：「人皆為君喜，君何言死也？」

　　田豐說：「袁將軍外寬而內忌，不念忠誠。若勝而喜，猶能赦我；今戰敗則羞，吾不望生矣。」

　　袁紹回來，果然以謠言惑眾的罪名將田豐殺了。

　　袁紹殺田豐，充分顯示了他嫉賢妒能的狹隘心胸，從而也說明了他最終為曹操所滅。乃是勢所必然的事情。

## 第六章　事半功倍的五大高效實踐技巧

　　英國有個政治學家叫帕金森。他寫了一本名叫《官場病》的書。其中談到，官場上有一種通病：「自上而下奉行的是『能級遞減』，一流的找二流的當部屬，二流的找三流的做下屬，愚蠢的下屬多多益善，精明的對手往往被拒之門外。」後來，這種病就被叫做「帕金森氏症」。為什麼要找比自己差的人呢？因為這樣的下屬往往有一大優點，就是「聽話」。

# 刻薄之話要少說

雖然說「沉默是金」，但是人與人相處，不能始終默不作聲，即使是最沉默的人，在必要時也不能不說幾句話。說話是溝通彼此情感的最好工具，你善與熟人講話，不算本領；能與陌生人講話，說得傾心如故，相見恨晚，才是你的本領。既然說話的目的在於溝通情誼。當然應力求避免說話不講分寸而失人和。古人所謂「片言之誤，可以啟萬口之譏」。而一般初涉人世的後輩，說話宜少不宜多，宜小心不宜大意，在說話以前，先得想一想，對方喜歡聽的話，才出口談之，對方不喜歡聽的話，還是不說為妙。所謂不喜歡聽的話，也有很多種情況：老生常談，他是不喜歡聽的；一說再說，耳熟能詳，他是不喜歡聽的；與他心境相反，他是不喜歡聽的；與他主張相反，他是不喜歡聽的；與他無關，他是不喜歡聽的；與他有利害衝突，他也是不喜歡聽的；有關他的隱私，他更是不喜歡聽的；尖酸而又刻薄的話，是他最不喜歡聽的。

人都有不平之氣，對方說話，你覺得不入耳，千萬別以眼還眼，以牙還牙，那樣總有一天，你會成為大眾的箭靶。所以說話刻薄，足以傷人情，最後的結果卻是傷了自己。因此，對刻薄的話，不妨充耳不聞；對方的行為，你覺得不順眼，不妨視而不見，何必過分認真，一定要報以刻薄。與你無關的固然不該予以反擊，即使與你有關的，也應該淡然處之。何況對方的說話行為，如能平心靜氣地思考一下，也未必與你有不利，又何必斤斤計較呢？

第六章　事半功倍的五大高效實踐技巧

## 有理不在聲高

　　不能說凡是發怒的人，看法都是錯誤的。而是說他不懂得如何掌握表述自己見解的分寸。討論問題的原則是：運用無可辯駁的事實及從容的聲音，努力不讓對方厭煩，不迫使對方沉默而達到說服對方的目的。

　　如果我們能讓自己專注於問題的討論而不是引向感情用事或固執己見，討論就不至於上升為爭吵。

　　如果我們的聲音漸漸提高，說出「我認為這種想法愚蠢透頂」這樣的話來，就是一種傷害他人的反駁了。這時，旁觀者焦慮不安，朋友們躲到樹後去，也就不足為奇了。為贏得一場爭吵而失去一位朋友，實在是得不償失的事情。

　　爭吵使人們分離，而討論卻能使人們團結在一起。

　　爭吵是野蠻的，討論則是文明的。

　　有時候，辯論乃至爭吵是不可避免的，即使在友誼和婚姻中也難免發生口角，但裂痕卻可能隱藏下來。家庭中的情感宣洩有時可能有助於解除沉悶的空氣，就像一場雷雨能把一場暑氣一掃而光。然而即使如此，爭吵及和好也最好是在私下進行。

# 辦事不能亂說話

　　辦事不能亂說話，這是要切記的。大家知道，一言可以興邦，一言可以亂邦，所以世故的人，對人總是唯唯諾諾，可以不開口的，就情願三緘其口，實行其「庸人之謹」。比如他的隱私唯恐人知，你說話時偏在無意中說出他的隱私，基於言者無心，聽者有意的道理，他會認為你是有意揭破他的隱私，恨你入骨。這是說話的第一忌。

　　他做的事，別有用心，他對自己的用心，極力掩飾不讓人知，如果被你知道了，必然對他非常不利。你如與他向來熟悉，對他的用心知之甚深，他雖不能斷定你一定明白，然而終究會對你感到十分疑惑與妒忌。你處於這種困難境地，絕不可對他表明絕不洩密，那你將如何自處呢？你唯一的辦法，只有假裝耳聾，若無其事。而這就是說話的第二忌。

　　他有陰謀詭計，你卻參與其事，代為決策，幫他執行。從樂觀方面說，你是他的心腹；從悲觀方面說，你是他的心腹之患。你雖謹慎地保守祕密，從來不提及這件事，不料另有智者猜中此事，對外宣告，那麼你無法逃掉洩密的嫌疑。你只得經常接近他，表示自己絕無二心，同時設法偵察洩漏這個祕密的人。這是說話的第三忌。

　　萬一對方對你尚無深刻的了解，不十分信任，你卻極力討好他，對他說極深切的話，假使他採用你的話，然而試行的結果並不好，一定疑心你有意捉弄他，使他上當。即使試行結果很好，他對你也未必會增加好感，認為你只是偶然看到，實行又不是你的力量，怎可算你的功勞，所以這個時候還是不說話為好。這是說話的第四忌。

## 第六章　事半功倍的五大高效實踐技巧

　　他犯錯被你知道，你便不惜聲援正義，直言進諫。他本來就已覺得愧疚。唯恐旁人知情。你去揭破，他自然更覺慚愧，由慚愧而忿恨，由忿恨進而與你發生衝突，你不是憑空多了一個冤家？所以，即使告之，也應以婉轉為宜。這是說話的第五忌。

　　對方成功乃計出於你，而他是你的上司，他則必會深恐好名聲被你搶去，內心惴惴不安。你知道了這種情形，就應該到處宣揚，逢人便說，極力表示這是上司的善謀，這是上司的遠見，一點也不要透露你曾經出了什麼力。

　　對方不能做的事，而你認為應該做，就算強迫也要讓他必須做到；對於某事，對方是箭在弦上不能不發，或已騎虎難下，無法中止，但你認為這件事不應該做，就算勉強也必須中止，像這種情形，都是強人所難。你勉強他一定要做，勉強他一定要中止，原本是善意，盡一份摯友之責，心地光明，無可非議。但事情已經如此，雖然勉強也不會有效。如果你在道義上，認為不該熟視無睹，不妨進言婉勸，使他自己覺悟，由他自己自覺去中止，這才是上策。萬一他不願接受你的勸告，你也只好見機行事，適可而止，否則過於強求。只是徒傷感情罷了。

# 克服說話的毛病

在辦事中你如果稍加留意，就會發現許多人在說話中有一些毛病。雖然這些毛病不具有決定意義，但如果不加以注意，就會大大影響談話的效果。

一般人在交談中常常容易出現以下幾方面的問題：

第一，用多餘的套語。有些人喜歡在交談中使用太多不必要的套語。例如，一些人喜歡在什麼地方都加上「自然」或「當然」一類的詞句；另一部分人喜歡加太多的「坦白說」或「老實說」一類的套語；也有人喜歡老問別人「你明白嗎」或「你聽清楚了嗎」；還有人喜歡老說「你說是不是」或「你覺得怎麼樣」等等。

像這一類毛病，你自己可能一點也不覺得，要克服這類毛病，最好的辦法是請朋友時刻提醒你。

第二，有雜音。有些人談話本來很好，只是他的言語之間摻上了許多無意義的雜音。他們的鼻子總是一哼一哼地響著，或者是喉嚨裡好像老是不暢通似的，輕輕地咳著，再不就是在每句話開頭用一個拖長的「唉」，像怕人聽不清楚他的話似的。這些毛病，只要自己有決心，是可以改正的。

第三，諺語太多。諺語本來是詼諧而有說服力的話，但諺語太多也不好。用諺語太多，往往會造成油腔滑調、譁眾取寵的感覺，不僅無助於增強說服力，反而使聽者覺得累贅。諺語只有在恰當的時候使用才能使談話生動有力。在使用諺語時，我們應盡可能使其恰當。

第四，濫用流行的字句。某些流行的字句，也往往會被人不加選擇地亂用一番。什麼東西前面都牽強附會地加上流行的字句，使人莫名

# 第六章　事半功倍的五大高效實踐技巧

其妙。

第五，特別愛用一些詞。有些人不知是因為偷懶，不肯動腦筋找更恰當的字眼，還是有其他方面的原因，特別喜歡用一個字或詞來表達各式各樣的意思，而不管這個字或詞本身是否有那麼多的含義。例如，許多人喜歡用「偉大」這個詞。在他的言談中，什麼東西都「偉大」起來了。「你真是太偉大了」、「這盆花太偉大了」、「今天吃了一餐偉大的午飯」、「這批貨物賣了一個偉大的價錢」等等，給別人一種華而不實的印象。因此。我們要盡可能地多記一些詞彙，使自己的表述盡可能準確而又多樣化。

第六，太瑣碎。許多人在談話的過程中瑣碎得令人討厭。例如，講述自己的經歷本來是最容易講得生動、精彩的，很多人也喜歡聽別人講親身經歷。但是許多人講自己經歷的時候。一味不分主次地平鋪直敘，覺得自己的經歷樣樣都有味，都有講一講的必要，結果反而使聽者茫無頭緒，雜亂無章，索然無味。

講經歷或故事，要善於抓重點，善於了解聽者的興趣集中在哪一點上，少用對話。在重要的關鍵點上講得盡可能詳細一些。其他地方，用一兩句話交待過去就算了。

第七，喜歡用誇張的手法。誇張的手法可以產生一種引人注意的效果。不過，我們不能把誇張的手法用得太過分，否則，別人就不會相信你說的話。

在現實生活中，你不可能每次說的都是「非常重要」的訊息，也不可能每次都講「最動人」的故事或「最可笑」的笑話，因此，不要到處用「非常」、「最」、「極」等字眼，否則，當你在無數的「最」中有一個真正的「最」時，義該如何表示呢？難道你能說「這件事對我是最最重要的」

嗎？如果你真這樣說，別人聽了也會無動於衷，因為他們認為你是一向喜歡誇大的人。

　　除了以上七點之外，我們還應該注意自己談話時的聲調、手勢、臉部表情等，努力使各個方面協調、得體。這樣，我們就能大大增強自己說話的吸引力。

## 第六章　事半功倍的五大高效實踐技巧

# 不斷提高自己的說話技巧

辦事離不開說話。有一位商業界的名人，除了做生意之外，他的成功更是企業團體爭相仿效的對象。因此，除了生意來往之外，他還經常受邀到各地演講。儘管工作及演講活動是如此忙碌，他還是把自己的生活安排得井然有序。

然而，在 35 歲那一年，醫生對他宣布：「你得的是突發性腎炎，這是由於疲勞過度所引起的疾病。你必須暫停工作一陣子！」因此，在這之後的一個月，他暫停了所有的演講工作。

一個月之後，他接到某工商協會的演講邀請。在演講前夕，他在自己面前放了一臺錄音機，然後請太太坐在前面，「即使只有一位聽眾，也可以試一下是否有要改進的地方」。然後就開始模擬演講，聽過模擬的錄音帶之後，他發現了兩個缺點。

一是「嗯」這樣舌頭打結的聲音，聽得非常清楚而刺耳。在一句話與一句話之間，這種接不上來而發出的遲疑聲，在聽眾聽來非常刺耳。即使是下意識發出的聲音，對於一位職業演講者而言，也未免太丟臉了！

二是「啊」等語尾助詞太多了。適當的語尾助詞有美化語句的作用，但太多的語尾助詞聽眾非但感受不到柔和，反而會覺得這個人說話的語尾助詞也未免太多了吧！

現代人越來越重視說話的技巧，市面也出版了不少有關如何提高說話技巧的書籍，不少業務員都有過閱讀這一類書籍的經驗。然而，卻很少有人在看了書之後實際地練習，並利用鏡子來檢討自己的缺點。所謂的鏡子還包括了反映聲音的鏡子──錄音帶，這也可以稱之為「聲音的鏡子」。

利用「聲音的鏡子」有下列兩種方法：

一是利用小型的錄音機。這種袖珍型的錄音機可以放在公事包內，隨時錄下與顧客的實際對話，以供事後檢討。或許在剛開始的時候，你會因為正在錄音而有些不自在，但投入工作之後就會忘記它的存在。事後聽聽自己的說話方式，就可以發現自己有哪些需要改進的地方。

二是在自己的家中對著鏡子，把當天進行過的對話重新表演一次，並錄音檢討。

說話的技巧必須由長期的經驗累積，不是靠讀書，或參加研討就可以學到的。但是，不能因為這是件很困難的事就不去用心學習。除了學習及記住一些技巧與原則之外，更重要的是要善於利用「聲音的鏡子」來進行自我檢討。

## 第六章　事半功倍的五大高效實踐技巧

# 辦事的語言藝術

求人辦事有多種方式，其中很大部分是由口頭提出的。人們不難發現，同樣的請求內容，不同的人用不同的方法和語言表達出來，得到的結果常常是不一樣的。那麼，怎樣才能使被請求者樂意答應自己的請求呢？

求人語言要做到誠懇、禮貌，不強加於人（有時還需要委婉）。

所謂誠懇是指要讓被請求者感到你是發自內心地求助於他，從而重視你的請求。這是求人成功的先決條件。

所謂禮貌是指應該盡量選用被請求者樂意接受的稱呼，像問路、請求讓座時，這一點就顯得非常重要。問路時，稱對方為「老頭」、「小孩子」，那你肯定一無所獲；若改用「您」、「小朋友」，效果就會好些。

不強加於人是指不用命令、祈使的語氣，而多用委婉、徵詢的口氣。例如，盡可能地使用「麻煩……」、「勞駕……」、「可以……嗎」這類句式，即使對相識者也不妨這樣。

下面介紹幾種運用求人語言的具體技巧，也許會有助於你的請求得到最理想的答覆。

1. 以情動人。這一般用於比較大或較為重要的事情上。把對人的請求融入動情的敘述中，或申述自己的處境，以表示求助於人是不得已之舉；或充分闡明自己所請求之事並非與被請求者無關，以使對方不忍無動於衷、袖手旁觀。

2. 先「捧」後求。所謂「捧」在這裡是指對所求之人的恰到好處、實事求是的稱讚，並不包括漫無邊際、肉麻的吹捧。求人時，說點對方

樂意聽的話，尤其是順便就與所求的事有關的方面稱讚對方一下，也不失為一種求人的好辦法。

3. 「互利」承諾。這是指在求人時不忘表示願意給對方某種回報，或將牢記對方所提供的好處，即使不能馬上回報對方，也一定會在對方用得著自己的時候鼎力相助。配以「互利」的承諾，讓對方覺得他的付出值得，同時也會對求助者多一分好感。

4. 尋找「過渡」。倘若向特別要好和熟悉的人求助，可以直截了當、隨便一點。但有時求助於關係一般的人、陌生人或社會地位較高的人時，則常常需要一個「匯入」的過程。這個匯入過程可長可短。視情況而定。

此外，還要盡量防止自己的話無意間冒犯了對方。所以，在有求於人時應事先對對方有所了解，若無意中衝撞了對方，豈非前功盡棄？

第六章　事半功倍的五大高效實踐技巧

## 說話要有自己的特色

辦事要憑嘴巴，既然這樣，就要學會說出自己的特色。

無論你談論什麼樣的話題，都應保持說話的語調與所談及的內容相配合。

1. 注意自己說話的語調。語調能反映出你說話時的內心世界、情感和態度。當你生氣、驚愕、懷疑、激動時，你表現出的語調也一定不自然。從你的語調中，人們可以知道你是一個令人信服、幽默、可親可近的人，還是一個呆板保守、好阿諛奉承、陰險狡猾的人。你的語調同樣也能反映出你是一個優柔寡斷、自卑、充滿敵意的人，還是一個誠實、自信、坦率以及尊重他人的人。

2. 注意你的發音。我們所說出的每一個詞、每一句話都是由一個個最基本的語音單位組成，然後加上適當的重音和調整。只有清晰地發出每一個音節，才能清楚明白地表達自己的思想。

3. 不要讓發出的聲音尖得刺耳。我們每個人的音域範圍可塑性很大，有的高亢，有的低沉，有的單純，有的渾厚。說話時，你必須善於控制自己的態度。

有時，當我們想使自己的話題引起他人興趣，便會提高自己的音調。有時，為了獲得一種特殊的表達效果，也會故意降低音調。但大多數情況下，應該在自身音調的上下限之間找到一種恰當的平衡。

4. 不要用鼻音說話。當你用鼻音說話時，發出的聲音讓聽者十分難受。在日常生活中，我們經常聽到「呃」、「哼」、「嗯」的發音，這就是鼻音。如果你使用鼻音說話，第一次見面時絕對不可能引人傾慕。你讓人聽起來似在抱怨、毫無生氣、十分負面。有些人將

「哼」、「嗯」這種鼻音視為一種時髦的說話方式，但如果你想讓自己所說的話更具吸引力和說服力，期望自己的語言更加富有魅力，就應盡量少用或不用鼻音說話。

5. 控制說話的音量。當你內心緊張時發出的聲音往往又尖又高。語言只是一個人與人交流的工具，聲音的大小與語言的威懾力是兩回事。不要以為大喊大叫就一定能說服和壓制他人。聲音過大只會迫使他人不願聽你講話而討厭你說話的聲音。與音調一樣，我們每個人說話的聲音大小也有其範圍，試著發出各種音量大小不同的聲音，並仔細聽聽，找到一種最為合適的聲音。

6. 充滿熱情與活力。響亮而生機勃勃的聲音給予人充滿活力與生命力之感。當你向某人傳遞訊息或勸說他人時，這一點有著重大的影響力。當你講話時，你的情緒、表情和你說話的內容一樣，會帶動和感染你的聽眾。

7. 注意說話的節奏。節奏，即說話時由於不斷發音與停頓而形成的強弱有序和週期性的變化。在日常生活中，大多數人根本不考慮說話的節奏。而說話時不斷改變節奏以避免單調乏味是相當重要的。

每一種語言都有其自己獨特的重音和語速。法語不同於德語，英語不同於西班牙語，漢語又不同於英語。人們容易認為，詩歌與散文的節奏有很大差別，其實兩者的相對區別則在於一種規則與不規則的重讀上。詩歌具有規則的、可掌握的重音，散文的形式則是不規則的。人們處於一種壓力之下時，便會不由自主地使用一種比散文更自由的節奏講話。

8. 注意說話的速度。在語言交流中，講話的快慢將不同程度地影響你向他人傳遞訊息。速度太快如同音調過高一樣，給人緊張和焦慮之感。說話太快，以致某些詞語模糊不清，別人就無法聽懂你所說的內容。

## 第六章　事半功倍的五大高效實踐技巧

　　在人際互動中，說話是很講究的，如果速度快了，會給人一種浮躁的感覺，太慢又會給人一種遲鈍或過於謹慎的感覺。因此，應保持恰當的說話速度，不要太快也不要太慢，並在說話時不斷地調整。當你想和別人交談時，選擇合適的速度以引起他人的注意，在任何情況下都不能吞吞吐吐，如果這樣，你除了被冠以「思維遲鈍」之外，也許還會被認為是個傻瓜。偶爾的停頓無關緊要，但不要在停頓時加上「嗯」或緊張不安地清一下嗓子。

# 培養良好的談吐

善於說話的人往往容易辦成事，因此我們要培養良好的談吐。

人類用來溝通的工具或媒介，包括語言、文字、態度、表情和姿態。其中最普遍、最有效的工具是語言，它占所有溝通的 90％以上。良好的談吐，可以增進人與人之間的相互了解，可以把彼此間的歧見，逐漸凝聚成為共同的意見。它代表一個人的精神、睿智和學識修養，更重要的是它能增加智慧，使你生活得更快樂。

有位小說家曾說：「日常生活中大部分的摩擦衝突都起因於惱人的聲音、語調以及不良的談吐習慣。」此話說得頗有道理，何故？只要我們觀察生活在自己身邊的人就會發現，談吐的缺陷往往可能導致個人事業的不幸或損及所服務機構的榮譽與利益，可能導致父子不和、夫妻離異乃至人際關係的緊張惡化。一個人的談吐如何，往往決定企業是否願意聘請他，與之來往，或是否願意投他信任一票，與之產生商業關係。

一個人若談吐有障礙或者表達能力不足，則會被人低估他的能力，會被人散播殘酷無情的謊言，還會被人扭曲形象。一個人即使思想如星星般熠熠生輝，即使勤奮得如一頭老黃牛，即使知識淵博得像一本百科全書，但若缺乏良好的談吐能力，成功的機遇往往要比其他人要少得多，而難以達到自己的理想目標。

平常說話有許多口頭「敬語」。我們可以用來表示對人尊重之意。「請問」有如下說法：借問、敢問、請教、借光、指教、見教、討教、賜教等；「打擾」有如下詞彙：勞駕、勞神、費心、煩勞、麻煩、辛苦、難為、費神、疲勞等。如果我們在語言交際中記得使用這些詞彙，便可形成親切友好的氣氛，減少許多可以避免的摩擦和口角。

## 第六章　事半功倍的五大高效實踐技巧

和人相見，互道「你好」，這再容易不過。可別小瞧這聲問候，它傳遞了豐富的訊息，表示尊重、親切和友情，顯示你懂禮貌，有教養，有風度。

日本人說話愛道「謝謝」。有人統計，一個在百貨公司工作的日本職員，一天平均要說 571 次謝謝，否則他就不是一個好職員，有被解僱的可能。不管 571 次這個數字是否準確，但有一點必須承認，顧客如果買了東西，營業員對他說聲「謝謝，歡迎再來」；顧客不買東西，只是逛了一圈，仍對他說聲「謝謝，歡迎光臨」，相信你更願意光顧這樣洋溢著溫馨氣氛的場所。

美國人說話愛說「請」。說話、寫信、打電報都用，如請坐、請講、請轉告。傳聞美國人打電報時，寧可多付電報費，也絕不省掉「請」，因此，美國電話總局每年從請字上就可多收入 1,000 萬美元。美國人情願花錢買「請」字，我們與人相處，說個「請」字，既不費力，又不花錢，何樂不為？

英國人說話少不了「對不起」這句話。凡是請人幫助之事，他們總開口說聲「對不起」：「對不起，我要下車了」、「對不起，請給我一杯水」、「對不起，占用了您的時間」。英國警察對違規司機就地處理時，先要說聲「對不起，先生，您的車速超過規定」。兩車相撞，大家先彼此說對不起。在這樣的氣氛下，雙方自尊心同時獲得滿足，爭吵自然不會發生。

相形之下。我們有些人做得不夠。馬路上，騎車者撞倒了行人，有的騎車者會先發制人：「混蛋，你怎麼不閃開？」被撞者是受害方，自然不會讓步，於是謾罵、廝打的事情經常發生。此時，如果騎車人開始真誠地說聲「對不起，您沒傷到吧」，結果就會大不相同。

> 培養良好的談吐

今天，說話的作用，在個人成長和工作中日漸重要；良好的談吐，是你在社會上取得成功的有效方法之一。

透過談話或演說展現自己的能力和水準是很重要的一環。一個人即使滿腹治業韜略，胸有雄兵百萬，若無法好好說話，也很難取得成功。

## 第六章　事半功倍的五大高效實踐技巧

## 退一步海闊天空

　　忍一時風平浪靜，退一步海闊天空。忍是中華民族傳統美德之一。勤勞、質樸、吃苦、耐勞這種精神什麼時代都應提倡和發揚。從個人與社會的關係、從社會和他人所應盡的義務和職責的角度看，自有人類社會以來，就少不了「忍」來維持人際關係的和諧發展，用「忍」來維護安定團結的社會秩序。「忍」對他人來說，是尊重，對自我則是一種約束和克制，有忍耐力的人實際上是有修養、有自持力、有知識的人。「忍」在人的一生中既是全身遠禍的護身符，又是成功的智慧和策略。

　　如何掌握「忍」之度呢？哲學上常常把度作為質和量的統一。也就是說，在度中間，包含了一定的量和質。在度之中，事物的性質變化於一定的範圍之內，不會出現根本性的改變。而一旦超出了這個度，事物的性質便會出現新的特徵。正如水在100度之內仍然是水，可一旦燒開便變成了蒸氣一樣。在對待「忍」的問題上，也有一個「忍」之度。這即是說，在這個度之內，我們是可以忍受的，也可以接受種種屈辱和不公，承擔一定的痛苦和冤屈等等。但是，一旦超出了這個度，便是不可接受的，也是不能再「忍」的，這個度，也就是忍的極限。

　　如何掌握這個度，乃是一種人生的藝術和智慧。這裡，很難說有什麼通用的標準和準則，更多的是隨著所忍之人、所忍之事、所忍之時的不同而改變。它要求有一種對具體環境、具體情況作出具體分析的能力。毫無界線的「忍」不能算是真正強者的「忍」，它只是一種懦弱和無能的體現，甚至可以說是一種愚蠢。一些維護封建專制的沒落文化總是告誡人們要「忍」，以此來盡忠、報恩等等，這便是一種不講界限的「忍」，一種愚「忍」。這裡所強調的「忍」則不是這樣。它主張要認清

「忍」之界限，科學地掌握這個度，從而真正地使「忍」成為提高生活品質，豐富人生情趣，增加成功機會的方式。

一是要學會耐煩，這是在日常生活中「忍」的一種十分平常的形式。所謂「耐煩」就是能夠在自己已經對某一類事物、某一些話語、某一種情景感到十分討厭和不適，以致心煩意亂的時候，仍然保持一種十分平和的態度，能夠克制住自己心裡的不高興。

最近，不少城市的電臺以及社會福利和心理諮商部門都創辦了一種「熱線電話」，專門就人生中的某些令人煩惱的問題為人們排憂解難。就在這些電話中，不少人提到這樣一個問題：回到家裡後，本來經過一天工作就十分疲憊的心情，往往會為一些小事而備感心煩，似乎什麼都看不順眼。於是，在家庭中出現了矛盾和隔閡。有的人則是由於天天在家裡聽母親的叨叨絮語而感到煩惱，以致與父母不和等等。總之，「煩」是引起人生煩惱的一個原因。而「耐煩」則正是針對這一現象而言的，它就是要在心情比較鬱悶、煩躁的時候，能夠「忍」得下來，不發作、不生氣。這無疑體現了一種人生的修養和境界。

實際上，這樣一種「耐煩」在科學上是有說法的。它也就是不少心理學書中講的一種「傾聽的藝術」。在一些心理諮商和心理治療診所裡，不少高明的醫生心裡都很明白，有時當一些心理病人來到診所時，他們並不一定非得要你替他們開什麼處方、拿什麼藥，而僅僅希望得到一種同情和理解。他們只是希望你能夠認真地傾聽他的觀點、想法。在這種時候，你不一定要過多地說什麼，只需耐心聽他說完，報之以「嗯」的似是而非的認可聲也就足夠了。如果他覺得你的確是在仔細地聽他講，當把心裡的話倒完之後，他的情緒也就自然好起來了。

應該說，我們每一個人都可以在一定程度上擔任一個這樣的「心理諮商工作者」的角色。只要我們在公司、家庭、朋友間能夠做到這種「耐

## 第六章　事半功倍的五大高效實踐技巧

煩」，必定會從中大獲好處。並得到一種自我滿足。

　　二是做事要戒遷怒。人們有時可能在某一特定場合中出於一定的因素暫時地「忍」下來了。可是，他往往還是壓不住心頭怒火，於是就隨意地找一個對象加以發洩。這便叫做「遷怒」。而「戒遷怒」也是「忍」的一種必要的形式。

　　能否真正做到「戒遷怒」，是衡量一個人是真「忍」還是假「忍」的重要方式。有些人受了主管的責罵，回來後對著自己的下屬發脾氣；有些人在工作中不順、出了紕漏，便回家找自己的太太、孩子出氣。這樣無疑是缺乏修養的表現，而且既害人又害己。「戒遷怒」則正是要防止和杜絕這一類現象。曾經有人這樣認為，有氣憋在肚子裡。對身心健康不利。此話當然是有道理的。有氣必須拿一些合適的對象加以排遣，但是，絕不能隨意地發洩。

　　從心理學上講，遷怒的主要原因常常是由於自己一時轉不過彎來，又無法轉移自己的內在注意力。這是有道理的。「戒遷怒」便是希望人們在心裡堵著一團火的時候，盡快地轉移自己的注意力和興奮點。這樣，便可以透過其他的方法解脫自己。而且，更重要的是，當這樣一種「氣」使用在有意義的事情上時，或者說被用於某種有益的工作時，往往會產生一種更好的效果。例如，在有些文學作品中，常常有這樣的描寫：某個人物在某件事情上受了委屈、窩了火。於是，回到家裡，便拿起斧子，拚命地劈柴，沒多久，滿院子的木柴都劈好了。這豈不是反而做了好事嗎？這可能也就是人們一般所講的「昇華」吧！

　　不難明白，如果人們不能夠真正地「忍」，而總是借遷怒去發洩自己的氣憤，反而會帶來一種人們對自己的蔑視，認為你沒有本事，只能拿好欺負的人出氣。而一旦你能「戒遷怒」，則會受到人們的尊重，認為你是一個拿得起、放得下的好漢。而且，由此你還可以獲得人們的信任。

# 小不忍則亂大謀

　　做人當忍，並不是一個新鮮的話題，但是要真正做到這一點卻是難於上青天。正因為如此，還是非常有必要的。做人的「忍」道，俗話說：「忍字頭上一把刀」、「小不忍則亂大謀」。

　　為什麼做人「忍」字尤其重要？有人冒犯了你，需要忍；有人與你爭名奪利，需要忍；有人讓你受委屈，需要忍；有人嫉妒你，也需要忍。總之，需要忍的地方太多了，以致於有人說活得太累，累就累在需要忍的事情太多，其中就有人際關係的成分，甚至大多數是人際關係的成分。而累也好，不累也好，忍是現實所需，在很多情況下，只有忍讓才能相安無事，所以古人概括了一句關於忍的至理名言：「百忍成金」。

　　在做人時如何才能做到忍呢？

　　(1) 體諒他人的要求和難處。在人與人之間的來往中，他人有了難處或要求或產生某種欲望，只要不是太過分，又在合乎情理的範圍內，不妨對此忍讓幾分。有時，由於人們產生種種要求，可能會做出一些使人不如意的事情，這時，出於對人的體諒，就要學會忍讓。春秋戰國時期，孟嘗君曾擔任齊國宰相。家中養了許多食客。其中有一個與孟嘗君的小妾私通。有人向孟嘗君報告情況，並進言道：「身為人家的食客，卻與主人之妾私通，天理不容，理應處死！」孟嘗君卻淡然說道：「喜愛美女是人之常情，此事不宜再提。」之後，孟不僅不再提及此事，反而對私通的食客施之以惠。他召來那個食客說：「你在我門下已經多日，一直沒有適合的位置安置你，對此我十分不安。時下衛國國君與我交情甚篤，我想替你備好車馬銀兩，送你到衛國做官去。」

　　那個食客來到衛國，受到衛王的器重。不料，後來衛國與齊國關係

## 第六章　事半功倍的五大高效實踐技巧

緊張，衛國欲聯合諸國一齊攻打齊國。此時，那個曾受惠於孟嘗君的人向衛王進言道：「臣之所以得以來到衛國。全仗孟嘗君不計臣的無能與過錯，將臣推薦給大王。臣聽說齊、衛兩國的先王曾經約定，未來兩國的子孫後代要世代友好，絕不彼此攻伐。現在，陛下卻欲聯合他國一齊攻打齊國，這不僅有悖於先王的約定，而且也有負於孟嘗君的一番情誼。懇請陛下打消攻打齊國的念頭，不然，臣願死在陛下面前！」衛王覺得他說得有理，特別是佩服他的情義，於是取消了聯合攻打齊國的念頭。人們說，這是孟嘗君的仁義和忍讓救了齊國。

從這個歷史典故可以看出，忍讓會使人佩服，有時還會得到意想不到的巨大的回報。

(2) 以詼諧對小過。與人相處，不時會遇到他人犯有小錯，這也許會冒犯你的利益。但若不是大的原則問題，不妨一笑了之，顯出一些大將風度。

1950年代，許多商人都知道于右任是著名的書法家，便紛紛在自己的公司、店鋪、飯店門口掛起了署名于右任題寫的招牌，以示招徠。其中確為于右任所題的極少。半真半假的居多，完全假的也時有所見。

一天，于右任的一個學生急匆匆地來見老師，說：「老師，我今天中午去一家平時常去的餐廳吃飯，想不到他們居然也掛起了以您的名義題寫的招牌，明目張膽地欺世盜名，您說生氣不生氣！」正在練習書法的于右任「哦」了一聲，放下毛筆後緩緩地問：「他們這塊招牌上的字寫得好不好？」

「不好！」學生叫苦道，「也不知他們在哪找人寫的，字寫得歪歪斜斜，難看死了。下面還簽上老師的大名，連我看了都覺得害臊！」

「這可不行！」于右任沉思道，「你說你平時經常去那家館子吃飯，

他們賣的東西有什麼特點，店名叫什麼？」

「這是家麵食館。店面雖小，飯菜倒還做得乾淨。尤其是羊肉泡饃做得特別道地，店名就叫羊肉泡饃館。」

「呃⋯⋯」于右任沉默不語。

「我去把它摘下來。」學生說完，轉身要走，但被于右任喊住了。

「慢著，你等等。」

于右任順手從書案旁拿過一張宣紙，拎起毛筆，在紙上寫下了些什麼，然後交給恭候在一旁的學生，說：「你去把這個東西交給店老闆。」

學生接過宣紙一看，不由得呆住了。只見紙上寫著筆墨酣暢、龍飛鳳舞的幾個大字——「羊肉泡饃館」，落款處則是「于右任題」幾個小字。並蓋了一方私章。整個書法，可稱漂亮之至。

「老師，您這是⋯⋯」學生大惑不解。

「哈哈，」于右任撫著鬍鬚笑道，「你剛才不是說，那塊假招牌的字實在是慘不忍睹嗎？這冒名頂替固然可恨，但畢竟說明他還是瞧得上我于某人的字，只是不知真假的人看見那假招牌還以為我寫的字真的那樣差，狗屁不如，那我不是就虧了嗎？我不能砸了自己的招牌，壞了自己的名聲！所以，幫忙幫到底，還是麻煩你跑一趟，把那塊假的換下來，如何？」

「啊，我明白了，學生遵命。」轉怒為喜的學生拿著于右任的題字匆匆去了。這樣，這家羊肉泡饃館的店主竟以一塊假招牌換來了當代大書法家于右任的真墨寶，喜出望外之餘，未免有慚愧之意。

大度詼諧有時比橫眉冷對更有助於問題的解決。對他人的小過以詼諧的方法對付，實際上也是一種忍讓的態度，這種忍讓會使人沒齒難忘。

## 第六章　事半功倍的五大高效實踐技巧

(3) 忍受不平。與人之間的相處，經常遇到不公平的事。「投之以桃，報之以李」，如果他人沒有對某種恩惠「報之以李」，就覺得這太不公平。有時，你工作做多了，他人做的沒有你多，卻得到了相同的報酬，甚至得到比你還多的報酬，一遇到這樣的問題你可能會覺得「這太不公平」。一來一去。時間長了必然引發各種人際矛盾。這種矛盾就是強求公正引發的矛盾。或者說是不能容忍不公平引發的矛盾。為此，在一些問題上就要有忍受不平的修養和耐力。

美國學者偉恩‧戴爾所著的《為什麼你不敢面對真實的自己？》一書，指出了這樣一個道理：強求公正，是人的迷思之一。戴爾說，如果人們強求世界上任何事物都得公平合理，那麼所有生物連一天都無法生存──鳥兒就不能吃蟲子，蟲子就不能吃樹葉，世界就得照顧到萬物各自的利益。我們都習慣於在生活中尋求公道和正義，一旦感到失去了公正，就會憤怒、憂慮或者失望。然而。尋求公道與尋求長生不老一樣不會有任何結果。許多人認為，正義和公道在人際關係中是必不可少的，他們常常會說：「這是不公平的」、「如果我沒有這樣做，你也沒有權利這樣做」或者說「我沒有這樣對待你，你幹嘛這樣對待我」諸如此類等等。人們渴望公道，在沒有公道時就會感到十分不快。這並不是什麼錯誤行為，但是如果一味追求正義和公道，未能如願便憤世嫉俗，消極處世，這就構成了一個錯。這種自我挫敗行為並不是指尋求公道行為本身，而是指由於不公道的現實存在而產生的惰性。

渴望公正的心理一旦融入人際互動中，必然帶來許多不利的因素。戴爾說，當你感到某件事情不公平時，必然會把自己與另一個人或另一群人進行比較。你可能會想：「既然他們這樣做了，我也能這樣做。你沒我做的多，卻比我得到的多，這太不公平。」我沒有那樣做，你為什麼可以那樣做。不難看出，你是根據別人的行為確定自己的得失。支配你

情感的是別人的行動，而不是你自己。戴爾舉了這樣一個例子。

朱迪是一位頗具魅力的女士。她抱怨，結婚都 5 年了，可她的家庭生活一直不太和諧。在一次小組活動中，她扮演了一個捲入家庭糾紛的妻子。當扮演丈夫的年輕人說了幾句令她不高興的話之後，朱迪反駁說：「你為什麼說這種話，我可從來沒說過這樣的話。」當她談到自己的兩個孩子時，朱迪就說：「這不公平，我吵架時從來不把孩子牽扯進去。」當她談到業餘時間的娛樂活動時，朱迪說的還是：「你總是往外跑，讓我在家裡帶孩子，這太不公平了。」

朱迪實際上是把家庭事務開出清單，夫妻兩人各占一半，必須公平，你不多，我也不少，我這樣做，你也得這樣做。難怪她天天憤憤不平，每天總是考慮怎樣糾正她認為不公平的事情，而不是考慮怎麼把夫妻關係搞得和諧一些。像這樣尋求公正，就走進了死胡同，朱迪是在根據自己的行為來衡量丈夫，又根據丈夫的做法來確定自己是否幸福。只要她不再無休止地進行這種比較，而是積極地、獨立地投入她認為是幸福的生活，她就可以有效地改善自己的家庭關係。

因此，要擺脫強求公正的迷思，一個重要的方面，就是不要總拿自己與他人比來比去，該忍則忍。事實上，人與人之間總是千差萬別的。如果他人的境遇比你好，無論你如何抱怨「這太不公平」，情況也絲毫不會好轉，你的境遇也不會有絲毫的改變，而且可能多了煩惱，堪稱雪上加霜。所以，你應該避免總是提及他人，不要總是拿望遠鏡或放大鏡去看別人。有些人工作不多，報酬卻很高；有些人能力不如你強，卻因受寵而得到晉升；不管你是否樂意，你的妻子和孩子總會有與你不同的行為方式。然而，只要你將注意力集中到自己身上，不去與別人進行不必要的比較，你就不會因周圍的不公平現象而煩惱，別人也會更喜歡與你來往。

## 第六章　事半功倍的五大高效實踐技巧

# 失敗了就捲土重來

邱吉爾說：「做人就要做堅強和剛猛的大雄獅！」的確，做人最可貴的品格之一就是堅持不懈和剛勇威猛，儘管這樣可能會有感到疲倦的時候，但是做人必須相信：「一定要堅持，再堅持，挺一下就能度過難關。」事實也是這樣，不堅持，不忍耐，怎麼可能成為一個強者？可惜的是，很多人做不到這一點，所以往往被困難阻擋在成功的大門之外，成為一個可憐的弱者，從而無法堅強地屹立在人生的平臺上。

人生是一個與困難作戰的過程，你不打敗困難，困難就會打敗你。當困難降臨在你頭上，你是勇敢地迎接挑戰呢。還是知難而退，落荒逃走？這是一個做人的大問題。

拿破崙出身於窮困的科西嘉沒落貴族家庭，他父親送他進了一所貴族學校。他的同學都很富有，大肆諷刺他的窮苦。拿破崙非常憤怒，卻一籌莫展，屈服在威勢之下。就這樣，他忍受了5年的痛苦。但是，每一種嘲笑，每一種欺侮，每一種輕視的態度，都使他暗下決心，發誓要做給他們看看，以此證明他確實是高於他們的。

他是如何做的呢？這當然不是一件容易的事，他一點也不空口自誇。他只是心裡暗暗計劃，決定利用這些沒有頭腦卻傲慢的人作為橋梁，使自己既富有又出名。

在他16歲當少尉那年，他遭受了另外一個打擊，那就是他父親的去世。在那以後，他不得不從最少的薪水中，省出一部分來幫助母親。當他接受第一次軍事徵召時，必須長途跋涉去加入部隊。

等他到達部隊時，看見他的同伴正在用多餘的時間追求女人和賭博。而他那不受人歡迎的體格使他沒有資格得到以前的那個職位，同

時，他的貧困也使他失掉了後來爭取到的職位。於是，他改變策略，用埋頭讀書的方法去努力和他們競爭。讀書是和呼吸一樣自由的，因為他可以不花錢在圖書館裡借書讀，這使他得到了很大的收穫。

他並不是讀沒有意義的書，也不是專以讀書來消遣自己的煩悶，而是為自己將來的理想準備。他下定決心要讓全天下的人知道自己的才華。因此。在他選擇圖書時，也就往往有一個選擇的範圍。他住在一個既小又悶的房間內，在這裡，他面無血色，孤寂、沉悶，但他卻在不停地讀書。

透過幾年的用功，他所摘抄下來的紀錄，印刷出來的就有 400 多頁。他想像自己是一個總司令，將科西嘉島的地圖畫出來，地圖上清楚地指出哪些地方應當布置防範，這是用數學的方法精確地計算出來的。因此，他數學的才能提高了，這是他第一次有機會表示他能做什麼。

他的長官看見拿破崙的學問很好，便派他在操練場上執行一些任務，這是需要極複雜的計算能力的。他的工作做得極好，於是他獲得了新的機會，開始走上有權勢的道路了。

這時，一切的情形都改變了。從前嘲笑他的人，現在都擁到他面前來，想分享一點他得到的獎金；從前輕視他的人，現在都希望成為他的朋友；從前揶揄他是一個矮小、無用、死用功的人，現在也都改為尊重他，他們都變成了他的忠心擁戴者。

難道這是天才所造成的奇異變化嗎？抑或是因為他不停地工作而得到的成功呢？他確實很聰明，並且肯下功夫，不過還是有一種力量比知識或聰明來得更重要，那就是用堅韌的毅力面對眼前的困難。如果你決心要戰勝困難，就要心甘情願地、不斷地做下去，以達到你的目的。這是做人成大事的基本原則。

## 第六章　事半功倍的五大高效實踐技巧

可以說，堅韌是解決一切困難的鑰匙，試問諸事百業，有哪一種可以不經堅韌的努力而獲得成功呢？在世界上，沒有別的東西可以替代堅韌，教育不能替代，父輩的遺產和有力者的垂青也不能替代，而命運則更不能替代。一句話，秉性堅韌，是成功者的特質之一。這些人能夠獲得巨大的事業成就，可以沒有其他卓越特質的輔助，但絕不能沒有堅韌這種性格。從事苦力者不厭惡勞動，終日勞碌者不覺得疲倦，生活困難者不感到沮喪的原因都是由於這些人具有堅韌的做人特質。

依靠堅韌為資本而成大事者，比以金錢為資本成大事的人要多得多。人類歷史上所有成大事者的故事都足以說明：堅韌是克服貧窮的最好做人藥方。

但是，有些人遭到了一次困難，便把它看成拿破崙的滑鐵盧之戰。從此失去了做人的勇氣，一蹶不振。然而，在剛強堅毅者的眼裡，卻沒有所謂的滑鐵盧。那些一心要得勝、立志要成大事者即使失敗，也不以一時失敗作為最後的結局，還會繼續奮鬥，在每次遭到失敗後再重新站起來，比以前更有決心地向前努力，不達目的絕不罷休。

有這樣一種人，他們不論做什麼都全力以赴，總是有著明確而必須達到的目標，在每次失敗時，他們便笑容可掬地站起來，然後下更大的決心向前邁進。這種人從不知道屈服，從不知道什麼是「最後的失敗」，在他們的詞彙裡面，也找不到「不能」和「不可能」幾個字，任何困難、阻礙都不足以使他們跌倒，任何災禍、不幸都不足以使他們灰心。

堅韌勇敢，是偉大人物做人的特徵。

沒有堅韌勇敢特質的人，不敢抓住機會，不敢冒險，他們一遇到困難，便會自動退縮，一獲得小小成就，便感到滿足，這樣的人成就不了大的事業。

歷史上許多偉大的成大事者，都是由堅韌造就的。發明家在埋頭研究的時候，是何等的艱苦，一旦成大事，又是何等的愉快！世界上一切偉大事業，都在堅韌勇毅者的掌握之中，當別人開始放棄時，他們卻仍然堅定地去做。真正有著堅強毅力的人，做事時總是埋頭苦幹，直到成大事。

有許多人做事有始無終，在開始做事時充滿熱忱，但因缺乏堅韌與毅力，不待做完便由於害怕困難而半途而廢。任何事情往往都是開頭容易而完成難，所以要評估一個人才能的高低，不能看他所做事情的多少，而要看他最終完成的成就有多少。例如，在賽跑中，裁判並不計算選手在跑道上出發時多快，而是計算跑到終點時需要多少時間。

要考察一個人做人成功與否，要看他有無恆心，能否善始善終。持之以恆是人人應有的美德，也是完成工作的要素。一些人和別人合作時，起先是共同努力，可是到了中途便感到困難，於是多數人就停止合作，只有少數人還在勉強堅持。可是這少數人如果沒有堅強的毅力，工作中再遇到阻力與障礙，勢必也隨著放棄的大多數人同歸於失敗。

有一個人在推薦店員給他從事商業的朋友時，舉出了某人的許多優點，而做商人的朋友問道：「他能保持這些優點嗎？」這實在是最關鍵的問題。首先是有沒有優點？有了優點，能否保持？遇到困難，能否堅持不懈？所以，具有堅韌毅力的精神是最寶貴的，只有具有這種精神才能克服一切艱苦困難，達到成功的願望。

做人不容易，因為每一次成功都來之不易，每一項成就都要付出艱辛。

對於志在成大事的人而言，不論面對怎樣的困境、多大的打擊，他都不會放棄最後的努力，因為勝利往往產生於再堅持一下的努力之中。

## 第六章 事半功倍的五大高效實踐技巧

# 堅韌才能成功

阿拉伯有句諺語：「世界上最聰明的人，總是讓別人覺得他是一個有希望的人。」但你要想讓別人對你產生希望，首先在做人時必須相信：堅韌是磨練人的一塊鋼板，只有堅持下去，一切才有盼頭。否則，你不但使自己一無所成，也更讓別人失望。

堅韌體現一個人的做人精神。人最難戰勝的是自己，這是說，一個人成功的最大障礙不是來自於外界，而是自身。除了力所不能及的事情外，做不好能做的事，就是自身的問題，是自制力的問題。所以我們要經常鍛鍊自己，不管面臨的壓力大小，都要有自制力。只有控制自己，才能控制住壓力，讓壓力在你面前屈服。試想，如果沒有壓力，你就沒有創造奇蹟的機會，又怎麼能成大事呢？因此，人貴在做堅韌之人，成功貴在堅持，貴在堅持不懈的信心和毅力，貴在能夠具有「屢戰屢敗，屢敗屢戰」的韌性。行百里者半九十，離成功越近的地方，留下的遺憾往往越多。因此，有人說：「所謂英雄，並不比普通人更有運氣，只是比普通人更具有延續最後 5 分鐘的勇氣。」於是，少數「吃得苦中苦」的人，便成了「人上人」。

下面讓我們領略一下史泰龍（Sylvester Stallone）這個世界頂尖電影巨星的成功的做人精神：他的父親是一個賭徒，母親是一個酒鬼。父親賭輸了，又打了母親又打他；母親喝醉也拿他出氣發洩。他在拳腳交加的家庭暴力中長大，常常鼻青臉腫，皮開肉綻。因此，他面相不美，成績也不好。高中輟學後，便在街頭當混混。直到他 20 歲的時候。一件偶然的事刺激了他，使他醒悟反思：「不能，不能這樣做。如果這樣下去，豈不是和自己的父母一樣，成為社會敗類，帶給別人、留給自己的都是痛

苦——不行，我一定要成功！」

他下定決心，要走一條與父母迥然不同的路，活出自己的樣子。但是做什麼呢？他長時間思索著。從政，可能性幾乎為零；進大企業去發展，學歷和文憑是目前不可踰越的高山；經商，沒有本錢⋯⋯他想到了當演員——當演員不講究出身，不需要文憑，更不需要本錢，而一旦成功，卻可以名利雙收。但是他顯然不具備演員的條件，長相就很難使人有信心，又沒接受過任何專業訓練，沒有經驗，也無「天賦」的跡象。然而，「一定要成功」的驅動力，促使他認為，這是他今生今世唯一出頭的機會，絕不放棄，一定要成功！

於是，他來到好萊塢，找明星、找導演、找製片，找一切可能使他成為演員的人，處處哀求：「給我一次機會吧，我要當演員，我一定要成功！」

很顯然，他一次又一次被拒絕了。但他並不氣餒，他知道，失敗一定有原因。每被拒絕一次，就認真反省、檢討、學習一次，然後痴心不改，又去找人⋯⋯不幸的是，兩年一晃就過去了，錢花光了，他卻只能在好萊塢打打零工，做些粗重的零活。

他暗自垂淚，甚至痛哭失聲。難道真的沒有希望了嗎？難道賭徒、酒鬼的兒子就只能做賭徒、酒鬼嗎？不行，我一定要成功！他想，既然不能直接成功，能否換一個方法。他想出了一個「迂迴前進」的思路：先寫劇本，待劇本被導演看中後，再要求當演員。幸好現在的他，已經不是剛來時的門外漢了。兩年多的耳濡目染，每一次拒絕都是一次口傳心授、一次學習、一次進步。因此，他已經具備了寫電影劇本的基礎知識。

一年後，劇本寫出來了，他又拿去訪遍各位導演：「這個劇本怎麼

## 第六章　事半功倍的五大高效實踐技巧

樣，讓我當男主角吧！」普遍的反應都是，劇本還可以，但讓他當男主角，簡直是天大的玩笑。他再一次被拒絕了。

他不斷對自己說：「我一定要成功，也許下一次就行，再下一次、再下一次……」

在他一共遭到 1,300 多次拒絕後的一天，一個曾拒絕過他 20 多次的導演對他說：「我不知道你能否演好，但我被你的精神所感動。我可以給你一次機會，但我要把你的劇本改編成電視連續劇，同時，先只拍一集，就讓你當男主角，看看效果再說。如果效果不好，你便從此斷絕這個念頭吧！」

為了這一刻，他已經做了 3 年多的準備，終於可以一試身手了。機會來之不易，他不敢有絲毫懈怠，全身心地投入。第一集電視劇創下了當時全美最高收視紀錄 —— 他成功了！

史泰龍的健身教練曾這樣評價過他：「史泰龍每做一件事都百分之百投入。他的意志、恆心與持久力都是令人驚嘆的。他是一個行動家，他從來不呆坐著讓事情發生 —— 他主動地讓事情發生。」

這個故事足以說明 —— 世上沒有做不成的事，只有做不成事的人。

如果說史泰龍的成功得益於「堅韌地求人」，那麼戰國時的大縱橫家蘇秦的成功，則得益於「堅韌地求己」。

蘇秦自幼家境貧寒，溫飽難繼，讀書自然是很奢侈的事。為了維持生計和讀書，他不得不時常賣自己的頭髮和幫助別人打工，後又離鄉背井到齊國拜師求學，跟鬼谷子學縱橫之術。

蘇秦自恃學業有成後，便迫不及待告別師友，遊歷天下，以謀取功名利祿。

一年後,他不僅一無所獲,自己的盤纏也用完了,沒辦法再撐下去了,於是他穿著破衣草鞋踏上了回家的路。

到家時,蘇秦已骨瘦如柴,全身破爛,骯髒不堪,滿臉塵土,與乞兒無異。落魄景象,溢於言表,令人同情。

妻子見他這個樣子,搖頭嘆息,繼續織布;嫂子見他這副樣子,扭頭就走,不願做飯;父母、兄弟、妹妹不但不理他,還暗自譏笑他說:「按我們周人的傳統,應該是安分於自己的產業,努力從事工商,以賺取十分之二的利潤。現在卻好,放棄這種最根本的事業,去賣弄口舌,落得如此下場,真是活該!」

此情此景,令蘇秦無地自容,慚愧而傷心。他關起房門,不願見人,深刻地反省:「妻子不理丈夫,嫂子不認小叔子,父母不認兒子,都是因為我不爭氣,學業未成而急於求成啊!」

他意識到了自己的不足,又重振精神,搬出所有的書籍再讀,他想:「一個讀書人,既然已經決心埋頭讀書,卻不能憑這些學問來取得尊貴的地位,那麼,書讀得再多,又有什麼用呢?」

於是,他從這些書中撿出一本《陰符經》用心鑽研。

他每天研讀至深夜,有時候不知不覺伏在書案上就睡著了。每次醒來,他都懊悔不已,痛罵自己無用,不由自主地撲倒在書案上,但又猛然驚醒——手臂被什麼東西刺了一下。一看是書案上放著一把錐子,他馬上想出了制止打瞌睡的辦法:錐刺股(大腿)。以後每當要打瞌睡時,就用錐子扎自己的大腿一下,讓自己猛然「痛醒」,保持苦讀狀態。他的大腿因此常常鮮血淋漓,慘不忍睹。

家人見狀,心有不忍,勸他說:「你一定要成功的決心和心情可以理

解,但不一定非要這樣自虐啊!」

蘇秦回答說:「不這樣,就會忘記過去的恥辱;唯如此,才能催我苦讀!」

經過「血淋淋」的一年「痛」讀,蘇秦很有心得,寫出了〈揣〉、〈摩〉二篇。這時,他充滿自信地說:「用這套理論和方法,可以說服許多國君了!」

於是蘇秦開始用「錐刺股」所得的學識和「錐刺股」的精神意志,遊說六國,終獲器重,掛六國相印,聲名顯赫,開創了自己成功的人生局面。

透過上面兩個例子,可以看出:凡是缺乏堅韌精神的人,離真正的做人,特別是做大事之人,還相去甚遠。假如你這樣堅持下去,忍常人不能忍之辱,吃常人不能吃之苦,必能做常人不能做之事。因此,不論你遇到了多揪心的挫折,都應當以堅持不懈的信心和毅力,感動自己,感動他人,感動天地鬼神,把自己錘鍊成一個做大事之人。

## 忍耐才能保留實力

忍耐，不是孬種，而是保留實力，「留得青山在，不怕沒柴燒」。

春秋時的吳國，位於長江以南，即今江蘇和浙江一帶，原是一個比較落後的國家，被中原諸國稱之為「蠻夷之邦」。後來才漸漸強盛起來，而終於成為列強之一。

吳國國王諸樊在位 23 年，臨死時沒有把王位傳給兒子公子光，卻把自己的 3 個兄弟叫到前面說：我死之後由大兄弟餘祭繼承王位，餘祭之後立餘眛，餘眛之後立季札。

諸樊萬萬沒有料到，這個遺囑，在他死後竟釀成了兄弟鬩牆、骨肉相殘的政治悲劇。

餘祭在位僅僅 5 年便死了，之後餘眛繼位。餘眛在位第九年病勢垂危，他遵守早年與兄長諸樊所立的誓約，把季札召來，要立他為王。季札是吳王壽夢的老兒子，自幼賢明，崇尚道義，通曉當時吳國正在積極引進的中原文化。壽夢臨終時曾要立他為王，他卻說，他上面還有 3 位兄長，拋開兄長而立末子，是不合道義的，堅辭不受。如今哥哥餘眛又要傳他王位，他還是不肯接受，乾脆回到自己的封地延陵躲了起來。

翌年，餘眛病歿，餘眛的兒子僚便繼承了王位，成了吳王僚。公子光眼睜睜地看著本應屬於自己的王位，竟一而再再而三地被他人所得，十分痛苦。然而，一位有謀略的政治家，審時度勢是其重要的特質。公子光深知自己羽翼未豐，朝廷裡缺少忠耿之士，手下也沒有什麼能人，在條件不成熟的時候，只能把不平和痛苦埋在心底，一切隱忍而行。

然而，他不是消極地等待。一方面，公子光極力表現出忠誠於吳王僚，時時處處都在為吳國效命，以鞏固自己作為王兄的地位，博得吳王

## 第六章　事半功倍的五大高效實踐技巧

僚的信任。另一方面，他在暗中積極創造條件，以為將來奪取王位一磚一石地鋪平道路。他任命心腹被離為市吏，密令他藉在市場任職的方便蒐羅能人異士，以為己用。

被離將楚國的名臣、亡命江湖而落魄於吳，靠吹蕭乞食的伍子胥推薦給公子光。伍子胥也深知，若想實現自己滅楚復仇的大計，必須依賴公子光，於是千方百計地為公子光篡奪王位的陰謀而奔走。他為公子光網羅能人異士，設謀獻計，立下了汗馬功勞。

楚平王死後，一時間楚國朝政混亂，楚昭王年幼，正是興兵伐楚的大好時機。智者之所以成為智者，就在於當時機不到的時候。能夠耐心地等待時機的到來，當時機成熟的時候，又能緊緊地抓住它，充分地加以利用。當伍子胥要求公子光率兵伐楚以報家仇的時候，公子光便因勢利導，與伍子胥一起密謀了一個弒王篡位的計畫。其要點是，以伐楚為名，設法說服吳王僚將兒子掩余、燭庸派到前線去與楚兵廝殺；將吳王僚的長子慶忌派到鄭、衛兩國去說服他們一起伐楚；再將王叔季札派到中原去搞外交。調虎離山，吳都空虛後，公子光便請吳王僚來赴宴，趁機將其刺死。這是一個十分周密而狠毒的計畫。

吳王僚雖然被矇在鼓裡，卻仍然十分小心。他派王宮衛兵在公子光府邸森嚴把守，從大門到大廳都有人警惕地戒備著。不但如此，一路上均有甲士夾道鎮守，長鈹在陽光下閃爍著逼人的寒光，被邀請赴宴的官僚也多為吳王僚的親信。

宴會開始後，氣氛漸漸熱鬧起來。然而所有進入大廳的人都要經過嚴格的檢查。

公子光是這齣血腥話劇裡的主角，他以主人的身分。周旋於吳王僚和賓客之間。當他看到賓客們的醉意越來越濃，酒興越來越旺，警惕之

心也越來越鬆弛的時候,便向吳王僚說:「臣腳疾發作,疼痛難忍,需用白布纏裹,方可止痛,請允許稍離片刻。」吳王僚很關心地答應了。

廚房附近有一位侍者,兩隻眼睛機敏地溜來溜去,似乎在等待著什麼機會。當他看見公子光起身離開餐桌步向後廳時,便端起一個大銀盤,銀盤裡盛著一條色香味俱佳的太湖蒸魚,向宴會大廳匍匐而進。吳王僚的甲士認真地搜查了他的全身,才放他接近了吳王僚的餐桌。吳王僚一直在專心地欣賞著美女們的仙姿妙舞,所以連他最喜歡吃的太湖蒸魚也沒有注意。粗壯的侍者在放下銀盤的瞬間,突然把右手伸入魚腹之下,取出一柄匕首猛地向吳王僚狠狠刺去。吳王僚慘叫一聲,眨眼間侍者的匕首已經穿透三層甲衣,深入他的肌膚。侍者又一次猛一用力,吳王僚便血濺光府,一命嗚呼了。

侍者名叫專諸,是公子光與伍子胥事先安排好的力士。吳王僚的衛兵很快便把專諸剁成了肉泥。這時,公子光、伍子胥率領事先埋伏好的甲士衝殺出來,王宮的衛兵見吳王僚已死,士氣大減,沒多久,死的死、降的降,場面漸漸安靜下來了。

公子光在甲士的簇擁下,對赴宴的官員們大聲說道:「如果季札不願繼承吳國的王位,身為諸樊長子的我,自然是正統的繼承者,僚根本沒有資格為王,他即位即是篡位。此刻我從篡位者手裡奪回了王位,有意見的可以站出來。」當然沒有人敢站出來表示異議,於是公子光率領親信甲士,浩浩蕩蕩地進入了王宮,誅殺了反對派。正式稱王,自號吳王闔廬,一時間聲震朝野。

## 第六章　事半功倍的五大高效實踐技巧

# 適時的屈是為了更強的伸

馬有失蹄，人有失足。

當你所帶領的部門出現了致命的錯誤，導致某項工作徹底失敗時，不要深陷其中無法自拔。畢竟，事情已經過去了。你再後悔，再自責，再埋怨，也是徒勞的。不如暫且拋開這些，鼓勵你的下屬，認真總結經驗，在以後的工作中牢記這些沉痛的教訓，重整旗鼓，徹底改變自己的命運。

越王勾踐大敗之後，決定暫且委曲求全，消除吳國的疑慮，以圖將來東山再起。於是，勾踐以重金、美女賄賂吳國的大臣伯嚭。伯嚭被勾踐收買後，便極力勸說吳王夫差與越國講和，同時，勾踐提出願意到吳國做人質。於是，夫差便不再懷疑，與越國講和了。

勾踐在吳國時刻不忘國恥，夜裡睡在柴草上，每天必嚐一口苦膽，以此來激勵自己。同時，他派人祕密和國內聯絡，遙控指揮著國內的各項事宜。就這樣，經過幾年的勵精圖治，越國終於又恢復了元氣，實力大增。終於在最後一次的較量中，勾踐消滅了夫差，報了幾年前的一箭之仇。

生活就是這樣，既有機遇和挑戰，也布滿了陷阱，沒有人是一帆風順的。當你受到挫折時，一定要有一股韌性，也要有一定的承受能力。

不要總是在為過去的失敗而扼腕嘆息，也不要死鑽牛角尖，適時的屈是為了日後更強的伸。有時候，勇往向前並不見得就是一件好事。尤其是對主管來說，必要的屈是必不可少的，不能總是鋒芒畢露。所以有時候，委曲求全以圖大事是一種必要的策略。

## 學會順勢制宜

突發事件,是任何人都難以預料的。

一天,卓別林帶著一大筆款項,騎車駛往鄉間別墅。半路上突然遇到一個持槍搶劫的強盜,用槍頂著他,逼他交出錢來。

卓別林一口答應,只是懇求他:「朋友,請幫個小忙,在我的帽子上打兩槍,我回去好向主人交待。」強盜摘下卓別林的帽子打了兩槍,卓別林說:「謝謝,不過請再向我的衣襟打兩個洞吧。」強盜不耐煩地扯起卓別林的衣襟打了幾槍。卓別林鞠了一躬,央求道:「太感謝您了,乾脆勞駕向我的褲腳打幾槍。這樣就更逼真了,主人不會不相信的。」

強盜一邊罵著,一邊對著卓別林的褲腳連扣了幾下扳機,也不見槍響,原來子彈打完了。卓別林一見,趕忙拿上錢袋,跳上車子飛也似地騎走了。

應付突發事件的最好辦法就是順勢制宜,因為變故已經發生。我們無法將它復歸於無,這時只好鎮定精神,坦然面對。順勢制宜的應變分寸在於,我們必須依據眼前的事情、情勢,順其發展,以爭取時間,緩解對自己不利的現狀,然後迅速開動腦筋尋找解決危機的方法。

像上例,卓別林突遇強盜,如果他稍加反抗,定會有性命之憂。卓別林的應變妙處就在於他完全依從了強盜的意志,並「真心實意」地懇求強盜幫助自己度過被劫後的難關,誘導強盜上當。當強盜把子彈打光,形勢卻「柳暗花明」地出現了轉機,卓別林從容地度過了這場劫難。

曾經有一位光彩照人的演唱家,曲畢謝幕時,沒有走出兩步,便被麥克風的電線絆倒在地,嬌美的身軀與當時的狼狽形象形成一種強烈的對比。此時,觀眾譁然,起鬨聲不斷。

## 第六章　事半功倍的五大高效實踐技巧

　　然而,這位女演唱家並沒有失態,她急中生智,站起來,拿起話筒說:「我真正為大家的熱情傾倒了!」

　　頓時,雜亂的噪聲變成了一陣陣笑聲和掌聲。女演唱家用這樣得體的辯解方法,以「美」補「醜」,挽回了自己的面子,反而更得到了觀眾的歡迎。

# 巧妙應付尷尬場面

尷尬場合、尷尬局面的出現，往往是剎那間的事情，如果缺乏鎮靜，大驚失色，只會手足無措，亂上添亂。如果能在心理上保持平衡與穩定，神色不改、鎮靜自若地面對出現的問題，則有可能巧妙機智地應付尷尬場面。

美國前國家安全特別助理季辛吉博士（Henry Kissinger），談吐幽默，足智多謀，是一位善於應付尷尬場面的外交家。1972年5月，他隨尼克森（Richard Nixon）總統訪蘇結束後，便前往德黑蘭短暫停留。在到達德黑蘭的當天晚上，伊朗首相胡韋達邀請季辛吉去看舞女帕莎的表演。帕莎的高超舞藝使季辛吉看得出了神。

演出結束後，他還和帕莎交談了許久才回到住所。第二天，在總統的座機上，美國《紐約時報》記者向季辛吉打趣說：「你喜歡她嗎？」對於如此唐突和不懷好意的戲弄，一般人一定會窘態百出。而季辛吉不假思索，一本正經地回答：「她是個媚人的姑娘，而且對外交事務有著濃厚的興趣。」這位記者會錯意了，興奮地追問：「這是真的嗎？」季辛吉更加詳細地說：「我們一起討論了限制策略武器的方案，我費了好長時間向她解釋怎麼把SS-7飛彈改裝在V級潛艇上……」

那位記者聽到此時，才感到上了當。

答非所問，是在尷尬處境中應變分身的一種技巧，是回答提問的一種迴避戰術。如果對方提出的是你不能回答或不想回答的問題時，你可以巧妙地利用其他因素轉移話題，讓對方無法得到想知道的答案。

第六章　事半功倍的五大高效實踐技巧

## 以不變應萬變

　　天有不測風雲，人有旦夕禍福。很多事情都是難以預料的，要處理好這類事情，必須學會以不變應萬變。

　　曹操擊敗呂布，奪取了徐州，劉備因自己勢單力薄，只好隱藏下自己大展宏圖的宿願，暫時依附於曹操。曹操原本對劉備不放心，消滅呂布後，讓車冑鎮守徐州，把劉、關、張一同帶回許都。既然歸順於他，也就得給些甜頭，於是曹操帶劉備進見獻帝，論起輩分，劉備還是獻帝的叔叔，所以後來人家叫他「劉皇叔」。

　　劉備原本就是豫州牧，這次曹操推薦他當上了左將軍。曹操為了拉攏劉備，對他厚禮相待，出門時同車而行，在府中同席而坐。一般人受到如此的禮遇，應該高興，劉備卻恰恰相反。曹操越看重他，他越害怕，怕曹操知道自己胸懷大志而容不下他，更怕「衣帶詔」東窗事發。

　　原來，獻帝想擺脫曹操的控制，寫了一道討滅曹操的詔書，讓董承的女兒董貴人縫在一條衣帶中，連一件錦袍一起賜給董承。董承得到這「衣帶詔」，就聯合了吳子蘭、王子服和劉備結成滅曹的聯盟。因此事關重大，一點風聲也不能透漏。

　　於是，劉備裝起糊塗，在後花園種起菜來，連關羽、張飛都摸不透大哥為什麼就活得這麼窩囊。一天，劉備正在後花園澆水種菜，許褚、張遼未經通報就闖進後花園，說曹操有請，馬上就去。

　　當時關羽、張飛正對劉備悠閒自得的行為不滿，出城練習射箭去了。劉備只得孤身一人去見曹操，劉備心中忐忑不安：難道董承之謀露了餡！因為心裡有鬼，所以越發緊張。

　　曹操見了他，劈頭就是一句：「你在家裡做的好事呀！」

劉備覺得臉上的肉都僵了，兩條腿直發抖，嚇得一時說不出話來。幸好曹操長嘆了一口氣後，又冒出一句：「種菜也不是一件容易的事呀！」

劉備這才知道曹操說的「好事」不是指謀反。提到嗓子眼的一顆心暫時放了下來。

曹操拉著劉備的手，一直走到後花園。曹操指著園中尚未成熟的青梅果子，對劉備講起前不久征討張繡時發生的「望梅止渴」的故事：「征途中酷暑難忍，將士們口乾舌燥，我就用馬鞭指著前方一片樹林『梅果青青』，不覺人人牙酸流涎，嗓子一時竟不渴了。今天，我看到這後花園的青梅，不由得想起舊事，特地請您來賞梅飲酒。」

劉備此時仍是驚魂未定，雖是心不在焉，卻還是故作認真地聽著。六月的天，孩兒的臉，說變就變。剛才還是大晴的天空，現在卻湧起團團烏雲，急風吹得梅樹刷刷直響，常言「風是雨的頭」，曹操忙拉上劉備躲到小亭子裡。劉備這才發現，亭中已經備好一盤青果、一壺剛剛煮好的酒，知道是曹操早有準備。

二人面對面坐下，開懷暢飲，天南地北閒聊起來。曹操為什麼單單要請劉備來喝酒呢？原來他也是趁酒後話多的時候，想探測劉備的真心，看他是不是也像自己一樣，力不甘人下，有稱王稱霸的雄心。

當酒喝得正來勁的時候，曹操便發話了：「玄德，您久歷四方，見多識廣，請問，誰稱得上是當今的英雄？」

劉備沒有提防曹操突然談到這個話題，一時不知道他葫蘆裡賣的什麼藥，只好搪塞道：「我哪配談論英雄呢？」可是曹操決意要他說個究竟。劉備心裡已對曹操的用意猜出八、九分。於是他開始裝糊塗了，略一思索說：「淮南的袁術，已經稱帝，可以算作英雄吧！」

## 第六章　事半功倍的五大高效實踐技巧

　　曹操一笑說：「他呀，不過是墳中的枯骨，我這就要消滅他！」

　　劉備又說：「河北的袁紹，出身高貴，門生故吏滿天下，現在盤踞四個州，謀士多，武將勇，可以算作英雄吧！」

　　曹操又笑了笑說：「袁紹外表很厲害，膽子卻很小；雖然善於謀劃，關鍵時間卻猶豫不決。這種做大事怕危險、見小利不要命的人，可算不得英雄。」

　　劉備又說：「劉表坐鎮荊州，被列為『八俊』之首，可以算作英雄吧！」

　　曹操不屑地說：「劉表徒有虛名而已，也不能算英雄！」

　　劉備接著說：「孫策血氣方剛，已經成為江東的領袖，是英雄吧！」

　　曹操搖搖頭說：「孫策是憑藉他父親孫堅的名望，算不得英雄。」

　　劉備又說：「那益州的劉璋能算英雄嗎？」

　　曹操擺擺手說：「劉璋只仗著自己是漢家宗室，不過是個看家狗罷了，怎麼配稱英雄呢？」

　　劉備見這些割據一方的大軍閥曹操都不放在眼裡，只得說：「那麼像漢中的張魯、西涼的韓遂、馬騰這些人呢？」

　　曹操一聽劉備說出的盡是一些二流的名字，禁不住拍手大笑說：「這些碌碌的小輩，何足掛齒呀！」

　　劉備聽得搖搖頭說：「除了這些人，劉備我孤陋寡聞，可實在不知道還有誰配稱英雄了。」

　　曹操停住笑聲，盯著劉備說：「英雄，就是要胸懷大志，腹有良謀。所謂大志，志在吞吐天地；所謂良謀，謀能包藏宇宙。」說罷，他仔細觀察劉備的反應。

劉備佯裝不知，故意問道：「那誰能稱得上呢？」曹操指指劉備，又點點自己，神祕地說：「現在稱得起英雄的，只有你和我呀！」

一聽這話，劉備不由得心中一震，嚇得手一鬆，筷子掉到了地上。此時，恰巧閃電一亮，牽出一串震耳欲聾的霹靂，轟隆隆炸得天都要裂了。劉備彎腰拾起筷子，緩緩地說：「天威真厲害，這響雷幾乎把我嚇壞了！」

曹操透過對世之英雄的一番議論，觀察到劉備聞雷時丟掉筷子的情景，還真以為劉備不但是個目光不夠遠大之人，而且是個讓驚雷震掉了筷子的膽小鬼，禁不住哈哈大笑起來。

自此，曹操對劉備的戒備也就鬆弛了許多，最終使得劉備尋得脫身到徐州的機會。劉備正是一味裝呆作痴，隱真示假，以不變應萬變，給曹操一種朦朧的感覺，使自己的利益、性命在巧妙的應變中得以保留。

## 第六章 事半功倍的五大高效實踐技巧

## 後發制人

「裝瘋賣傻」是一種臨危之時隱其鋒芒、韜晦待機的應變戰術。運用這種戰術的分寸在於「裝假」必須「成真」，「裝瘋」必須「真傻」，必須做到天衣無縫，才能真正發揮欺瞞對方、保護自己的作用。若掌握不好這個應變分寸，露出馬腳，必將大禍臨頭。民間有「好漢不吃眼前虧」的說法，要想成就事業，建立功勳，必須認清時務，因機而變，相機而動，如果一味死拚，不講策略，硬逞英雄，非但無人喝采，而且最終也將一事無成。

戰國時期，著名的軍事家孫臏更是將困境之中的應變之術運用到登峰造極的地步，在惡勢力欲置他於死地的緊急關頭，他乾脆就裝起瘋賣起傻來。

相傳孫臏是孫武的後人。他少年時期聰明過人，心智靈犀，後拜名師學習文韜武略，頗受老師的喜愛。他有一個同學名叫龐涓，此人心計詭譎，陰險狡詐。他自知才能不如孫臏，便想方設法迫害孫臏，但他表面卻裝著與孫臏交好。孫臏為人心地淳厚，善良純潔。沒有覺察出危險來，把龐涓當成自己最好的朋友，經常與之討論韜略，議論時局，指點江山，龐涓越發嫉妒孫臏的才能。

後來，龐涓出師了，到魏國被召為駙馬，深得魏王的重用。他深知孫臏的存在早晚會對自己構成威脅，就寫信邀請孫臏到魏國共事。等到孫臏來了魏國，就利用手中權力迫害孫臏，龐涓又在魏王面前替孫臏求情。建議將處斬改為「臏刑」，即砍去雙腿的膝蓋骨。表面上是救了孫臏，實質卻是「一箭雙鵰」，既迫害了孫臏，又可把其留在身邊，控制他的人身自由，為他所用。他把已成殘廢的孫臏接到自己府中，假裝殷勤

照顧，並要孫臏將平生所學寫成兵書。

　　孫臏在慘痛的血的教訓面前，終於認清了龐涓的真面目。他深知兵書著成之時，就是自己身首異處之日。他心計周密，知道自己現在掌握在龐涓手中，稍微反抗，就會遭受更深的迫害，他決定深藏仇恨。等待時機。為了不為龐涓著書，他佯裝瘋癲，整日在街上爬來爬去，夜晚則睡在茅廁、牛欄、豬圈等處。雖然龐涓沒有看出孫臏是裝瘋，但他仍派人暗中監視孫臏，一旦發現破綻，就派人暗殺孫臏。孫臏只得整日整夜露宿街頭，忍受種種苦難。

　　齊國大將田忌出使到魏國，見到孫臏，非常同情他的遭遇，就祕密帶他到齊國做了自己的謀士，後來在龐陵之戰中打敗了魏軍，殺死了龐涓。

　　在這則故事中，孫臏巧妙地運用了裝瘋賣傻的策略，既保護了自己，又消滅了仇人，一舉兩得，不失為恰得分寸的應變招法。

## 第六章　事半功倍的五大高效實踐技巧

# 取於不知不覺中

「予」是一種藝術，在「予」的過程中，「隨風潛入夜，潤物細無聲」常常會收到最好的效果。

有位大富豪新蓋了幢別墅，豪華富麗，但就是缺少了點斯文氣息。有人建議，何不弄兩幅鄭板橋的字畫，往客廳裡一掛，豈不就高雅脫俗了嗎？

不過，鄭板橋恃才傲物，鄙視權貴，一些達官顯貴想索求書畫，哪怕推著裝滿銀子的車來，也被拒之門外。

這該如何是好呢？想來想去，大富豪終於心生一計。於是，他便派手下四處打探鄭板橋的生活習慣和各種愛好，得知鄭板橋尤愛配著狗肉喝酒，心裡便有了譜。

這一天，鄭板橋出來散步，忽然聽見遠處傳來悠揚的琴聲，曲子甚雅。不覺感到好奇，這附近沒聽說有什麼人會彈琴呀？於是，他循聲而去，發現琴聲出自一座宅院。院門虛掩，鄭板橋推門而入，眼前的情景讓他大感驚訝：庭院內修竹疊翠，奇石林立，竹林內一位老者鶴髮童顏，銀髯飄逸，正在撫琴而鳴。哎呀，這不分明是一幅畫圖嗎？

老者看見他，立即戛然而止。鄭板橋見自己壞了人家興致，有點不好意思。老者卻毫不在意，熱情讓他入座，兩人談詩論琴，頗為投機。

談興正濃，突然傳來一股濃烈的狗肉香，鄭板橋感到很詫異，但口水已經忍不住要流下來。

只見一個僕人捧著一壺酒，還有一大盆爛熟的狗肉，送到他們面前。一見狗肉，鄭板橋的眼睛就黏在上面，老者剛說個「請」字，他連故作推辭的客套話都忘掉了，迫不及待地狂喝猛吃。

## 取於不知不覺中

風掃殘雲般地吃完狗肉，鄭板橋這才意識到，連人家尊姓大名還不曉得，就糊里糊塗在人家這裡大吃一通，現在酒足飯飽，總不能就這麼一甩袖子，說聲「拜拜」就走吧！

然而，又該怎麼答謝人家呢？留點銀子吧，不僅太俗，而且自己出來散步沒帶錢呀。於是，他對老者說：「今天能與您邂逅，實在是幸會，感謝熱情款待，我無以回報，請您找些紙筆，我畫幾筆，也算留個紀念吧。」

老者似乎有點不好意思，連聲說：「吃頓飯不過是小意思，何必在意！」

鄭板橋以為他不稀罕書畫，便自誇說：「我的字畫雖算不上極佳，但還是可以換銀子的。」

老者這才找來紙筆，鄭板橋畫完，又問老者的姓名，老者報了一個，鄭板橋覺得耳熟，但又想不起來是怎麼回事，還在落款處題上「敬贈某某某」。看看老者滿意地笑了，這才告辭離去。

第二天，這幾幅字畫就掛在大富豪別墅的客廳裡，大富豪還請來賓客，共同欣賞。賓客們原以為他是從別處高價購買來的，但一看到字畫上有他的大名，這才相信是鄭板橋特意為他畫的。

消息傳開後，鄭板橋簡直不敢相信自己的耳朵。他又沿著那天散步的路線去尋找，發現那原本是座無人居住的宅院，這才意識到，自己貪吃狗肉，竟然落入人家的圈套，上當了。

## 第六章　事半功倍的五大高效實踐技巧

## 「計」要精於算

「予」是「取」的手段，「取」是「予」的目的，欲「取」才「予」，所以「予」要精於「廟算」。

美國某城郊外，有塊閒置多年沒辦法利用的不毛之地，有一天，土地所有者終於想出了一個主意，他找到當地政府部門，對官員說：「我這塊地不要錢。讓你們蓋所大學如何？」當地政府欣然接受他的建議，並馬上調撥資金，組織施工，一年多的時間裡，建起了一所頗具規模的高等學府。有大學就有學生，有學生就要消費。地皮老闆因贈地建校的義舉，輕易地取得了政府支持，在校門外建起了公寓、飯店、商場、影劇院等，形成商業一條街。只過一年，贈送土地的損失，就從商業經營中賺了回來。贈送土地興辦學校是很光彩的事，服務教育事業，賺取一定的利潤也在情理之中，可謂「予之有術，取之有道」。《孫子·始計篇》說：「夫未戰而廟算勝者，得算多也；未戰而廟算不勝者，得算少也。多算勝，少算不勝，而況無算乎？」，「廟算」就是商議、謀劃，也就是用謀。這位地皮老闆正是精於廟算，巧妙地運用取予術，使一片荒涼的山坡，變為財源滾滾的商業寶地。

# 給予要真誠

　　友情的基礎是互惠的。商人之間友情的基礎，是利益上的互惠；摯友之間友情的基礎，是心靈上的互惠。而在我們的生活中，有的人卻錯誤地認為把友情的基礎訂立在利益的互惠上，這樣的交友標準，是在於對方能有什麼利用價值，與之來往會為自己帶來什麼好處。當對方能滿足自己的要求，為自己提供便利時，便形影難離，彷彿情誼深重，而一旦對方沒有了利用價值，或者遇到麻煩，便推諉責任，退避三舍，甚至落井下石。這實在是一種自以為聰明的愚蠢。這麼做的結果，無疑是在向別人表明：這個人是多麼的無情無義，又是多麼的無恥。以後別人與你來往時，必然會小心提防，以免你故伎重演。

　　愛因斯坦說：「世間最美好的東西，莫過於有幾個頭腦和心地都很正直且嚴正的朋友。」培根說：「缺乏真正的朋友乃是一種非常可悲的孤獨，因為如果沒有真正的朋友，世界只不過是一片荒野；甚至在這個意義上還可以說，凡是生性不適宜於交友的人，其性格是禽獸的性格，而不是人的性格。」真正的朋友把友誼之情永恆為知心的傾訴，敞扉的宣洩，溫暖的安慰，愉悅的同享，希望的共勉，疑慮的消解和勸告的真誠。我們實在需要太多太多真正的友情，只有真正的朋友才能給予我們情感的寄託。

　　任何給予都必須是主動的心理狀態。在公車上，你讓座給老幼病殘孕婦，是你主動地發出惻隱之心，把關心投注於人，然後才產生給予的行為。越能主動幫助別人，就越能建立良好的人際關係。主動地給予，表示一個人的熱心，很容易就能化解人與人之間的寂寞與隔閡。

　　我們給予別人的必須是愛，因此對給予的結果應負起責任，同時也

## 第六章　事半功倍的五大高效實踐技巧

要尊重對方的種種情況。如果我們給予的方式，傷害了對方的自尊心，給予就喪失了意義，自己得到的回應，也必然不愉快。比如，長輩為了晚輩好，才指出晚輩的錯誤，但如果過分，就會變為辱罵，結果得到的是敵意和反抗；朋友與同事，也往往因耿直的諍言，帶來怒目相向，而破壞了和諧的關係。

給予是沒有條件的，有條件的給予會變得醜態百出。為了討好別人而表示笑容，固然也在表達親切，但因為缺乏真誠，而變得生硬、勉強，令人厭惡。同樣的，心中有所要求，才給予對方好處，對於真正的人際關係，沒有實質性的益處。因為它可能帶來更多的渴求，變成貪婪的操縱。

給予透過行為而實踐，無論給予的內容是什麼，不外乎使用語言、姿勢、表情和行動等手段。因此給予的行為態度，會影響給予的內容和品質。古人說，廉者不食嗟來之食。不禮貌、不尊重的賞賜，對方即使接受，也不會感激。因此，你要注意平常的言行態度，因為它也是我們給予的一部分。

給予，不能只對人類，而是要普及到大自然中的各種生命現象。現代人談保護動物，維護生態，古人稱之為「眾生平等」。大自然是人類的老師，但是在人類自強以後的不知什麼時候，人類開始征服自然並以征服者自居。殊不知人類在征服自然的同時卻讓自然懲罰了自己，真可謂玩火自焚。人類能善待大自然的一草一木，能夠對大自然的生命現象給予維護，大自然也一樣會給予回報。

# 學會給予鼓勵

鼓勵是一種精神給予。這種給予多為主管對下屬、長輩對晚輩或強者對弱者施加正面的態度上的支持。有了這種支持，被鼓勵者就會產生正向的力量。

我們平常養育孩子，太注意身體的成長和一般性教育，而很少在適當的時候給他幾句活生生的金玉良言。我們太重視學歷的完成，很少給孩子支持和鼓勵。正因為吝嗇於這方面的給予，才使得孩子認為家庭不夠溫暖，與父母產生了代溝。

支持和鼓勵，應該成為一種教育藝術。透過支持和鼓勵，能引發孩子的學習積極性，帶來信心和主動學習的力量。當然，支持和鼓勵，必須在掌握人性、了解孩子和深知教導的本質之後，才能產生有效的影響力。支持和鼓勵，有以下幾個可供參考的原則：

支持和鼓勵必須有明確的行為目標，不可籠統地加以讚美，不宜盲目地灌迷魂湯，這對孩子的成長有害無益。

支持和鼓勵必須能培養孩子的主動思考和積極態度。因此，你必須先設法使孩子主動表現之後，才對他的行為表示支持和鼓勵。

孩子遭遇挫折、失望、懼怕或退縮時，要先安慰，給他抒解心情的機會，然後再引導他看出希望，重建信心。

強制和辱罵是違背支持和鼓勵的教育方式的。孩子犯錯也需要支持才能改正。這種支持不是支持錯的行為，而是支持他改進的積極性，給予改過自新的機會。

支持和鼓勵的最終目的是孩子的自我實現、獨立自主的思考和健康的人格，而不是一種溺愛。

## 第六章　事半功倍的五大高效實踐技巧

　　我們的家庭、學校和社會對孩子缺乏支持和鼓勵。慣常的教導方式是利誘和強制，把孩子變成自己的一部分，用自己的目的和欲望來教育孩子，結果，孩子反倒成為大人達到自己願望的手段。這只能稱為強制或引誘，而不是真正的支持和鼓勵。

　　教育的結果如果不是造就一個能獨立思考的個人，就不是好教育。為了培養一個有用的人才，我們應給予孩子支持和鼓勵。

　　同樣，當你看到有人身陷困境之中，正苦苦掙扎的時候會怎麼辦？視若無睹，從他身旁走過，還是走過去伸出你的援助之手拉他上岸？如果你是一個普普通通的人，當你希望自己有同樣遭遇之時有人也會幫助你，就應該勇敢地走過去，伸出你的手；如果你是高層，你沒有選擇，必須伸出溫暖的手。

　　鼓勵他人，可以說是每位主管的常備良藥。它可以醫治處於困境中下屬的心理疾病，增強下屬克服困難的勇氣和信心，順利地完成主管交給他的工作。

## 給予比接受快樂

　　有時候，人們總是在想，我能得到多少？而很少有人會去想，我做了多少，我讓別人得到了多少？

　　有些主管總是埋怨自己的下屬，工作沒有熱情，沒有積極性，做一天和尚撞一天鐘，甚至以不發獎金、減少福利待遇來「激勵」他們，希望以懲罰來喚起員工們的鬥志。其實這種做法是不可取的，下面的這則小故事，相信能給人們某種啟示。

　　這一年的聖誕節，保羅的哥哥送給他一輛嶄新的高檔跑車作為聖誕禮物，這可是保羅夢寐以求的事。他開著跑車到處兜風，總是能引起路人羨慕的眼光。

　　這一天，保羅從他的辦公室出來時，看到街上有一名小男孩在他閃亮的新車旁走來走去，不時地用手摸摸這，摳摳那，滿臉都是羨慕的神情。

　　保羅饒有興趣地看著小男孩，從他的衣著來看，他的家庭顯然不屬於自己的這個階層。就在這時，小男孩抬起頭，發現了保羅，於是，他向保羅說道：「先生，這是你的車嗎？」

　　「是啊，」保羅無比自豪地說，「這是我哥哥送給我的聖誕禮物。」

　　小男孩睜大了眼睛：「你是說，這車是你哥哥送給你的聖誕禮物，而你卻不用花一分錢。對嗎？」

　　望著驚奇的小男孩，保羅覺得很可笑。但他還是禮貌地向他點點頭。

　　小男孩叫道：「哇，太棒了！我也希望……」

## 第六章 事半功倍的五大高效實踐技巧

保羅自信地認為他知道小男孩下面想要說什麼。他肯定要說，他希望也能有這樣的一個哥哥。

但是小男孩說出的話卻讓保羅吃了一驚，他無比幸福地喃喃著：「我希望，希望自己也能成為這樣的哥哥。」

保羅深受感動，他開始喜歡這個小男孩了，於是，便問他：「小夥子，願意坐我的車兜風嗎？」

小男孩欣喜萬分地答應了。

逛了一會之後，小男孩突然轉身對保羅說：「先生，能不能麻煩你把車開到我家門口？求你了！」

保羅微微一笑，他理解小男孩的想法：坐一輛大而漂亮的車子回家，在小夥伴面前的確是件很神氣的事情。但讓保羅意想不到的是，這次他又猜錯了。

「麻煩你停在兩個臺階那裡，等我一下好嗎？」小男孩跳下車，三步併作兩步地跑上臺階，進入屋內。

沒多久，他又出來了。不過他帶著一個小男孩，那應該是他的弟弟。那位小男孩，因患小兒麻痺症而跛著一隻腳。他把弟弟安置在下邊的臺階上，緊靠著坐下，然後指著保羅的新車子對弟弟說：「看見了嗎？就像我在樓上跟你講的一樣，很漂亮對不對？這是他哥哥送給他的聖誕禮物，他不用花一分錢！將來有一天，我也要送你一部和這一樣的車子給你。這樣，你就可以看到我一直跟你講的櫥窗裡那些好看的聖誕禮物了。而且，你還可以開著它到處去兜風，到你喜歡的大海邊，森林裡……」

保羅的眼睛溼潤了。他走下車子，將那位腳不方便的小弟弟抱到車上，他的哥哥眼睛裡閃著喜悅的光芒，也爬了上來。於是三人開始了一

次令人難忘的假日之旅。

在這個聖誕節裡，保羅明白了一個道理：給予真的比接受令人更快樂。

所以，請不要再埋怨你的下屬在工作上給予你的回報太少，在此之前，你應該仔細地想一想你對他們的關心和付出有多少，你是否為他們創造了可以讓他們舒心工作的環境；當他們工作中有了麻煩，你是不是熱心地幫助他們解決；他們生活中有了不幸，你是否用自己的愛去溫暖他們。

假如，以上的幾件事你都做到了，任何人都有理由相信：你的下屬絕對不可能不認真工作。如果他們做得不如你想像中的好，其實，理由也只有一個，你做得還不夠好。

# 思路決定出路！所有難題，都有破局點：

利用創新思維、掌握處世哲學，從此告別瞎忙！

| | |
|---|---|
| 編　　　著： | 李元秀、江昊然 |
| 發 行 人： | 黃振庭 |
| 出 版 者： | 財經錢線文化事業有限公司 |
| 發 行 者： | 崧燁文化事業有限公司 |
| E - m a i l： | sonbookservice@gmail.com |
| 粉 絲 頁： | https://www.facebook.com/sonbookss/ |
| 網　　　址： | https://sonbook.net/ |
| 地　　　址： | 台北市中正區重慶南路一段 61 號 8 樓<br>8F., No.61, Sec. 1, Chongqing S. Rd., Zhongzheng Dist., Taipei City 100, Taiwan |
| 電　　　話： | (02)2370-3310 |
| 傳　　　真： | (02)2388-1990 |
| 印　　　刷： | 京峯數位服務有限公司 |
| 律師顧問： | 廣華律師事務所 張珮琦律師 |

## 國家圖書館出版品預行編目資料

思路決定出路！所有難題，都有破局點：利用創新思維、掌握處世哲學，從此告別瞎忙！ / 李元秀、江昊然 編著．-- 第一版．-- 臺北市：財經錢線文化事業有限公司，2025.03
面；　公分
POD 版
ISBN 978-626-408-194-8( 平裝 )
1.CST: 自我實現 2.CST: 生活指導 3.CST: 成功法
177.2　　　　　114002908

-版權聲明-

本作品中文繁體字版由五月星光傳媒文化有限公司授權財經錢線文化事業有限公司出版發行。
未經書面許可，不可複製、發行。

定　　　價：520 元
發行日期：2025 年 03 月第一版
◎本書以 POD 印製

電子書購買

爽讀 APP　　臉書